徳川家臣団の謎

菊地浩之

角川選書
576

徳川家臣団の謎

目次

第Ⅱ部　徳川家臣団の系譜　157

図版作成　村松明夫

はじめに

「松平中心史観」

徳川家康《とくがわいえやす》はある時「徳川殿はどんなお宝を持っておられるのか」と豊臣秀吉《とよとみひでよし》に尋ねられ、「私のように三河《みかわ》の片田舎に生まれた者には珍しい書画《しょが》骨董《こっとう》は持ち合わせていませんが、私のために火の中、水の中へでも入ることも厭《いと》わない家臣がおります。それが私の宝です」と答えたという逸話が残っている。

一代で成り上がった秀吉とは違い、徳川家康（旧姓・松平《まつだいら》）は室町時代初期から続く三河松平家の九代目当主であり、先祖代々仕えてきた忠義心の厚い家臣団と固い主従関係で結ばれてきた。

それが江戸幕府の公式見解であり、明治以降もそのように信じられてきた。

ところが、そうした見方は、江戸幕府が徳川家（ひいては家康）を神格化するための「松平中心史観」ともいうべき情報操作であり、そこから脱却して史実を明らかにしようとする姿勢が一九七〇年代に提唱された。

たとえば、徳川家康が生まれた安城《あんじょう》松平家（のちの岡崎《おかざき》松平家）は、松平家の宗家にあたり、初代・親氏《ちかうじ》から数えると九代目といわれているが、実際は安城松平家が庶流であることが明らかにされた。

そうした情報操作は、松平・徳川家だけではない。

徳川家臣団にまつわる逸話にも、ある種の情報操作が施されているのではないか。それを探っていこうというのが本書の基本的なスタンスである。

キーワードは「三御譜代」

徳川家臣団といえば、冒頭で述べたように忠義・忠節の鑑《かがみ》と見られ、内紛の話すら漏れ伝わってこない。せいぜい家康が天下を取った後に、榊原康政《さかきばらやすまさ》などの武断派と本多正信《ほんだまさのぶ》などの文吏派が仲違《なかたが》いしたり、本多正信・正純《まさずみ》父子と大久保忠隣《ただちか》・長安《ながやす》の派閥争いが口の端《は》にのぼるくらいである。

しかし、実は松平家当主でさえ抑えることができない深刻な人事抗争が存在していた。そのキーワードが「三御譜代」である。

徳川家臣団では、先祖がいつ頃から松平家に仕えはじめたかによって、安城譜代、山中譜代、岡崎譜代と区分していた。この区分を「三御譜代」というのだ。

事の発端は、家康の祖父・清康《きよやす》（一五一一？〜一五三五）の代に遡る。

松平家はいくつかの庶流に分かれ、なかでも擡頭《たいとう》著しかったのが安城松平家である。安城松平家に生まれた清康は、対立する岡崎松平家の支城・山中城を陥落して移住。さらに岡崎城を攻め落とし、大永七（一五二七）年頃に岡崎城に居を移した。清康は自らを「安城四代岡崎殿」と称し、安城松平家と岡崎松平家を合わせた広大な領地と家臣団で、三河の過半を制圧するに至った（本書では、清康に制圧される以前の岡崎城主の家柄を西郷松平家、清康から家康に至る家系を岡崎松平家と呼んで区別する）。

そこで、清康が山中城を攻略する以前から安城松平家に仕えていた家臣を「安城譜代」、山中城攻略の前後に仕えはじめた家臣を「山中譜代」、岡崎城攻略後に仕えた家臣を「岡崎譜代」と呼んでいるのだ。

いわば、清康以降の岡崎松平家は、現代なら合併企業のようなもので、しばらくの間、合併企業に特有な派閥争い、人事抗争が存在していたのだ。

家康が幼少時に人質時代を過ごしたことは有名だが、清康の死後に岡崎松平家が弱体化した一因は「三御譜代」の派閥争いにあったと筆者は見ている。

そして、その慣習・影響は家康の青年時代まで続いていたのである。

われわれがそれに気づかないのは、家康が「三御譜代」のバランスに気を配りつつも、徐々に出自にこだわらぬ実力本位の人物抜擢《ばってき》をすすめていったからである。

本多忠勝や榊原康政、大久保一党など江戸時代の大大名も、父祖の時代には小領主に過《す》ぎず、松平家臣団の中では重臣の家柄ではなかった。かれらが大大名に出世したから、先祖代々重臣であったかのように錯覚しているだけである。

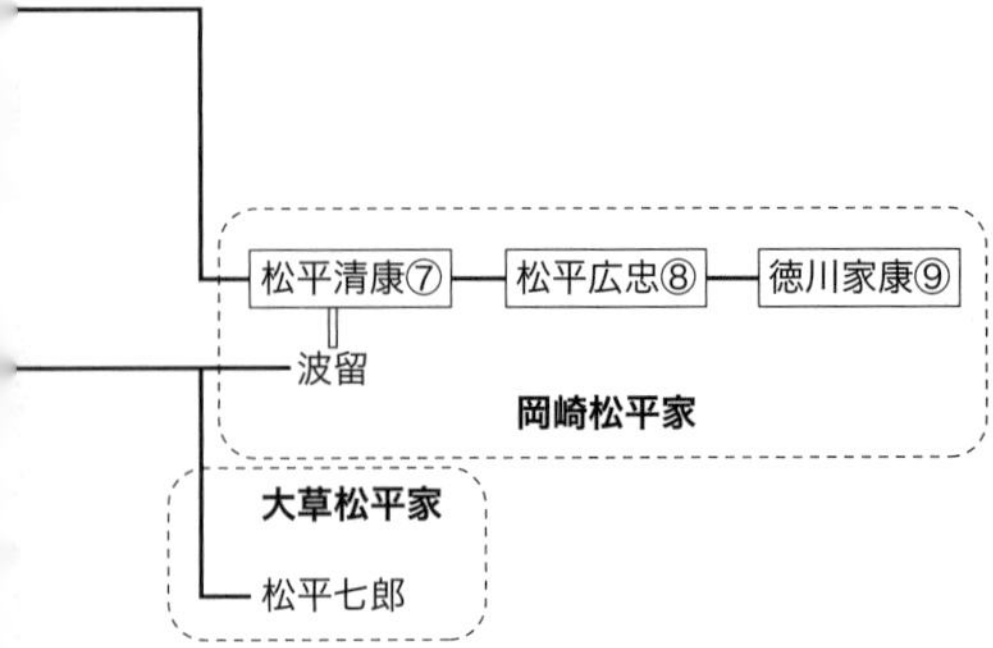
松平清康⑦
松平広忠⑧
徳川家康⑨
波留
岡崎松平家
大草松平家
松平七郎

家康の家系

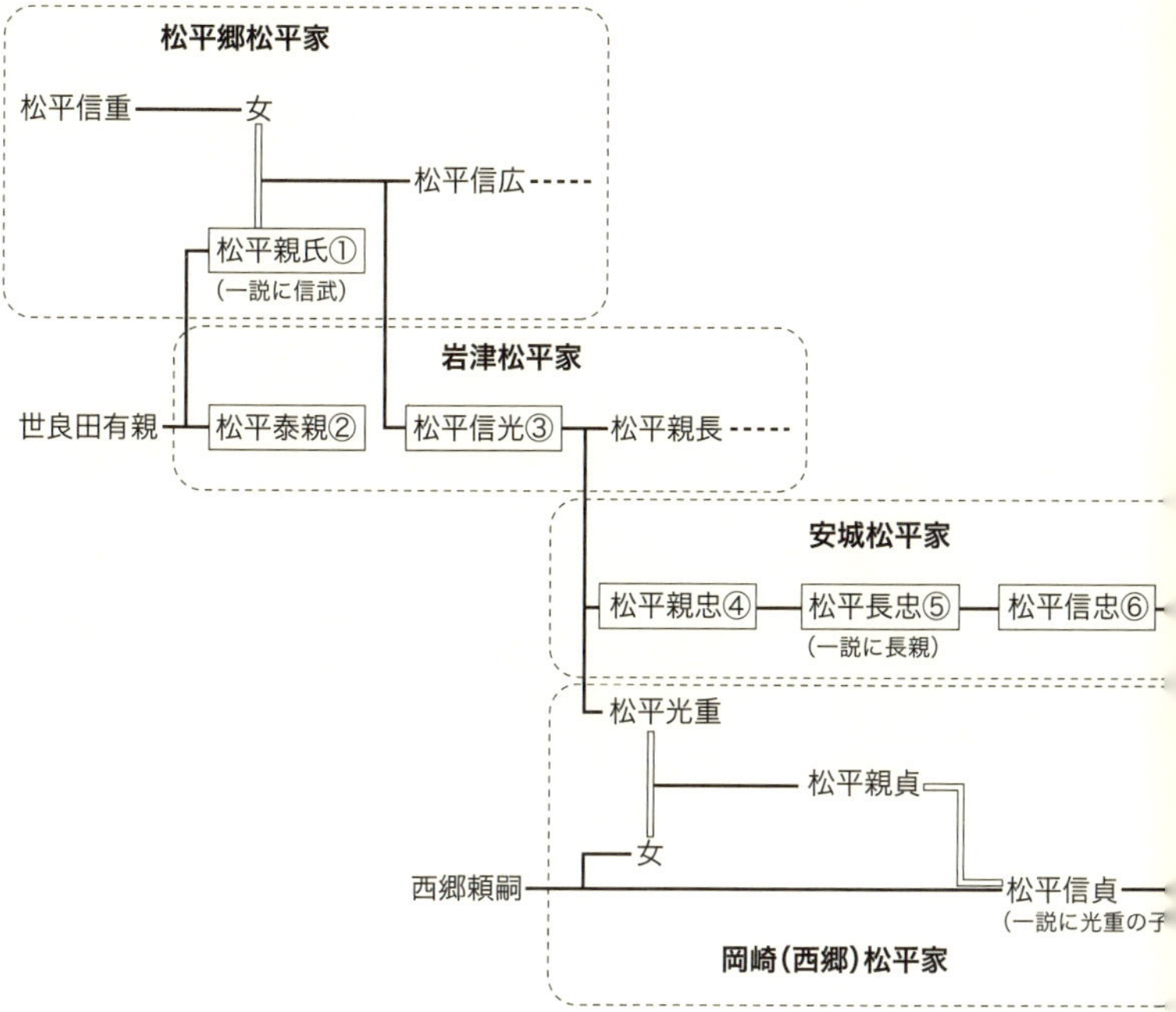

松平郷松平家
松平信重
女
松平信広
松平親氏①
（一説に信武）
岩津松平家
世良田有親
松平泰親②
松平信光③
松平親長
安城松平家
松平親忠④
松平長忠⑤
（一説に長親）
松平信忠⑥
松平光重
松平親貞
女
西郷頼嗣
松平信貞
（一説に光重の子
岡崎（西郷）松平家

では、家康はどのようにして、かれらを引き上げていったのか。

それは「三備」と呼ばれた軍制改革にあった。

三備改革は合戦に勝利するだけでなく、家臣団内の構成と序列を家康好みに仕立てていった「巧みな用兵」だったのだ。

本書では、小領主にすぎなかった本多、榊原、大久保らが一軍の将に抜擢される過程を追いながら、徳川家臣団がどのように変貌を遂げていったかを明らかにしていく。

本書の構成

本書は二部構成をとる。

まず、第Ⅰ部（第一章から第四章）では松平・徳川家の歴史を紐解《ひもと》き、既存所説がいかに創作に満ちていたかを明らかにする。

第一章では、松平家初代・親氏から五代・長忠の時代を取り上げ、松平家がどうやって家系を粉飾していったのかを明らかにする。

第二章では、家康の祖父・世良田《せらだ》清康に関わる虚飾を明らかにするとともに、清康の下で松平家臣団「三御譜代」がどのように生成されたのか。そして、家康の父・広忠がその「三御譜代」にいかに振り回されていったのかを記していく。

第三章では、家康の幼少期から桶狭間《おけはざま》の合戦の後、今川家から独立して三河を統一するまでを取り上げる。幼少期の家康の周囲が「三御譜代」の影響下にあり、青年期の家康が率いる軍団が家臣の私的な兵力に支えられ、組織とはいえなかった実態を明らかにする。

第四章では、三河統一後から関東入国までを取り上げ、軍制改革で人物本位の人材登用が可能となったことを指摘し、さらにその後、家康がどのように家臣団を創り上げていったのかを明らかにする。

第Ⅱ部（第五章から第七章）では個々の家系について分析していく。

第五章では、家康以前に分派した「十四松平」と呼ばれる松平一族の、それぞれの系譜をたどって、本当に「一族」なのか、どこが怪しいのかを指摘していく。

第六〜七章では、酒井、本多、榊原など、譜代家臣団それぞれの系譜をたどって、名門の子孫を自称するかれらの虚飾を明らかにする。まず、巷間《こうかん》伝えられる「三御譜代」の分類にあてはめた後、地誌（＝地元の伝承）や地理的な考察（＝三河のどの村に住んでいたのか）から、「三御譜代」の系譜的粉飾を検証していく。

第Ⅰ部　松平・徳川家の歴史

第一章　徳川・松平系図の実態

1　なぜ新田氏なのか

松平家初代・親氏

徳川家康は旧姓を松平といい、松平家初代・親氏から数えると家康は九代目にあたるといわれている。では、松平家の初代・親氏とは何者か。

松平親氏の事跡について、新行紀一《しんぎようのりかず》著『一向一揆の基礎構造――三河一揆と松平氏』（吉川弘文館、一九七五年）に簡潔に記されているので、それを掲げておこう。

「松平氏伝承によれば、新田得川《とくがわ》氏の後裔《こうえい》親氏は時宗の僧となって徳阿弥《とくあみ》と名のり、父長阿弥有親《ありちか》と共に三河国碧海《あおみ》郡大浜の時宗称名寺に来た。

親氏は還俗《げんぞく》して酒井五郎左衛門の聟《むこ》となり、一男（与四郎広親《ひろちか》、酒井氏祖）を儲けたが、幾許《いくばく》もなく妻に死別した。

その後、加茂郡《かもぐん》松平郷の松平太郎左衛門信重《たろうざえもんのぶしげ》の聟となって家を嗣《つ》ぎ、松平南方の山上に郷敷《ごうしき》城（郷式城）を築き本拠地とした。この後、親氏は泰親《やすちか》と共に、加茂郡林添《はやしぞえ》の藪田《やぶた》源五忠元を討ち取り、額田《ぬかた》郡麻生《あそう》内蔵助《くらのすけ》の城を陥れ、加茂郡二重栗《ふたえぐり》の二重栗内記を大林で攻め殺したので、田口の中根、秦梨《はだなし》の粟生《あわお》、奥岩戸の岩戸《いわと》大膳《だいぜん》（あるいは岩戸村の天野）、柳田の山内等すべて降服し、中山七名《みょう》は支配下に入った。

徳川家康肖像（東京大学史料編纂所所蔵模写）

親氏の長子信広《のぶひろ》は太郎左衛門家を継ぎ、二子信光《のぶみつ》が家督とされたが、親氏没後に二人は幼少のため弟泰親が家を継いだ。

泰親は額田郡大平の柴田《しばた》左京を追い、ついで信光とともに岩津《いわづ》城の岩津大膳（中根大膳とも）を討ったという」（引用者が適宜改行）。

江戸時代初期の旗本・大久保彦左衛門《おおくぼひこざえもん》忠教《ただたか》（一五六〇〜一六三九）が元和八（一六二二）年に著した『三河物語』では、南北朝時代に新田義貞が足利尊氏に敗れ、新田一族の親氏が諸国を流浪して三河に流れ着いたと記している。

それが江戸幕府の公式見解でもあり、幕府の編纂《へんさん》物はいずれも同様の説を掲げていたが、大正八（一九一九）年に歴史学者・渡辺世祐《わたなべよすけ》が「徳川氏の姓氏について」という論文で、徳川家康が永禄九（一五六六）年に三河守に叙任される際に新田氏の後裔と称したと論破し、以降、それが定説になっている。

そもそも何氏だったのか

では、そもそも松平氏の先祖は誰で、なぜ家康は新田氏を称したのだろうか。

平野明夫著『三河　松平一族』（新人物往来社、二〇〇二年）によれば、江戸初期に書かれた「松平氏由緒書」では「松平太郎左衛門尉信重の先祖を、在原《ありはら》とも、紀州熊野《きしゆうくまの》の鈴木《すずき》の系統ともいうけれども、くわしくはわからない。いまでは元の姓は不詳といっている」。また、「信重から先祖を尋ねられた親氏が、わたくしと申しますのは東西を定めずに旅する浪々の者でありまして、恥ずかしく存じます、と返事をしたとする。ここには氏素性の知れない者として、親氏は書かれている」と記しているという。

親氏もその義父・松平信重も出自が明らかではなく、また、飾る必要もなかったのだろう。ところが、親氏の子（系図上は孫）の松平信光が三河の有力者にのし上がっていくと、賀茂朝臣《かもあそん》を名乗り、名家の末裔《まつえい》を自称するようになる。

時代は下って、家康の祖父・清康は「世良田《せらだ》次郎三郎清康」と名乗った。

世良田氏は、新田義重《よししげ》（新田一族の祖）の孫・頼氏《よりうじ》が上野《こうずけ》国新田郡世良田（群馬県太田市尾島町）に住んだことに由来する。正確にいうなら、新田義重の四男・得川《とくがわ》四郎義季《よしすえ》の次男が世良田弥四郎頼氏である。

徳川家康自身は当初、藤原朝臣を称していたが、先述の通り、一五六六年頃から新田氏の後裔であると称した。世良田の本家に当たる徳川（＝得川）に復姓すると申請したのだ。

つまり、家康は、祖父・清康にならって清和源氏新田氏を称したのである。

なぜ世良田氏なのか

では、なぜ清康は新田氏の子孫を称したのだろうか。

新行氏は「足利一門の今川氏に対抗する系譜的紛飾《ママ》が政治的には必要となったのではなかろうか。そのために新田氏につらなる松平氏という系譜の原型的なものがこの時期に創案されて、世良田姓の使用がはじまったのではなかろうか」と推測している。

つまり、隣国の名門・今川氏に対抗するため、足利氏に対する名門・新田氏の子孫を自称したというのだ。けだし卓見であろう。

また、清康は数多《あまた》ある新田一族の中から世良田氏を選んだのだろうか。

新田氏を僭称《せんしょう》するのであれば、「親氏は新田義貞の遺児だった」と偽るのが一番手っ取り早いし、わかりやすい。そうでなくとも新田一族は新田氏、脇屋氏、山名氏、里見氏、大館《おおだて》氏など名門家系が少なくない。なぜマイナーな世良田氏だったのか。

それは世良田頼氏が三河守《みかわのかみ》だったからだろう。

どのようにして知ったのか

では、なぜ清康は世良田頼氏が三河守と知っていたのだろうか。

むろん、新田氏の系図を見たからに違いないが、それをどこで見たのか。誰が持っていたのかということである。

現代社会であれば、図書館に行くか、もしくはネットで検索すれば、容易に新田氏系図を閲覧することができる。しかし、戦国時代に三河の片田舎で新田氏の系図を容易に参照することができたのであろうか。

ここで注目したいのが、「浪合記《なみあいき》」の記述である。

「浪合記」は南朝の信濃宮尹良親王《しなののみやただなが》（後醍醐《ごだいご》天皇の孫）の事跡を記したもので、親王が信濃国下伊那《しもいな》郡浪合村の合戦で落命したことが書名の由来になっている。美濃高須《みのたかす》藩（尾張徳川家の支流）蔵の伝本を、宝永六（一七〇九）年に天野信景《さだかげ》が写本したといわれており、奥付《おくづけ》には長享二（一四八八）年の作となっている。その内容は信憑性《しんぴょうせい》に欠けるが、三河松平家臣団の先祖に関する異説が書かれており、興味深い。

その「浪合記」では、酒井氏（松平親氏の子孫を自称）、成瀬氏《なるせ》（摂関家《せっかんけ》・二条家の子孫を自称）の先祖が兄弟で、ともに新田一族だと記されている。

すなわち、「酒井与四郎忠則、三州鳴瀬ニ住ス。後大浜ノ下宮ニ蟄居《ちっきょ》。成瀬七郎忠房、太郎左衛門忠親ハ正行寺《しょうぎょうじ》ニ居ス。此三人ハ兄弟ナリ。新田ノ一族、大舘ノ裔《すえ》、大舘又太郎宗氏子《むねうじのこ》ナリ」という。

これを一笑に付すことができないのは、酒井氏、成瀬氏、大館氏がともに「酢漿草《かたばみ》」紋を使っているからである。

かれらが大館氏の子孫であれば、新田系図を所持していてもおかしくない。清康がそれを拝借して自らを世良田氏と称したのであろう。

酒井家は、家祖・広親が松平親氏の子で、松平家と先祖を同じくするという伝承《ふいちょう》を持っているが、これは酒井家の系図を借りた清康が、自分も酒井家と同じ新田一族だと吹聴したことに由来したのではないか。

「三つ葉葵」も酒井氏から？

ここで疑問であるのは、清康は世良田氏を名乗った際、なぜ家紋を新田氏の「大中黒《おおなかぐろ》」に変えなかったのかということである。

たとえば、後北条《ごほうじょう》氏は伊勢氏から改姓した際、鎌倉北条氏の家紋「三つ鱗《うろこ》」に変えてい

―― 山名義長 ―― 山名義俊 ―― 山名政氏 ┬ 山名時氏
　　　　　　　　　　　　　　　　　　└ 山名兼義

―― 大井田義隆
―― 大井田盛義 ―― 大井田義員 ―― 大井田義政 ―― 大井田義高

―― 新田基氏 ―― 新田朝氏 ┬ 新田義貞 ┬ 新田義顕
　　　　　　　　　　　　│　　　　　├ 新田義興
　　　　　　　　　　　　│　　　　　└ 新田義宗
　　　　　　　　　　　　└ 脇屋義助 ―― 脇屋義治

―― 左馬助 大館氏明 ―― 治部大輔 大館義冬 ―― 中務少輔 大館氏信
―― 中務大輔 大館幸氏
―― 源三 大館宗兼
―― 六郎 大館氏兼

┄┄ 弥次郎 世良田満義 ┬┄ 三郎 世良田義秋
　　　　　　　　　　└┄ 右京亮 世良田政義 ┄┄ 修理亮 世良田親季 ┄┄ 左京亮 世良田有親 ┄┄ 太郎左衛門 松平親氏

―― 吉良貞義 ―― 吉良満義 ―― 吉良尊義

―― 足利家時 ―― 足利貞氏 ―― 足利尊氏

清和源氏新田系図

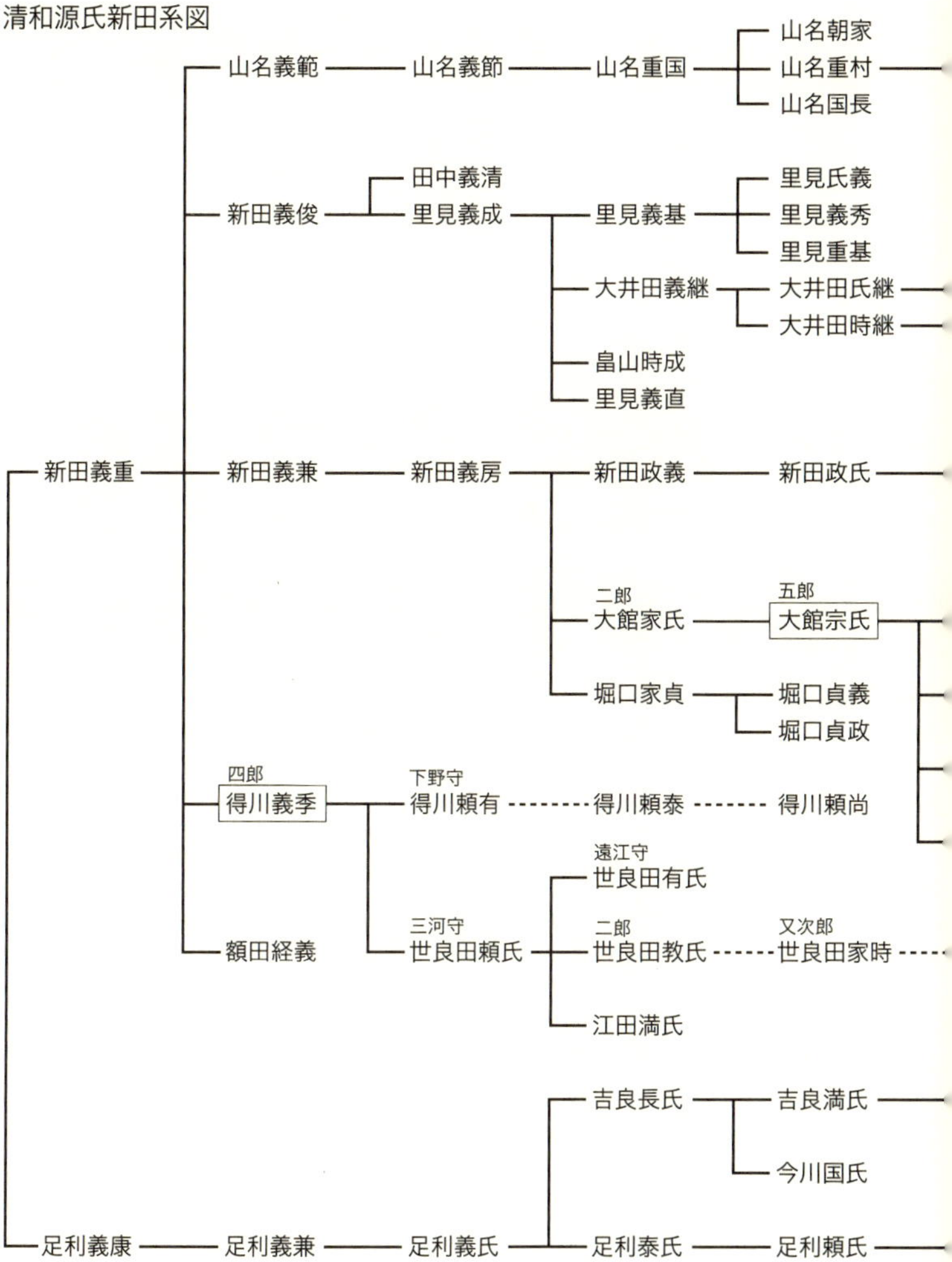

※『尊卑分脈』より作成。破線は他書からの追記。

る。譜代大名の永井氏も家康の命により平姓長田《おさだ》氏から大江姓永井氏に改姓した際、家紋を「一文字に三つ星」に変更している。

思うに、清康は新田氏の家紋が「大中黒」と知らなかったのではなかろうか。

徳川家の家紋が三つ葉葵《あおい》であることはよく知られているが、誰がいつから、どのような由緒をもとに使い始めたのかは不明である。

主な説をあげると、以下のようになるらしい（『岡崎市史別巻　徳川家康と其周囲（上）』）。

①初代・親氏が婿入りした松平太郎左衛門の家紋だった。

②初代・親氏が賀茂朝臣を称し、賀茂神社の神紋であった「葵」を使い始めた。

③家康の四代前の長忠《ながただ》（一般的には長親《ながちか》）が、酒井氏から「三つ葉葵」を譲り受け、代わりに「酢漿草」を与えた。

④家康の祖父・清康が、本多家の家紋「立ち葵」を譲り受けて、「葵」紋を使い始めた。

⑤家康が、以前の家紋（巴《ともえ》、もしくは立ち葵）から「三つ葉葵」を考案した。

ちなみに、松平家三代・信光の肖像画（岡崎市萬松寺《ばんしょうじ》）の衣服には「丸に尻合《しりあ》わせ三つ蔦《つた》」が描かれている。素直に考えれば、この「丸に尻合わせ三つ蔦」こそ松平家伝来の家紋で、その後、何らかの理由で「三つ葉葵」に変更されたとみるのが順当であろう。

そして、清康が世良田氏に改姓した際、新田氏に由来する家紋に変えたと思われる。

先述したように、酒井氏、成瀬氏、大館氏はともに「酢漿草」紋を使っていた。

したがって、清康は新田氏の家紋が「酢漿草」だと誤認したのではないだろうか。

清康は「酢漿草」と「丸に尻合わせ三つ蔦」が何となく似ていることに気づき、両者を合成した家紋を作りだそうとして、「三つ葉葵」を作ったのではないか（「蔦」を「酢漿草」の形に押し込もうとすると、結局「葵」に似てしまう）。

松平信光肖像（岡崎市・萬松寺所蔵、画像提供 岡崎市美術博物館）

どのように名前を創ったのか

寛政一一（一七九九）年に江戸幕府が編纂した諸大名・旗本の家系図『寛政重修諸家譜《かんせいちょうしゅうしょかふ》』（以下、『寛政譜』と略す）では、新田義重から松平親氏に繋《つな》がる系図は、

新田義重―義季―頼氏―教氏―（家時）―満義―政義―親季―有親―松平親氏

と記されているが、一般に流布して

葵の御紋の成立

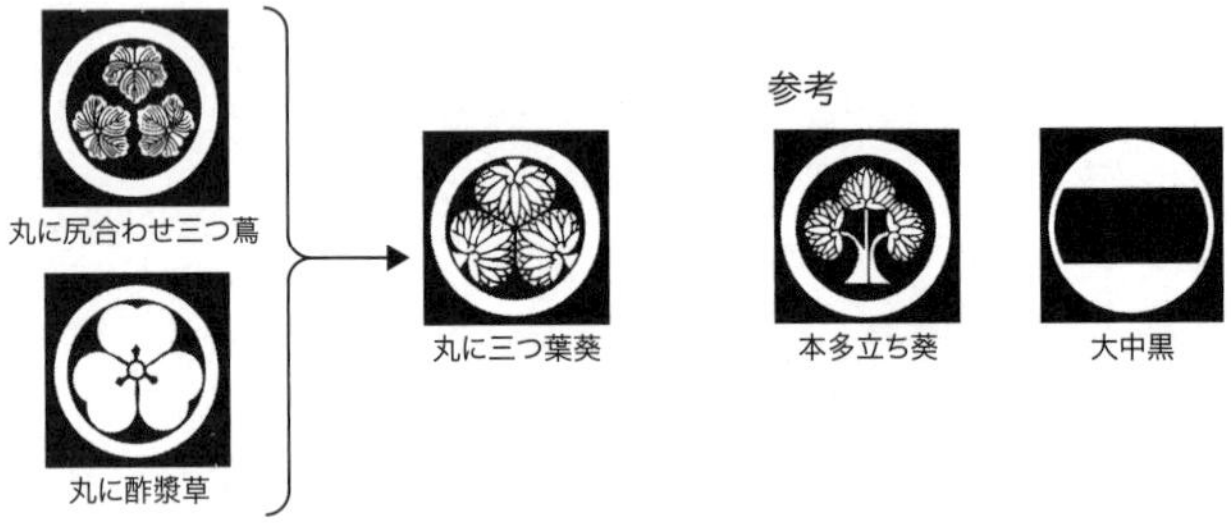

※図案は古沢恒敏編[1972]『正しい紋帖』(金園社)より。

どうやって名前を創ったのか

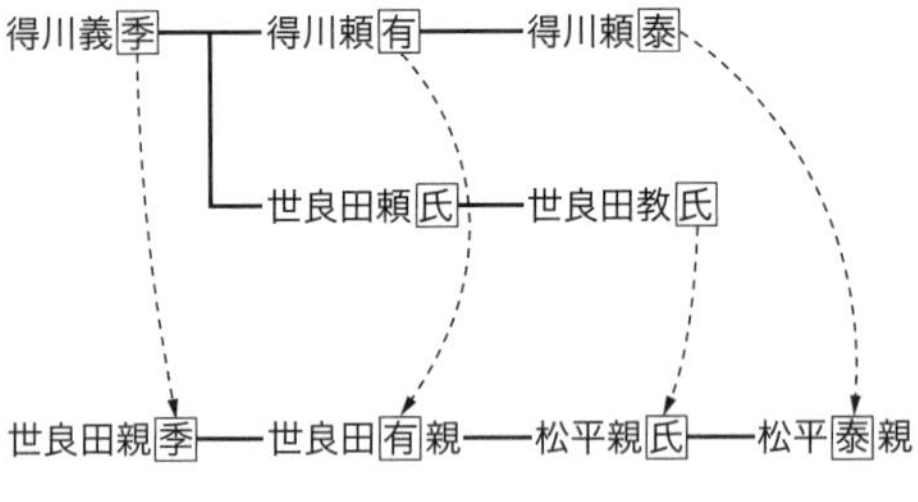

いる新田系図で確かめられるのは、世良田政義までで、そのあとの親季《ちかすえ》から有親《ありちか》、親氏に至る系図は偽系図。架空の人物らしい。

では、どうやって、その名前を捻《ひね》り出したのか。

親季―有親―親氏―泰親という名前は、それぞれ得川家の義季―頼有―頼泰、または世良田家の頼氏―教氏に由来すると思われる。

こんなにキレイに名前が一致するのは、かれらの名前が創作であることに他ならない。

ちなみに初代・親氏（法名・徳翁《とくおう》［斎］）、二代・泰親（法名・祐金《ゆうきん》、または用金《ようきん》）という名前は系図の上だけで、諸書では法名しか伝わっていない。初代・徳翁は「松平氏由緒書」で「信武《のぶたけ》」と書かれているらしい。信重の婿養子で、子どもが信広、信光だから、そちらの方によほど真実味がある。

2　どうやって系図を作ったのか

二代・泰親

松平家は初代・親氏の没後、二代・泰親が松平家を継いだ。

前章で述べたが、二代・泰親は親氏の子ではなく、実弟だと思われる。

泰親は山深い松平郷から出て、岩津（岡崎市岩津町）に進出して城を構えた。応永二〇（一四一三）年頃のことだという。

岩津城主・岩津大膳を討って岩津城を得たと伝わるが、平野氏は「泰親の岩津進出は、おそらく親氏の長男が成長したので、泰親は松平を出て岩津へ移った」「岩津進出の真相は、岩津に買得地を得たということであろう」と推測している（『三河　松平一族』）。

また、泰親の子・松平遠江守《とおとうみのかみ》益親は永享一二（一四四〇）年頃に上京して日野裏松家《ひのうらまつけ》の被官《ひかん》となり、近江国の日野裏松家領・菅浦荘、大浦荘（滋賀県長浜市）の代官になっている。

むろん、益親の個人的な力量で中央政界に結びついたわけではなく、泰親の財力によってであろう。また、泰親の跡を継いだ三代目・信光が伊勢氏の被官になっていることから、平野氏は「泰親は岩津へ進出すると、幕府政所《まんどころ》執事伊勢氏と主従関係を結んだ」と仮定している。

三代・信光

親氏の長男・太郎左衛門信広は父祖の地である松平郷を譲り受け、次男・和泉守《いずみのかみ》信光（一四〇四〜一四八八）が泰親の跡を継ぎ、岩津城を継承した。

ゆえに信光が松平家の三代目に数えられる。

ここでも新行紀一著『一向一揆の基礎構造』で信光の事跡をたどっておこう。

「信光は応永十一年（一四〇四）に生《うま》れ、岩津城を本拠として大給《おぎゅう》・保久《ほっきゅう》を攻め取り、岡崎城を入手し、寛正六年の額田郡《ぬかたぐん》牢人蜂起を鎮圧し、文明年間には矢作川《やはぎがわ》をこえて安城《あんじょう》を占領した。万松寺・信光明寺・妙心寺を創建し、庶子を各地に分封して松平氏発展の基礎をかためた」。

信光は室町幕府政所執事・伊勢貞親の被官となって勢力を伸ばし、西三河の三分の一を手に入れた。いわば「松平家の中興の祖」である。

しかも、信光は四八人の子女があって、子どもたちを三河国中に分封したという。その分家は、封ぜられた地名を冠して、岡崎松平家とか安城松平家と呼ばれる。それらの多くはのちに家康の家臣となって俗に「十四松平」と呼ばれ、江戸時代には大名・旗本に列している。

新行氏は「信光の子と伝えられるものはすべて本当に信光の子であるのか。いわゆる擬制的な同族関係に後で包括された可能性はないのか」との疑問を呈しているものの、「信光段階についてはきめてがなく結局水掛け論になる」と詳細な分析を避けている。

新行氏が語るように、松平庶家の系図は限りなく怪しい。でも、それが間違いだというような決め手がない。しかし、どこが怪しいかは指摘しておこう。

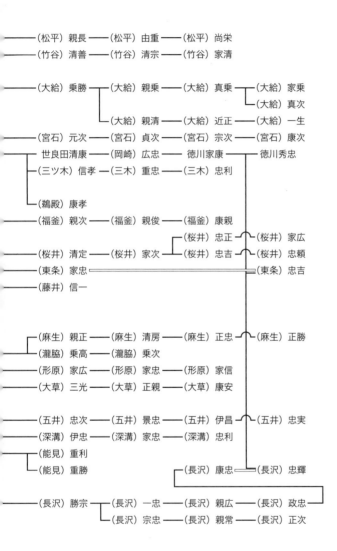

——（松平）親長——（松平）由重——（松平）尚栄
——（竹谷）清善——（竹谷）清宗——（竹谷）家清

——（大給）乗勝——（大給）親乗——（大給）真乗——（大給）家乗
（大給）真次
（大給）親清——（大給）近正——（大給）一生
——（宮石）元次——（宮石）貞次——（宮石）宗次——（宮石）康次
——世良田清康——（岡崎）広忠——徳川家康——徳川秀忠
（三ツ木）信孝——（三木）重忠——（三木）忠利

（鵜殿）康孝
——（福釜）親次——（福釜）親俊——（福釜）康親
（桜井）忠正——（桜井）家広
——（桜井）清定——（桜井）家次——（桜井）忠吉——（桜井）忠頼
——（東条）家忠＝（東条）忠吉
——（藤井）信一

（麻生）親正——（麻生）清房——（麻生）正忠——（麻生）正勝
——（瀧脇）乗高——（瀧脇）乗次
——（形原）家広——（形原）家忠——（形原）家信
——（大草）三光——（大草）正親——（大草）康安

——（五井）忠次——（五井）景忠——（五井）伊昌——（五井）忠実
——（深溝）伊忠——（深溝）家忠——（深溝）忠利
——（能見）重利
（能見）重勝
（長沢）康忠＝（長沢）忠輝

——（長沢）勝宗——（長沢）一忠——（長沢）親広——（長沢）政忠
（長沢）宗忠——（長沢）親常——（長沢）正次

『寛政譜』の記述による松平家系図

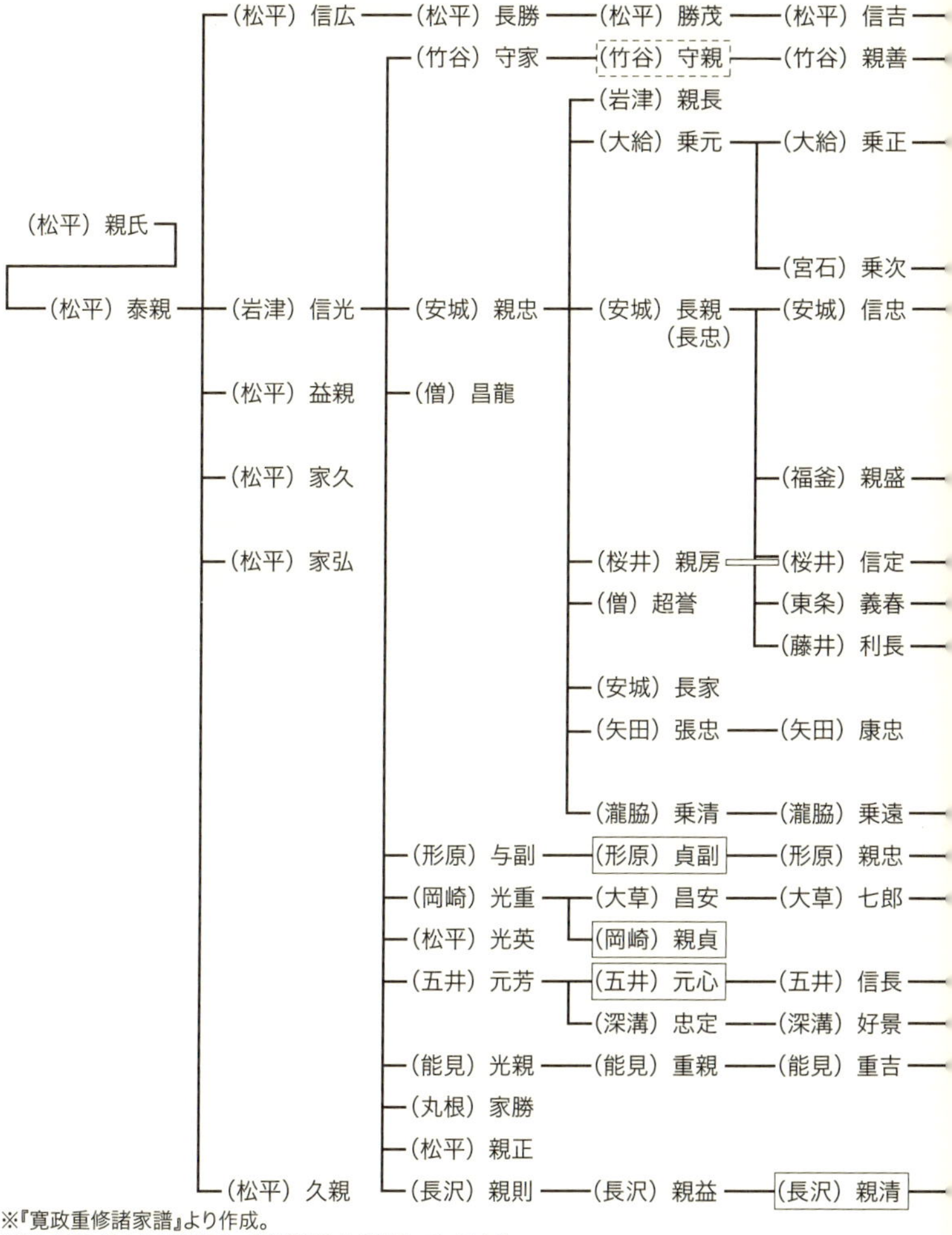

※『寛政重修諸家譜』より作成。
※線で囲んだ人物は「松平一門連判状」に署名している人物。

系図の作り方

通常、家系図は上（先祖）から下（子孫）に書き継がれていくのだが、それはその家の歴代当主が家系図を残そうという明確な意思を持っていた場合だけで、実際は系図を作成することになった時点で、下（子孫）から上（先祖）に遡及していくのが一般的である。

たとえば、天皇家の系図を書いてみてほしい。

今の天皇は明仁《あきひと》、その父は昭和天皇・裕仁《ひろひと》。祖父は大正天皇、曾祖父は明治天皇、その先は……というような具合に下から上に遡っていくのが普通だろう。

ちなみに昭和天皇には「昭和」と「裕仁」の二つの名前がある。「裕仁」は諱《いみな》（忌《い》み名、ファースト・ネーム）。「昭和」は謚号《しごう》、謚《おくりな》ともいい、法名みたいなものである。

明治時代まで、日本では諱を口にしてはならないという風習があり、生前はミドル・ネームで呼び、死後は法名で呼ぶ習わしがあった。明治天皇には睦仁《むつひと》、大正天皇には嘉仁《よしひと》という諱があるが、謚号（＝法名）を使うことで諱を呼ばないように工夫しているのである。

松平家の系図は、寛永一八（一六四一）年に江戸幕府が初めて諸大名・旗本の家系図をまとめた『寛永諸家系図伝《かんえいしょかけいずでん》』（以下、『寛永系図』と略す）を編纂する際に、松平各家から呈上された系図を繋ぎ合わせて作成したものと推察される。

たとえば、五井《ごい》松平家の場合、「初代は元芳《げんほう》様、二代目は元心《げんしん》様で、初代はおそらく信光様の子だろう」と報告し、『寛永系図』の編者が信光の子どもに元芳を付け加えたに違いない。

編者は元芳に「もとよし」、元心に「もとむね」と苦心してフリガナを振ったが、実際は初代（松平忠定？）の法名「源功《げんこう》」が訛《なま》って「元芳《げんほう》」と伝えられ、二代目（松平長勝）の法名「源心」が宛字（元心《げんしん》）で伝えられていた可能性が高い。

このように諱が怪しい事例は、五井松平家にとどまらない。

形原《かたのはら》松平家の家祖・松平与副《ともすけ》（法名・光忠《こうちゅう》）も実際は松平光忠《みつただ》（法名・与福）で、大給松平家の家祖・松平乗元《のりもと》（法名・宗忠《そうちゅう》）も松平宗忠《むねただ》（法名・浄願《じょうがん》もしくは浄源）というのが正しいのではないか。

符合する兄弟の順序

『寛永系図』の編者が、各家から呈上された家系図を繋げたと仮定しよう。

そうした場合、信光の子どもとして報告された各家の先祖を、編者はどのような順番で、兄弟として並べたのだろうか。生年がわかっていれば、その順序で並べればよいのだが、没年しか伝わっておらず、没年すら不明な人物もいる。

そこで、各家の家祖とその子孫を並べてみると、面白いことがわかる。

家祖の名前からは兄弟の順番は想定できないが、その子孫の通称名どおりに並べていくと、家祖の兄弟順にほぼ符合するのである（唯一の例外は能見《のみ》松平家だが、これについては後述する）。

つまり、『寛永系図』の編者は一六世紀中盤の当主の通称名を参考にして、信光の子どもの順番を仮定していったものと推測される。

［各家の家祖］	［各家］	［家康の頃の当主］
・長男・左京亮守家《さきょうのすけもりいえ》	竹谷《たけのや》松平家	与二郎清善《きよよし》、与二郎清宗《きよむね》
・次男・次郎三郎親忠《ちかただ》	安城松平家	次郎三郎元康（のちの徳川家康）
・四男・彦太郎与副	形原松平家	又七家広《いえひろ》（又六郎貞広？）、又七郎家忠《いえただ》
・五男・紀伊守光重《みつしげ》	大草《おおくさ》松平家	弾正左衛門《だんじょうさえもん》信貞、七郎（諱不明）
・七男・弥三郎元芳	五井松平家	弥九郎忠次《ただつぐ》、弥九郎景忠《かげただ》
・八男・次郎右衛門光親《みつちか》	能見松平家	伝七郎重親《しげちか》、次郎右衛門重吉《しげよし》

このように考えていけば、松平家の系図は各家から呈上された家系図を繋げたもので、諱もあやふやな伝承をもとにしたものであり、かなり信憑性に劣るといわざるをえない。

擬制的な同族関係

新行氏が語る「いわゆる擬制的な同族関係に後で包括された」事例としては、大給《おぎゅう》松平家、岡崎松平家（のちの大草松平家。本書では西郷松平家と記し、清康～家康の岡崎松平家と区別する）がヒントになる。

『姓氏家系大辞典』の「大給」の項には、「もと荻生《おぎゅう》氏にして、物部弓削連季定《もののべゆげのむらじすえさだ》、頼朝の時、加茂郡荻生庄の地頭となる。十一世孫荻生季統《すえむね》、松平信光と戦ひて敗る。孫乗元《のりもと》、親忠の婿となる」という伝承（出典不明）を掲載している。

また、西郷松平家は、信光が岡崎城の西郷弾正左衛門頼嗣《さいごうだんじょうざえもんよりつぐ》を攻めて降し、五男・松平紀伊守光重の娘婿に入れて西郷松平家を興したが、光重の子・左馬允親貞《さまのじょうちかさだ》に子がなかったため、西郷頼嗣の子・弾正左衛門信貞を養子に迎えたという説がある。ちなみにこの信貞は西郷氏を名乗っていたという。つまり、西郷松平家は、一時的に信光の子が家督を継いだものの、実質的には西郷氏だったと考えられる。

3　安城松平家は総領家だったのか

四代・親忠

松平家の四代・右京亮《うきょうのすけ》親忠（法名・西忠《せいちゅう》、一四三八～一五〇一）は信光の三男とも四男ともいわれている。なぜ、三男の親忠が松平家の家督を継いだのかといえば、「実は継いでいない」（が、慣例として四代と呼んでいる）というのが正しいようだ。

新行紀一、平野明夫氏らの研究によると、本来の四代目当主は、信光の嫡男で、岩津城を譲られた松平修理亮親長《しゅりのすけちかなが》だという。

『寛政譜』で「岩津太郎親長」は親忠の長男とされているが、平野氏が指摘しているように、「親長は寛正三年（一四六二）以前には在京し、伊勢氏被官としての活動が確認できるので、親忠の子とするには年齢に無理がある」（『三河　松平一族』）。

親忠ははじめ大樹寺近辺（岡崎市鴨田《かもだ》町）に所領を与えられたが、信光が文明二（一四七〇）年頃に安城城を攻略すると、軍功があった親忠は同城を譲られ、安城松平家の始祖となったのだという。つまり、親忠は三河国内に分封された松平庶家の一つにすぎなかったのだ。

明応二（一四九三）年に大樹寺南方の井田野に、碧海郡上野《うえの》（豊田市上郷《かみごう》）の阿部満五郎、加茂郡寺部（豊田市寺部）の鈴木日向守《ひゅうがのかみ》、加茂郡衣《ころも》（＝挙母《ころも》、豊田市桜町）の中条出羽守、加茂郡伊保《いぼ》（豊田市保見）の三宅加賀守らが襲来し、松平家と合戦になると、親忠は二〇〇〇の兵を率いて勝利し、一族内での声望を高めたらしい。

親忠は文明七（一四七五）年に安城松平家の菩提寺《ぼだいじ》として大樹寺を創建し、文亀元（一五〇一）年八月に死去した。

「松平一門連判状」に対する評価

文亀元年八月一六日、親忠の初七日に記された「松平一門連判状《れんぱんじょう》」という古文書がある。その内容は「大樹寺の竹木を勝手に伐採したり、僧侶に無謀な振る舞いをしてはならない」といった簡単なもので、安城松平家以外の松平一族一六名が署名している。

新行紀一氏はこれをもって「惣領家とされる安城松平家が、この段階でようやく庶家と区別される存在としての地位を認められたと考えるべきではなかろうか。すなわち連判状前半の禁制《きんぜい》を下し、違背者を罪科に処する主体は安城松平家であることは一応承認され、同時に寺の警固の中心的役割を果たすことも認められた」。「連判状は何よりもまず安城松平家が松平一族の惣領家たることを確認するために作成された」と評価している（『一向一揆の基礎構造』）。

平野明夫氏も「連判者は安城松平家を警護することを約束したのである。三河在国の松平氏親類・縁者のほとんどが署判していると考えられ、安城松平家が、松平氏の総領と認識され始めていることが窺《うかが》える」として、新行氏の意見に賛意を示している（『三河　松平一族』）。

これに対し、村岡幹生氏は「松平一門連判状」では安城松平家が総領家に昇格したとはいえないと評価している。

すなわち、「一揆契状の一般的作成契機②（一揆構成員相互間の紛争防止──引用者註）に照らせば、安城松平家の人々は、菩提寺である大樹寺の警固に関して自分たちだけで『違背の輩《ともがら》』（とくに安城家の以外の松平一族やその配下の者）を『固く罪科に処す』ことに限界を感じ、現実にトラブルが予想されたので、このような連判状を用意して、他家の人々に

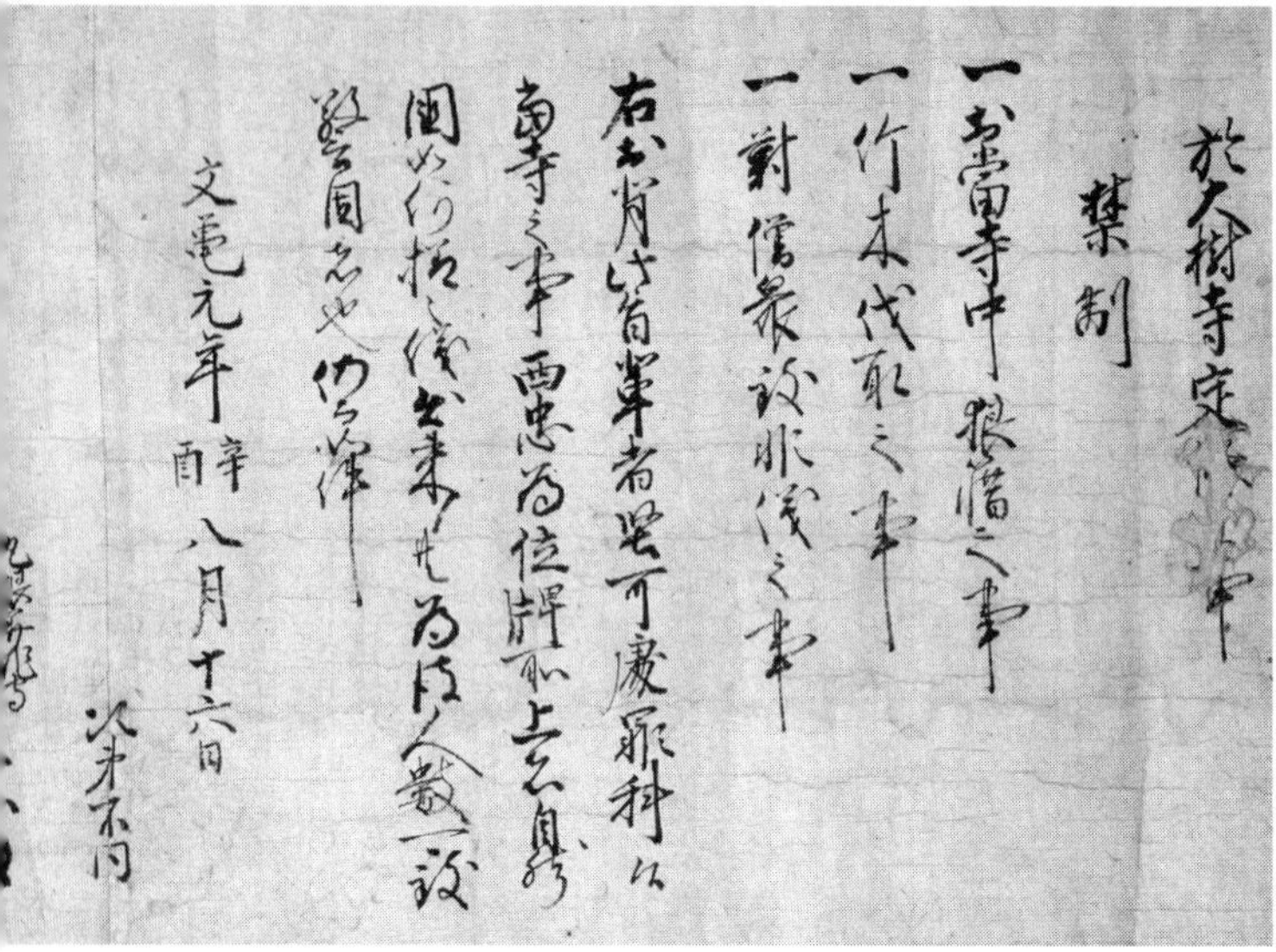

署判してもらったのだと考えることもできる」というのだ（『新編安城市史　Ⅰ　通史編　原始・古代・中世』）。

筆者も「松平一門連判状」では安城松平家が総領家に昇格したとはいえないと評価している。しかし、村岡氏が指摘するように、蒲《がま》郡《ごおり》（愛知県蒲郡市）の竹谷松平家や形原松平家の人間（もしくはその配下）が、わざわざ岡崎市北部の大樹寺まで濫妨狼藉《らんぼうろうぜき》にやってくるかといえば、非常に疑問である。「松平一門連判状」は禁制なのだから、連判した者が大樹寺近辺への侵略者を罰する（＝大樹寺を守る）ことを約束した文書と単純に

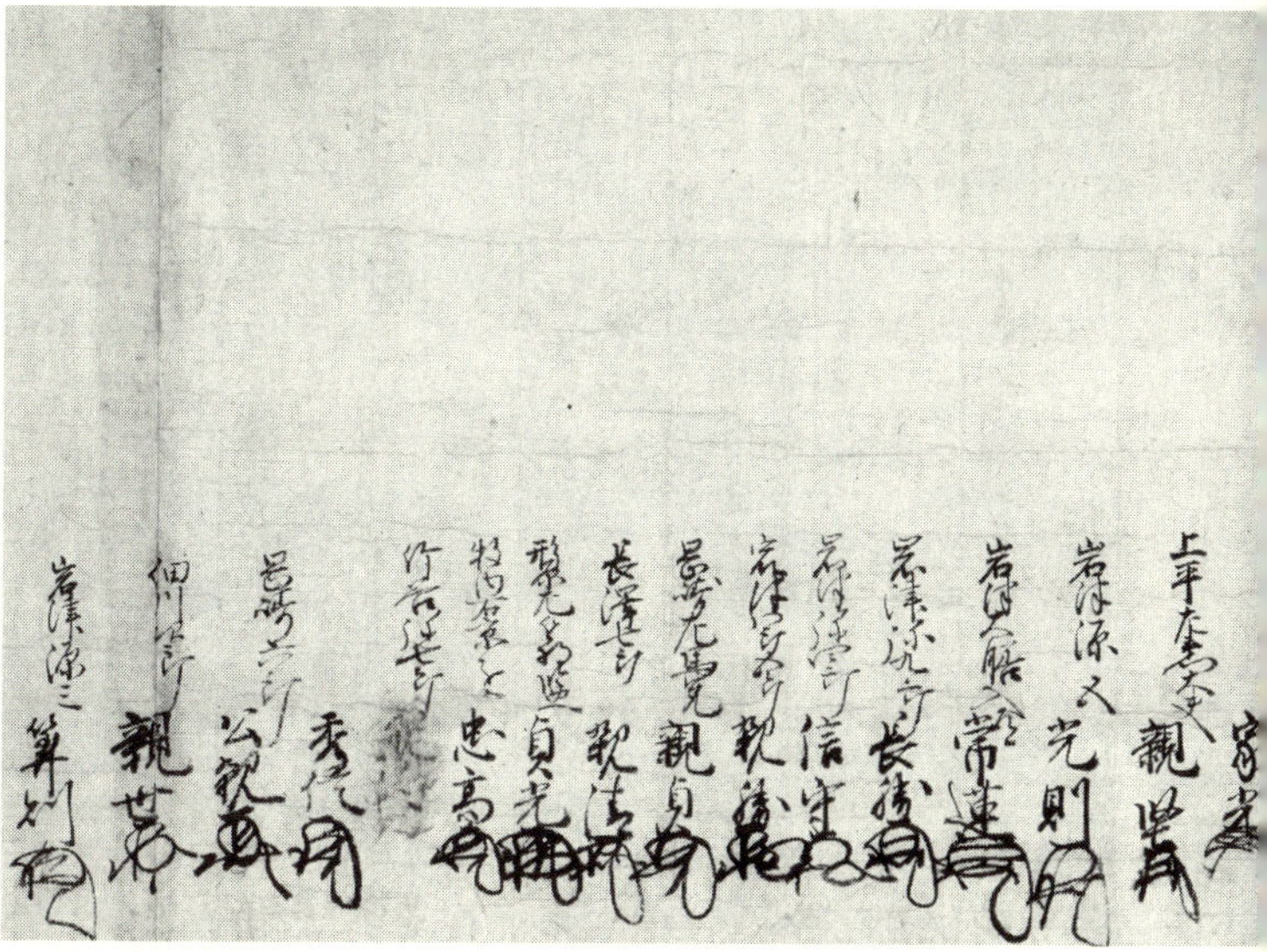

松平一門連判状（岡崎市・大樹寺所蔵、画像提供 岡崎市美術博物館）

考えるべきではないか。

大樹寺は井田野の北西にあたる。井田野では応仁元（一四六七）年に合戦があったという伝承があり、永正五、八（一五〇八、一五一一）年にも戦場になっている。

そう考えると、「松平一門連判状」は、井田野近辺が再び戦火にまみれた場合、大樹寺の警固にかこつけて、三河各地に点在した松平庶家に戦闘の協力を仰いだものと考えることはできないだろうか。

井田野合戦でリーダーシップをとった親忠の死後、葬儀に参加した一族に対して、親忠の遺児（安城松平家）が戦時の結束を呼びかけ、その音頭取りをしただけで

大樹寺（写真提供 岡崎市）

あって、一族が安城松平家を総領家と認めているとは限らない。安城松平家は有力な庶家の一つではあったが、この時点ではまだ総領家とは認められていなかったと思われる。

五代・長忠

五代・蔵人《くろうど》長忠（法名・道閲《どうえつ》、一四五五〜一五四四）は親忠の子に生まれ、初名・忠次、次いで長忠、長じて長親を名乗ったといわれている。ただし、長親と署名した古文書がなく、長忠の署名しかないので、平野明夫氏は「長親と名乗った可能性はきわめて低い」ため、諱を「長忠」としている（『三河　松平一族』）。本書もその見解に従う。

なお、「長」という字は伯父・親長から

与えられたものだろう。初名が忠次だったということは、元服時に偏諱《へんき》を与えられたわけではなく、成人後に偏諱を与えることで安城松平家が岩津松平家の指揮下にあることを明示しようとしたのだろうか。

永正五年頃、今川家の客将伊勢宗瑞《そうずい》（一般には北条早雲《そううん》）率いる駿河《するが》今川氏の軍勢一万余が西三河に襲来、大樹寺に陣を張って岩津城を攻撃した。「永正三河の乱」もしくは「永正の井田野合戦」と呼ばれる激戦である。

長忠は岩津救援のために五〇〇の兵を率いて出陣し、死を覚悟せざるを得ない状況に追い詰められたが、伊勢宗瑞が吉田（豊橋市）に引き返したので、九死に一生を得たという。

新行氏はこの「戦闘で岩津城は陥落し、連判状にあらわれた岩津松平一族の大部分は討死にしたのではなかろうか」と推測している（『一向一揆の基礎構造』）。そして、新行氏、平野氏は「親忠を第四代とするのは、親長の系統が天文年間（一五三二～一五五五）に絶え、近世においてはその傍系がわずかに残っていたという事情、あるいは親忠在世中より親忠系が有力になったらしいことなどはあるとしても、家康の系統こそ嫡流だとする江戸幕府による操作の結果である」と指摘している（『三河　松平一族』）。

永正の井田野合戦の背景には、室町幕府の政治情勢が横たわっていたといわれている。

かいつまんで言えば、一〇代将軍・足利義材《よしき》（のちの義稙《よしたね》）と一一代将軍・足利義澄《よしずみ》の権力抗争に絡んで、義材派の駿河（静岡県東部）守護・今川氏と義澄派の遠江（静岡県西部）守護・斯波義寛《しばよしとお》が争った結果、今川氏が遠江守護に任命される。

「遠江支配を安定させるために後方の三河を叩いておく必要があった。逆説すれば、今川氏は、この時点では三河への進出を考えていなかった。単に打撃を与えるだけでよかったのである」（『三河　松平一族』）。

大樹寺は安城松平家の菩提寺であるが、地理的には安城より岩津に近い。

伊勢宗瑞は、松平家に打撃を与えるため、安城ではなく岩津を叩こうとしたことが明白である。簡単にいうなら、今川氏は、松平家の総領は安城松平家ではなく、岩津松平家だと認識していたのだろう。

第二章　清康と「三御譜代」

1　清康はいつ家督相続したのか

六代・信忠

松平家の六代・左近蔵人佐信忠《さこんくろうどのすけのぶただ》（一四九〇～一五三一）は長忠の嫡男といわれている。『三河物語』によれば、信忠が暗愚だったため、弟・桜井松平内膳正信定《ないぜんのかみのぶさだ》を推す声があがり、家中が二分するほどになった。そのため、大永三（一五二三）年に信忠は嫡男・清康《きよやす》（当時一三歳）に家督を譲ったのだという。

ただし、その『三河物語』にしても、どのように暗愚だったのか、具体的な事例はあげていない。新行紀一氏は「信忠の具体的行動は不明であり、後嗣《こうし》清康を美化するためにつくりあげられた感なきにしもあらず」と、暗に『三河物語』の創作だと示唆している。

そして、新行氏は信忠が排斥された理由を「信忠の武将としての行動に問題があったということも考えられよう」(『一向一揆の基礎構造』)と考え、平野明夫氏も「信忠の軍事指揮能力への疑問にあったと考えられないだろうか」と指摘している(『三河　松平一族』)。

しかしながら、軍事指揮能力の欠如こそ具体的な事例を列挙しやすいものであり、それをあえて記述しなかったのは、できなかった(＝信忠の軍事指揮能力に問題がなかった)ことの証左ではなかろうか。

こうした信忠を暗愚とする従来の説に異を唱えたのが村岡幹生氏である。

村岡氏は「信忠が安城松平家の家督を継いでから以降の発給文書を見ると、従来の安城家の支配域外の額田郡にも勢力を拡げ、配下においていることがわかる」と、信忠が領土拡張の才あふれた武将であると指摘している。

その上で、信忠が排斥された理由を、長忠・信忠父子が進めていた「安城家を一族の上に据えて松平諸家を従えていくという路線」に対して、反発した「松平一族が信忠に迫って清康に家督を譲らせた」もので、「人生経験の浅い清康の方が、一族の意に沿わせるのに都合がよかった」からだと論じている(『新編　安城市史　I　通史編　原始・古代・中世』)。

しかし、のちに桜井松平信定によって広忠《ひろただ》が追放された時ですら、動いた形跡がない松平一族に、当主・信忠を排斥するだけの力があったとは思えない。そもそも西郷松平家との緊張状態にある時期に、本当に信忠は清康に家督を譲ったのだろうか。

七代・清康

七代・世良田次郎三郎清康（初名・清孝、一五一一？～一五三五）は信忠の長男といわれる。その事跡を、新行紀一著『一向一揆の基礎構造』でたどっておこう。

「大永四年五月清康は大久保忠茂《ただしげ》の献策によって、風雨に乗じて山中城を攻め取った。これは時の岡崎城主松平信貞（昌安）が同城を構えて近郷を押領し、信忠時代以来宗家に対立していたためという。

　山中は岡崎の東南額田郡と宝飯郡《ほいぐん》の境の山間部で、東海道を扼《やく》する重要拠点で（中略）、山中城を失った信貞は、清康にその女を嫁して岡崎城を譲り額田郡大草に退隠した。岡崎松平家は没落したわけである。

　清康は岡崎城に移り、以後元亀元年まで同城が松平氏の本拠となった。

　岡崎移転後の清康は連年のごとく合戦をつづけている。（中略）

天文四年十二月四日尾張守山《もりやま》に出陣

松平清康肖像（岡崎市・随念寺所蔵、画像提供 岡崎市美術博物館）

平野説と村岡説

和　暦	西　暦	平野明夫説	村岡幹生説
大永2	1522	この頃、安城松平家と西郷松平家の間で戦闘が勃発。	この頃、安城松平家が山中城を攻め落とし、清康が移住。
大永3	1523	信忠が清康に家督を譲る。	信忠が清康に家督を譲る。
大永4	1524	この頃、清康は山中城を攻め落とし、移住。	
大永5	1525		
大永6	1526		この頃、清康は岡崎城（明大寺城）に移住。
大永7	1527	この頃までに清康は岡崎城（明大寺城）に移住。	
享禄元	1528		
享禄2	1529		
享禄3	1530	この頃、清康は岡崎城（竜頭山城）を築城。	この頃、清康は岡崎城（竜頭山城）を築城。
享禄4	1531		信忠死去。清康が安城松平家と和解。

して織田信秀と戦おうとして、阿部弥七郎に刺殺されたのである。いわゆる『守山崩れ』である」（引用者が適宜改行）。享年二五。

清康の事跡に対しては各氏が新説を提唱している。

現在の岡崎城（竜頭山《りゅうとうざん》城）を築城したのは清康であり、それ以前は明大寺《みょうだいじ》近辺に岡崎城があった（新行説）。

清康が山中城を攻め落としたのちに移住し、三〜四年住んでいた（平野説）。

清康の家督相続（一五二三年）以前に山中城攻めが開始され、指揮官は清康ではなく、桜井松平信定の可能性が強い（村岡説）。

村岡氏は従来の所説が清康を英雄視していたのに対し、「清康の安城四代継承が、当初実態を伴わぬ虚構で」、家督相続前後の清康が苦難に満ちた立場にあったと一八〇度回転した清康像を提唱している。そのため、清康の山中城移住も勝利した進駐軍ではなく、「清康は安城の本城において確たる居場所を占めることができず、安城から限られた数の者たちを引き連れて山中城に転出し、そこを拠点に安城の一門とは独立した家中を築いていたというのが真相であろう」と見ている。

しかし、敵の要衝を攻め落として擡頭《たいとう》著しい安城松平家が、一族の言を聞き入れてわずか一三歳の少年に家督を譲り、その少年当主が居場所をなくして、敵から奪い取った城に出奔するというストーリーは現実的なのだろうか。

安城松平家にとって、山中城は西郷松平家から奪った軍事上の要衝であり、再び西郷松平家に奪還されるおそれもある。引きこもり少年を遊ばせておくのではなく、有能な軍事指揮官を駐留させておくべきであろう。そして、家督相続で揉《も》めていた安城松平家の当主が、相続した直後に本城を離れ、最前線に駐留することは常識的には考えられない。

当時はまだ、清康は安城松平家の当主でなかったのではないか。

『三河物語』を素直に読めば、清康は家督相続後に山中城を攻め落とし、安城松平家の当主でありながら、西郷松平家の家督も継いで同家を併呑《へいどん》したように読める。

しかし、実際は、清康は安城松平家の先兵として山中城を攻め落として駐留し、西郷松平家臣団を籠絡するうちに、その娘婿（＝西郷松平家の当主）になって安城松平家と対立し、信忠から家督を奪い取ったのではなかろうか。

主君への忠節を説く『三河物語』としては、ウソをついてでも隠したい事実であろう。

2　山中譜代

「山中譜代」とは何か

『三河物語』によれば、山中城の清康が岡崎城をも攻め落とそうとするのを聞き、西郷松平信貞が「とても対抗できないと考えられ、それならと清康を婿にとって、岡崎を家督相続としてお渡しになった」と記している。

なぜ、信貞は戦う前から清康にはかなわないと悟ったのか（または調略で敗北したのか）。それには山中城で清康に従った家臣、通称「山中譜代」の活躍があったと推察される。

大久保彦左衛門忠教は『三河物語』で「お家で、三ご譜代というのは、安城ご譜代・山中ご譜代・岡崎ご譜代のことである。安城ご譜代と申すのは、信光・親忠・信忠・清康・広忠までよりこのかた召しつかわれているご譜代である。山中ご譜代・岡崎ご譜代と申すのは、清康の十四、五の時、攻めしたがわせた土地の衆である」と述べ、徳川・松平家の家臣は帰属した時期によって安城譜代、山中譜代、岡崎譜代の「三御譜代」に分類されると語っている。

「三御譜代」のうち、安城譜代は石川、本多、大久保ら、岡崎譜代は榊原、鳥居、阿部らと具体的な家名があげられる。ところが、「山中譜代」と伝えられる家系を筆者は寡聞にして知らない。

新行紀一氏は「山中譜代を岡崎入城後に服属した岡崎譜代と区別してとり出すことは困難な点もあるが、若干の手掛りはある」と述べ、具体名として佐野正安、山田重正、加藤勘右衛門、今村勝長、加藤光重、小林貞正、中根忠良（またはその伯父の正頼）をあげている（『新編　岡崎市史　中世2』）。

新行氏が行った抽出作業は手堅く信頼を寄せることができるが、山中譜代がこのような名の知れない小物ばかりだとは思えない。山中譜代が安城譜代、岡崎譜代と並び称される存在であるからには、もっと大物がいて然《しか》るべきである。

松平清康が山中城を攻め落とし、その周辺の武士だけを味方に引き入れ、家臣にしたとは考えられない。山中城は安城城から東南東にほぼ一〇キロメートルの地にあり、その間は西郷松平家の所領があるので、当然、西郷松平家臣が蟠踞《ばんきょ》していたと考えられるからである。

清康は山中城を攻める前後にかれらを調略しているに違いない。

そこで、やや乱暴ではあるが、西郷松平家の所領と思われる地域のうち、安城城から山中城に至るルート、および山中城の周辺に居住していたと考えられる武士を、山中譜代の候補と考えてみよう。

西郷松平家の所領について、新行氏は「岡崎城を中心に東は山中郷・中山郷より西は矢作川まで、北は大樹寺付近から南は高力《こうりき》・坂崎辺《さかざきあたり》にいたる額田郡の南部、および三木・合歓木《ねむのき》を含む矢作川東の碧海郡の地であったと推定」している（『一向一揆の基礎構造』）。

つまり、矢作川から山中城までの一五キロメートル弱の村々、および山中城の周囲一里（四キロメートル）四方に居住する人物・家系が山中譜代の候補となる。すなわち、高落《たかおち》村、羽角《はすみ》村、貝吹《かいふく》村、高力村、坂崎村、久保田村、鷲田村、野場《のば》村、芦谷《あしのや》村、横落村、岩堀村、大草村、桑谷《くわがい》村、羽栗《はぐり》村、山綱村、藤川村、市場村、保母《ほぼ》村などに住む武士である。

そこで、ここでは高落村、羽角村、野場村、芦谷村を領する内藤家、坂崎村の平岩家（平岩親吉《ちかよし》が有名）と天野家（岡崎三奉行の一人・天野康景が有名）、高力村の高力家（岡崎三奉行の一人・高力清長が有名）、羽栗村の榊原家の実態を考察していこう。

内藤家（高落村、羽角村、野場村、芦谷村）

内藤家は碧海郡姫小川《ひめおがわ》村（安城市小川町）を本貫地とするが、事実上の家祖である内藤右京進（一般に義清という）の代にはすでに碧海郡の上野《うえの》城（豊田市上郷町）に居住しており、その一族は碧海郡高落村（西尾市高落町）、幡豆《はず》郡野場村（愛知県額田郡幸田町野場）、芦谷村（幸田町芦谷）に移り住んでいたという。

内藤右京進の次男・甚五左衛門忠郷《たださと》（一五一一～一五八〇）は、初め三ツ木松平家信孝に付けられたが、広忠と信孝が対立すると、阿部大蔵《おおくら》の誘いに応じて広忠のもとに馳《は》せ参じた。その功をもって、天文一二（一五四三）年に広忠から高落村および野場村を本領安《あん》堵《ど》されており、それ以前から両村が忠郷の領地であったことを示している。

一方、『愛知県の地名』（額田郡幸田町芦谷村の項）では「碧海郡上野（現豊田市）生れの内藤義清の三男勝重《かつしげ》が『享禄頃《きょうろくころ》芦谷移《にうつり》　荒地開墾』」したと記し（享禄は一五二八〜一五三二年）、永正一五（一五一八）年には芦谷に居を構えていたという（ただし、没年・享年から逆算すると、右京進と勝重が父子である可能性は低く、近親だと考えられる）。

『寛永系図』によれば、勝重の妻（多《お》門縫殿《かどぬいの》助《すけ》重利の姉）は家康の乳母《めのと》になったが、家康が尾張の人質時代に疱瘡《ほうそう》で重篤に陥ったことを聞き、湯を自らにかけるなどの苦行をして家康の平癒を祈り、命を落としたという。

平岩家（坂崎村）

『寛政譜』によれば、平岩家は弓削《ゆげ》氏（物部《もののべ》氏の末裔《まつえい》）の子孫と伝え、南北朝の頃、右衛《うえ》門尉《もんのじょう》照氏《てるうじ》は新田義興《よしおき》（義貞の子）に仕え、三河国碧海郡の上野城に住み、上野姓を名乗った。その子孫・隼人正《はやとのかみ》氏貞（重氏）は「今川家に属す」といい、額田郡坂崎村（愛知県額田郡幸田町坂崎）に移り住み、巨石（平岩）の近くに館を建てたことから、平岩姓を名乗ったという。

妙源寺（岡崎市大和町）には、建武三（一三三六）年に物部熈氏《ひろうじ》が三河国平田荘桑子《くわご》（岡崎市大和町）の屋敷・畠地を寄進した古文書が所蔵されている。この「凞氏」こそ『寛政譜』にある照氏であろう。

妙源寺には永正三年に駿河の今川氏親が三河に侵攻した際の禁制《きんぜい》が残っており、平岩氏貞（重氏）が「今川家に属す」というのは一時的に今川氏に降伏・従属したことを示しているのかもしれない。

『寛政譜』によれば、氏貞の曾孫・五郎右衛門重益（?〜一五三〇）が松平信光・親忠・長忠に仕え、その子・左衛門親重（〜一五七七）が長忠・信忠・清康に仕えた安城譜代というが、にわかには信じがたい。

親重の子・平岩七之助親吉《ちかよし》（一五四二〜一六一一）は家康と同い年で、尾張・駿河の人質時代をともに過ごした（なお、叔父・平岩助右衛門親長、弟・平岩五左衛門正広も家康の人質時代に付き従っている）。

その後、親吉は岡崎三郎信康（家康の長男）の傅役《もりやく》となり、築山《つきやま》事件後に信康の寄騎《よりき》を預けられ、天正一〇（一五八二）年に甲斐《かい》国の郡代となる。関東入国の際に上野国厩橋《まやばし》（群馬県前橋市）三万三〇〇〇石、関ヶ原の合戦後に三万石を加増されて甲斐国に移封される。

家康の九男・義直（尾張徳川家の祖）が甲斐国に入国するとその後見役となり、義直が尾張藩を開くと、清洲・犬山一二万三〇〇〇石に封ぜられた。子がなかったため、家康の

平岩家系図

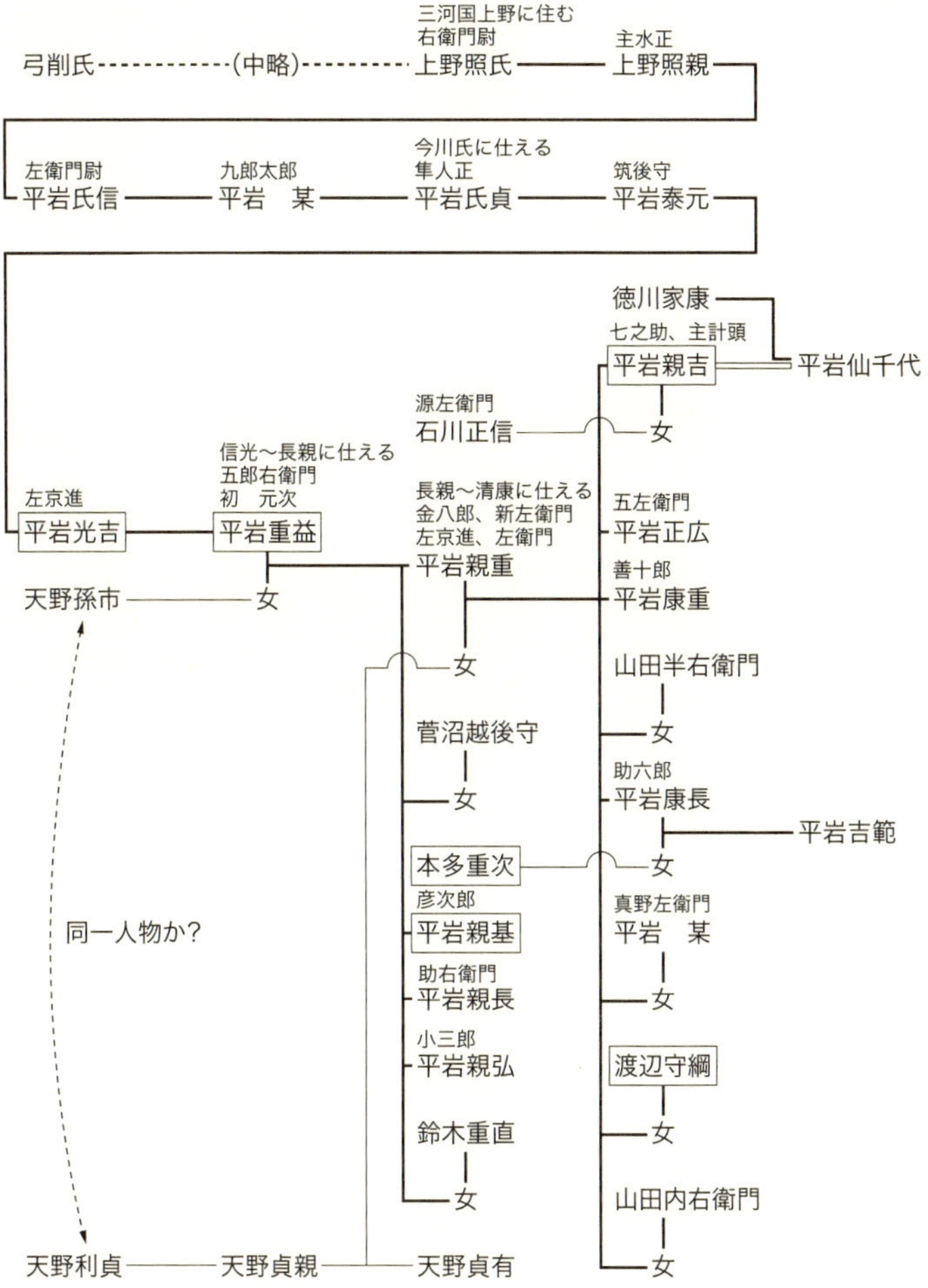

※以下、系図は原則として『寛政譜』をもとに作成。

八男・仙千代（義直の兄）を養子に迎えるが、早世したため、無嗣廃絶となった。

岡崎三奉行の一人・天野康景《やすかげ》の本貫地も坂崎村だという（近年の研究によれば、岡崎の奉行は三人に限定されていなかったというが、「岡崎三奉行」という呼称が有名なため、あえて使用した）。

天野家（坂崎村）

『寛政譜』によれば、天野縫殿助遠房《とおふさ》が清康に仕え、その孫・三郎兵衛康景（一五三七～一六一三）は家康に付き従い、尾張・駿河の人質時代をともに過ごしたという（尾張に従ったのは、後述する天野清右衛門貞久《さだひさ》を誤認したと思われる）。

康景は永禄八（一五六五）年に岡崎の奉行となり、天正一一（一五八三）年に駿河江尻《えじり》城代となった。関東入国の際に下総国香取郡で三〇〇〇石、関ヶ原の合戦後に駿河国富士・駿東《すんとう》郡にて一万石を賜ったが、慶長一二（一六〇七）年に直轄領の軽卒を殺害した罪で改易された。子の天野対馬守康宗（一五七四～一六四五）が寛永五（一六二八）年になってやっと赦免され、子孫は一〇〇〇石の旗本となっている。

なお、平岩親吉の母は天野清右衛門貞親《さだちか》の女、祖母は天野孫市の女であり、天野康景の一族と思われる。

天野家は元来、岡崎城の東方の山間部、麻生村（岡崎市桜形）および岩戸村（岡崎市岩戸町）を本貫地としており、清右衛門家はその支流にあたる。

『寛政譜』に「天野清右衛門貞親」という名は見えないが、新行紀一氏によれば、『塩尻』の記事により、天野清右衛門貞有《さだあり》（康親）の父に比定される。

貞有（別名・康親《やすちか》、?～一六一八?）は「岡崎五人衆」と呼ばれる家老の一角を占め、家康生誕の折には妻が乳母に選ばれたという。その子・清右衛門貞久は家康の乳兄弟として尾張・駿河の人質時代をともに過ごし、岡崎三郎信康の家老となったが、築山事件で蟄居《ちっきょ》を余儀なくされ、子孫は二〇〇石の旗本に留《とど》まった。

高力家（高力村）

岡崎三奉行の一人・高力清長《こうりききよなが》の本貫地は高力村（愛知県額田郡幸田町高力）で、その祖先は『平家物語』で有名な熊谷《くまがい》次郎直実《なおざね》である。南北朝時代に熊谷備中守《びっちゅうのかみ》直鎮《なおしげ》が足利尊氏に従って三河国八名《やな》郡宇《う》利荘《りのしょう》（愛知県新城市《しんしろ》）を与えられ、その子孫の新三正直《しんぞうまさなお》は高力郷に移り住み、高力備中守重長《しげなが》の代になって清康に仕えはじめたという。

重長とその子・新三安長《やすなが》は井田野の合戦で討ち死にし、安長の子・河内守《かわちのかみ》清長（一五三〇～一六〇八）は永禄八年に岡崎の奉行となった。天正一〇年に駿河田中城代となり、関東入国の際に武蔵国岩槻《いわつき》城二万石を賜った。

清長の孫・高力摂津守忠房《せっつのかみただふさ》は肥前島原藩四万石を賜ったが、忠房の子・高力左近大夫高《たか》

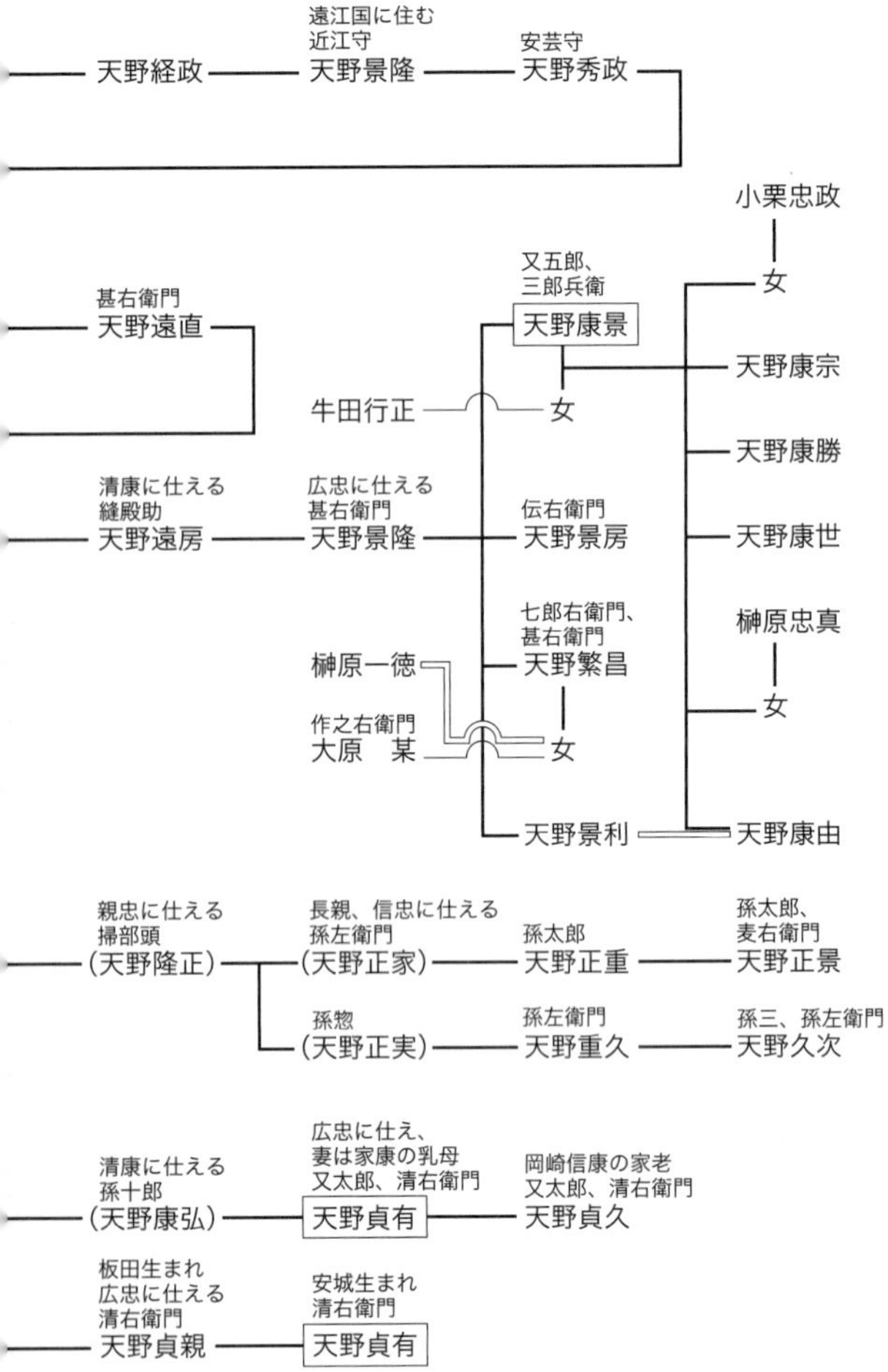
遠江国に住む
近江守
安芸守
天野経政
天野景隆
天野秀政
小栗忠政
女
又五郎、
三郎兵衛
甚右衛門
天野遠直
天野康景
天野康宗
牛田行正
女
天野康勝
清康に仕える
縫殿助
広忠に仕える
甚右衛門
伝右衛門
天野遠房
天野景隆
天野景房
天野康世
七郎右衛門、
甚右衛門
榊原忠真
榊原一徳
天野繁昌
作之右衛門
大原　某
女
女
天野景利
天野康由
親忠に仕える
掃部頭
長親、信忠に仕える
孫左衛門
孫太郎
孫太郎、
麦右衛門
（天野隆正）
（天野正家）
天野正重
天野正景
孫惣
孫左衛門
孫三、孫左衛門
（天野正実）
天野重久
天野久次
清康に仕える
孫十郎
広忠に仕え、
妻は家康の乳母
又太郎、清右衛門
岡崎信康の家老
又太郎、清右衛門
（天野康弘）
天野貞有
天野貞久
板田生まれ
広忠に仕える
清右衛門
安城生まれ
清右衛門
天野貞親
天野貞有

天野家系図

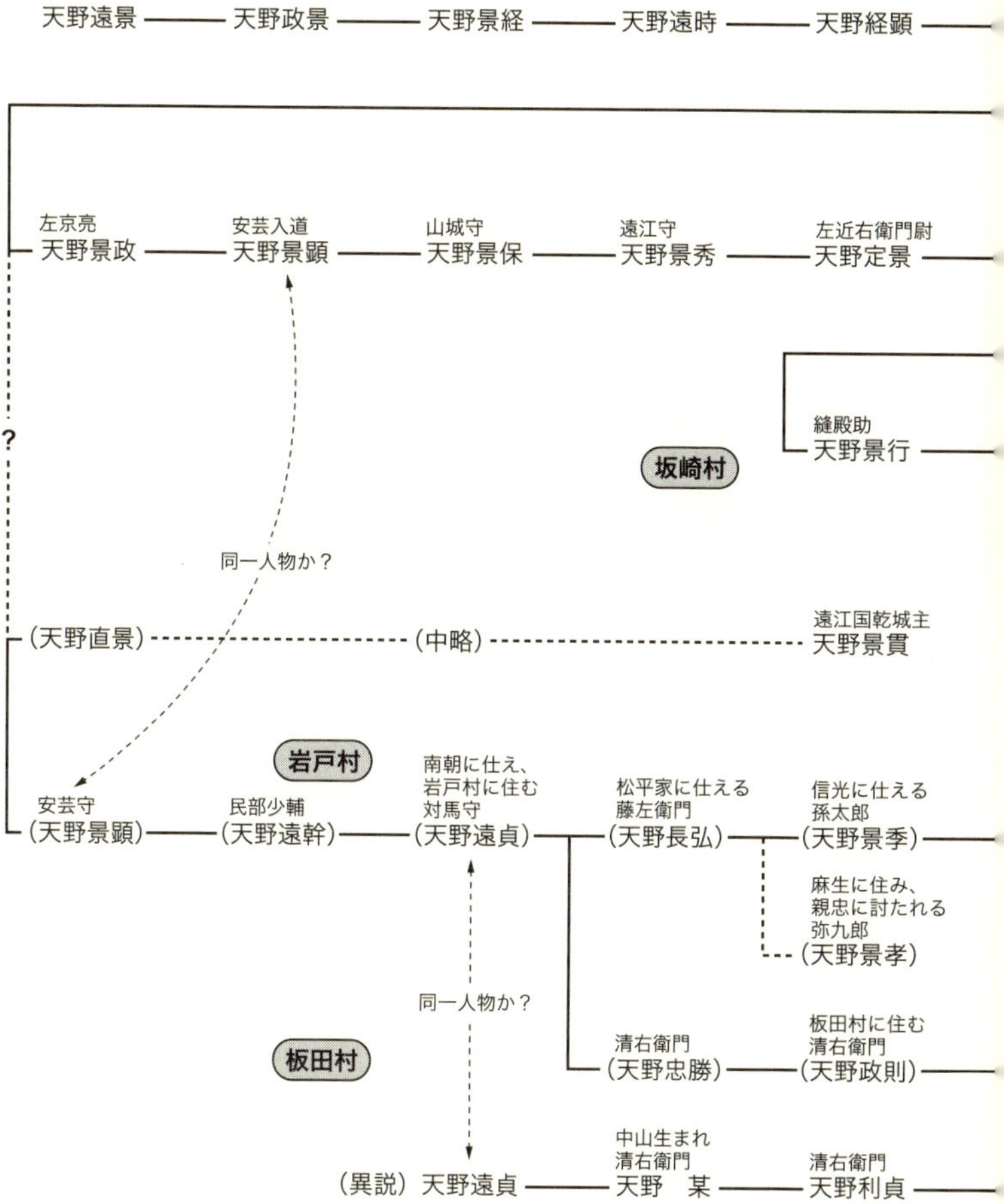

天野遠景
天野政景
天野景経
天野遠時
天野経顕
左京亮
天野景政
安芸入道
天野景顕
山城守
天野景保
遠江守
天野景秀
左近右衛門尉
天野定景
?
縫殿助
天野景行
坂崎村
同一人物か？
(天野直景)
(中略)
遠江国乾城主
天野景貫
岩戸村
南朝に仕え、
岩戸村に住む
対馬守
(天野遠貞)
安芸守
(天野景顕)
民部少輔
(天野遠幹)
松平家に仕える
藤左衛門
(天野長弘)
信光に仕える
孫太郎
(天野景季)
麻生に住み、
親忠に討たれる
弥九郎
(天野景孝)
同一人物か？
板田村
清右衛門
(天野忠勝)
板田村に住む
清右衛門
(天野政則)
(異説) 天野遠貞
中山生まれ
清右衛門
天野　某
清右衛門
天野利貞

長《なが》は「領地の政務よろしからず」改易。子孫は一〇〇〇石の旗本になった。

榊原家（羽栗村）

榊原《さかきばら》家といえば、徳川四天王の一人、榊原式部《しきぶ》大輔《たいふ》康政が有名であるが、羽栗村（岡崎市羽栗町）に住む榊原家は別の家系といわれている。

『寛政譜』によれば、藤原秀郷《ふじわらのひでさと》の子孫・佐藤主計允《かずえのじょう》基重《もとしげ》が伊勢《いせ》国壱志《いつし》郡榊原（三重県津市）に住んで榊原を称し、その子孫・榊原主計頭《かずえのかみ》経定《つねさだ》が三河国額田郡山中郷に移り住み、初代・松平親氏に仕え、経定の子・榊原主計頭利経《としつね》から安城松平家に仕えたというが疑問である。

安城松平家に仕えたことが確かなのは、経定の曾孫・摂津守忠次からである。『寛政譜』によれば、忠次は「清康君につかへ、広忠卿の御とき、植村飛騨守《ひだのかみ》某、酒井左衛門尉某等とゝもに家老となり、御諱字をたまふ」という。

忠次の次男・隼之助忠政《ただまさ》（一五四一～一六〇一）は、家康の駿河人質時代をともに過ごし、元亀三（一五七二）年に三方原の合戦で兄・忠直が討ち死にすると家督を継いだ。天正一七年に秀忠に附けられ、関東入国の際に相模《さがみ》国大住郡で二三〇〇石を賜ったが、孫の隼之助忠豊《ただとよ》（～一六二三）の代に無嗣廃絶で改易されている。

山中譜代の共通点

以上、「山中譜代」と想定される内藤家、平岩家、天野家、高力家、榊原家について見てきたが、かれらには共通する特徴・傾向があることに気づく。

まず、かれらには西郷松平家の所領の北端もしくは東端に一族がいる。

内藤家、平岩家は碧海郡上野村（豊田市上郷）から来たという伝承があり、榊原家も一族が上野村に居住している。新行氏は西郷松平家の所領について「北は大樹寺付近」と推定しているが、大樹寺よりさらに三キロメートルほど北西の地・上野村を拠点とする家臣の多くが岡崎譜代を称していることから、実際は上野村が西郷松平家所領の北端だったのではないか。また、天野家は西郷松平家所領の東端、山中郷から派出していると思われる。

上野城趾には大正六（一九一七）年に愛知県が建立した碑があり、戸田家が上野城を建てた後、田原に移行し、安城松平親忠が併合。長忠の子、桜井松平信定が城主に任じられたという。しかし、信定は大永六（一五二六）年頃、守山城主になっており、信用できない。

かれらが居住する高力村および坂崎村自体が西郷松平家所領の南端であるから、西郷松平家は、所領の東端と北端にある有力家臣の一族を南端に配置し、周囲を防衛していたという考え方もできないか。

岡崎城を攻める清康はその背景を逆手にとり、南端の有力家臣を調略することによって、その一族である北端および東端の有力家臣を味方に引き入れたのではないか。いや、むし

山中譜代の分布

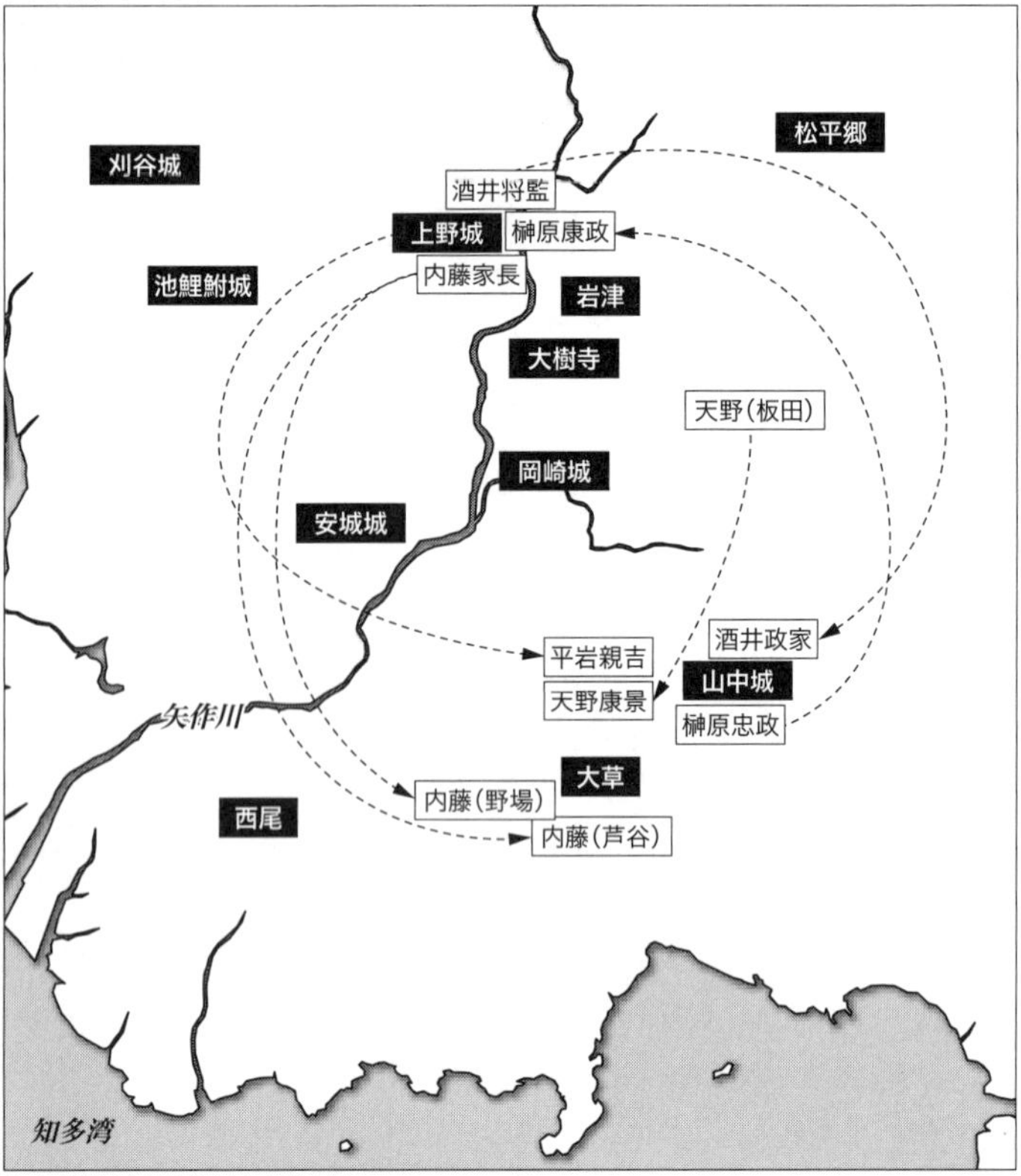

山中譜代は上野村近くに親族が多い。

ろ清康という新しい神輿《みこし》を見つけた西郷松平家臣団のクーデターだったのかもしれない。

西郷松平信貞には七郎という実子がおり、永禄六年に起こった三河一向一揆では大草に立て籠もって家康に敵対した。

『三河物語』は主君への忠節を謳《うた》った著述であるので、旧西郷松平家臣が七郎のもとに馳せ参じることがあれば、「敵ながらあっぱれ」と称賛しただろうが、そのような記述はない。七郎の器量が劣っていたから、清康に乗り換えたというのが実相ではないだろうか。

信忠の隠退

清康は大永七（一五二七）年四月までに西郷松平信貞（もしくはその子・七郎）を大草村（愛知県額田郡幸田町大草）に追放し、山中城から岡崎城に移住したといわれる。

信貞追放について、安城・岡崎両陣営の認識にはかなり相違があったものと思われる。

安城松平家（信忠）にとって、岡崎攻略は自らが派遣した清康の手柄であり、安城松平家が西郷松平家の遺臣・遺領を併呑するのが当然と考えたであろう。

しかし、清康（信貞の女婿）を擁した西郷松平家臣は、クーデターによって信貞を放逐しただけで、安城松平家との対立は別問題と考えていたに違いない。

ここで、信忠を隠退させ、清康に家督を移譲することで、安城松平家と西郷松平家を合併する妙手が考えられたのであろう。

3　謎の人　世良田清康

本当は何年生まれだったのか

『新編　安城市史』は、清康を「謎の人　松平清康」と評している。清康に関する古文書がほとんど残っておらず、史料的な裏付けが難しい「謎の人物」だというのだ。

違った意味で、清康は謎の人である。

まず、清康の年齢、生年についてである。

平野明夫氏は、清康の生年について「永正八年（一五一一）誕生説が通説である。『徳川正統記』『清流記』が永正七年とするのは誤りであると、『朝野旧聞裒藁《ちようやきゆうぶんほうこう》』はいう。天文四年（一五三五）、二五歳で死去したとする『三河物語』などの記述に異説がないので、逆算すると永正八年生まれとなる」と指摘している（『三河　松平一族』）。本当だろうか。

『松平記』によれば、家康に長男の岡崎三郎信康が生まれた時、家老の阿部大蔵《おおくら》は「この子は家督を継がない」と予言したという。なぜかといえば、「松平家では未《ひつじ》年生まれが惣《そう》領《りよう》になった例《ため》しがない」というのだ（ちなみに徳川十五代将軍、および現当主に至るまで未年の人物はいない）。

これは家督争いに負けた桜井松平信定や三ツ木松平信孝が未年だったから、おそらく岡崎信康も家督を継ぐことがないと暗示した逸話なのだが、永正八年生まれだとすると清康も未年になってしまう。そんな初歩的なミスを犯すだろうか。

では、清康は永正七年生まれだったのだろうか。

そもそも清康の年齢には不審な点が多い。

一三歳で家督を継ぎ、すぐさま大久保忠茂（当時は宇津《うづ》姓だったが、大久保で表記を統一する）の献策で山中城を攻略し、西郷松平信貞の娘と結婚する。

仮に清康が早熟だったとしても、信忠が西郷松平家との紛争中に一三歳の少年に家督を譲るだろうか。そして、大久保忠茂が一三歳の子ども相手に城攻めを献策したり、西郷松平信貞が一四、五歳の少年に娘を嫁がせて講和しようとするだろうか。

これがたとえば、五歳か一〇歳サバを読んでいれば、実現性は高くなるだろう。

しかし、そうすると、清康は信忠の子でない可能性が浮上してしまう。

信忠は延徳三（一四九〇）年生まれとされ、仮に清康の実年齢を一〇歳引き上げる（＝一五〇一年生まれとする）と、信忠が一〇歳の時の子になってしまうからだ。

では、清康が信忠の子でない可能性はないのだろうか。

「三河海東記」という書物は信憑性《しんぴょうせい》が低い本ではあるが、信忠を長男、清康を次男としている。実は『三河物語』でも信忠が清康に家督を譲ったことは記述しているが、清康が信忠の子とは明言していない。

筆者は以下のようなストーリーの方が、リアリティがあるように思う。

信忠は一族の中から勇猛果敢な若者・清康を差し向け、山中城の攻略に成功した。しかも、清康は山中城にとどまって岡崎城の家中へも調略の手を広げ、西郷松平家を乗っ取った。

ところが、清康は旧西郷松平家臣団との交流を深めた結果、安城松平家による西郷松平家の併呑を拒み、両家は再び対峙《たいじ》、安城家臣団の支持を得て清康が勝利する。

失策を責められた信忠は大浜に隠居させられ、結局、安城松平家は西郷松平家によって併呑されてしまう。

なぜ「清康」という名前なのか

安城松平家の当主の諱は、親忠―長忠―信忠―清康―広忠と、清康を除いていずれも「忠」の字を通字としている。

清康の子・広忠は、後述するように岡崎城から追放され、吉良持広《きらもちひろ》を頼り、元服時に偏《へん》諱《き》をもらったという説がある。持広の父は持清《もちきよ》なので、清康（初名・清孝）も持清から偏諱をもらったと考えるのが、最も自然である。

しかし、広忠が吉良持広から偏諱をもらったのは、流浪の身であり、異常事態だったからだと考えられるが、安城松平家の当主・清康が吉良持清から偏諱を受ける必然性がない。

これはそもそも清康が安城松平家の嫡男ではなく、吉良家と親密な関係を持つ東条《とうじょう》松平家や矢田松平家などの出身という見方ができないだろうか。

再び、なぜ「世良田」なのか

清康が出した文書六点のうち、名字が書かれたものは三点で、うち二点は世良田姓を名乗っている。

残り一点は松平（松平次郎三郎源清康）を名乗っているが、制札の写しで、かつ花押を欠いたものであり、偽文書の可能性があるらしい。また、清康が「安城四代岡崎殿」と名乗ったことでも有名な大樹寺多宝塔心柱銘写にも「世良田次郎三郎清康」と記している。

家康が松平から徳川に改姓したように、清康も松平から世良田に改姓したのではないか。清康が横死してしまい、嗣子・広忠がその遺志を継がなかったから、忘れられてしまっただけで、清康は新たな家系を創出しようとしたのではないか。

では、なぜ清康は新たな家系を創出しようとしたのか。

清康の西郷松平家による安城松平家の併呑は、現代にたとえるなら企業合併のようなものだ。戦後の企業合併では、合併した二社のどちらが社長、社名、本社所在地を取るかで、どちらの企業が主導権を握ったかを判断していた。

そこで、合併前の社名（第一銀行＋日本勧業銀行）をそれぞれ取って「第一勧業銀行」と名乗ったり、まったく新たな社名「みずほ銀行」を創出して、元の社名（富士銀行＋第一勧業銀行＋日本興業銀行）を残さないようにして、対等合併を演出しようとした。

岡崎城主だった松平弾正左衛門信貞は、実は西郷姓を名乗っていたらしい。

清康は松平家でもない、西郷家でもない新たな家系・世良田家を創出することによって、両家旧臣の融和を考えたのではなかろうか。

清康は西郷松平家の居城・岡崎城（俗称・明大寺城）に移った後、より北側に岡崎城（俗称・竜頭山城）を新たに築城した。

移転の理由は、明大寺が交通至便ながら軍事的には要害といえず、また家臣の屋敷建設に必要な平坦地の確保が困難なため、戦国領主松平氏の本城にふさわしい城の建設のためといわれている。しかし、実際は西郷松平家の居城を「本社所在地」にしたままでは両家旧臣の融和が進まないと考えたのではなかろうか。

合併企業の人事抗争

合併企業に付き物なのが、旧会社を背景にした派閥争い、人事抗争である。

当然、清康が創設した岡崎（安城＋西郷）松平家にも派閥があったろうと推察される。

それこそが、「三御譜代」（安城譜代、山中譜代、岡崎譜代）の正体なのであろう。

旗本・菊池弥門が寛保三（一七四三）年に編纂《へんさん》した『柳営秘鑑《りゅうえいひかん》』では、「三御譜代」の具体的な家名として、安城譜代の七家（酒井家、石川家、本多家、大久保家、阿部家、青山家、植村家）、岡崎譜代の一六家（榊原家、内藤家、鳥居家、井上家、安藤家、大須賀《おおすが》家、久世《くぜ》家、渡辺家、永井家など）をあげている（『柳営秘鑑』には山中譜代という概念がない）。ただし、これは各家の系譜などに基づいた、いわば「自己申告」によるものであり、詐称が多いといわれている（詳細は第六、七章で取り上げる）。古くから松平家に仕えていたという詐称で、岡崎譜代が安城譜代を名乗ったりすることである（逆はない）。

そこで、ここでもやや乱暴ではあるが、各家の居住地から「三御譜代」（安城譜代、山中譜代、岡崎譜代）の実際を推察してみよう。

地理上、安城譜代と推察されるのは、石川家、本多家（広孝《ひろたか》、正信の家系）、植村家あたりまでで、阿部家、大久保家になるとかなり怪しい。本多忠勝、重次の家系は岡崎譜代と考えた方が無難だろう。

上野城の内藤家（家長の家系）、榊原家（康政の家系）、久世家（のちの老中・久世広之を生む家系）が岡崎譜代と名乗っている以上、上野城代の酒井家（将監、忠次の家系）もまた岡崎譜代と考えた方が自然と思われる。

山中譜代と考えられる平岩家、内藤家（野場村、芦谷村在住）は上野村から移り住んだといわれており、上野村は西郷松平家の勢力範囲と考えた方が妥当である。

松平家臣団の分布

四角で囲った人物は「安城譜代」に分類されているが、地理的に怪しい家系がいくつか存在する。

4　「三御譜代」に振り回される広忠

清康の三河制圧と守山崩れ

清康は岡崎松平家の当主として安城松平家を併合した後、三河をほぼ制圧し、尾張まで勢力を拡大した。

まず、大永五（一五二五）年五月に清康は二〇〇〇余騎を率いて足助《あすけ》城（豊田市足助）の鈴木雅楽助《うたのすけ》重政《しげまさ》を攻め降し、享禄二（一五二九）年五月に吉田城（豊橋市今橋町）の牧野伝蔵信成を攻め、信成ら兄弟を討ち取った。次いで、田原城（田原市田原）の戸田弾正少弼《だんじょうしょうひつ》宗光《むねみつ》を降した。

その勢いを見て、翌六月には東三河の国人《こくじん》領主が相次いで清康の軍門に降ったという（国人とは国衆《くにしゅう》とも呼ばれ、鎌倉幕府の地頭の子孫などが、当該地域の領主として発展した有力者のことを指す）。

・作手《つくで》（新城市作手）の奥平《おくだいら》氏（監物《けんもつ》貞勝）
・長篠（新城市長篠）の菅沼氏（下野守《しもつけのかみ》俊則？）
・田峯《だみね》（北設楽郡設楽町）の菅沼氏（新三郎定広［大膳亮《だいぜんのすけ》定勝］）
・野田（新城市豊島）の菅沼氏（織部正定則）
・牛久保（豊川市牛久保）の牧野氏（民部丞氏勝？）

・設楽《したら》（北設楽郡設楽町）の設楽氏（左馬助《さまのすけ》貞長）
・月ヶ谷《わち》（豊橋市嵩山《すせ》町）の西郷氏（弾正左衛門正員《まさかず》）
・二連木《にれんぎ》（豊橋市仁連木町）の戸田氏
・伊奈《いな》（豊川市小坂井《こざかい》）の本多氏（縫殿助正忠）
・西郡《にしのこおり》（蒲郡市蒲郡町）の鵜殿《うどの》氏

時期には諸説があるが、享禄二年以降、清康は以下の諸城を攻め落としたという。
・尾張品野《しなの》城（瀬戸市上品野）　守将は織田家臣・桜木上野介
・岩崎城（日進《にっしん》市岩崎）　守将は荒川頼宗
・荒川城（西尾市八ツ面《やつおもて》町）　守将は荒川甲斐守義広（東条吉良持清の子）
・宇利《うり》城（新城市中宇利）　守将は熊谷備中守直利（もしくは兵庫頭忠重）
・伊保《いぼ》城（豊田市貝津《かいづ》町）　守将は三宅加賀守貞宣《さだのぶ》（広瀬に逃亡）
・広瀬城（豊田市西広瀬町）　守将は三宅右衛門尉
・寺部城（豊田市寺部町）　守将は鈴木日向守重教
こうして清康は三河国をほぼ統一し、尾張に攻め入るまでに勢力を拡大した。

しかし、天文四（一五三五）年一二月、尾張守山（名古屋市守山区）へ出陣中、清康は家臣の阿部弥七郎に暗殺されてしまう。

当時、弥七郎の父・大蔵定吉《さだよし》（正澄ともいう）が謀反を企てているとの風聞があり、大蔵は、もし処罰されるようなことがあったなら、父の無罪を伝えてほしいと弥七郎に言い含めたという。ところが、戦陣で馬が逃げ騒ぎになっているところを、弥七郎は父が処罰されていると勘違いして、清康を刺殺してしまう。世にいう「守山崩れ」である。

八代・広忠の逃避行

八代・岡崎三郎広忠（一五二六?〜一五四九）は清康の嫡男といわれている。

清康が横死したとき、嫡男・広忠（当時は千松丸であるが、以下、広忠と表記を統一する）はまだ一三歳だった（新行紀一氏、平野明夫氏は享年から逆算して一〇歳とする）。

この機に乗じて、桜井松平信定が岡崎城に入城し、広忠を追放したという。

『松平記』によれば、信定は岡崎城に入城して御隠居（長忠）をだまし、岡崎松平家の知行を横領、家臣を手なずけて広忠を追放した。ただ、阿部大蔵定吉は子・弥七郎が清康を暗殺してしまったため、家臣の列を離れて広忠に付き従うべきだと、信定の命令に従わず、浪々の身となって、一三歳の広忠に御供して伊勢国へ旅立った。

広忠および阿部大蔵の一行は伊勢国から遠江国掛塚《かけつか》（静岡県磐田《いわた》市）に移動した。幡豆郡（三河南部）を拠点とする東条吉良持広が浜松方面を領有していた時期があり、広忠らは持広を頼ったのだという。

そして、広忠らは持広を介して、駿河の今川家を頼ろうとした。

しかし、今川家は当主・氏輝《うじてる》の急死で家督相続争いの真っ只中にあり、広忠を支援できるような状況になかった。今川義元への家督継承が落ち着いた天文五年八月頃になって、やっと今川家の支援が決まったらしい。

広忠らは東三河の世喜《せき》（愛知県豊川市瀬木町）へ東上し、さらに形原《かたのはら》（愛知県蒲郡市形原《かたはら》町）、室《むろ》（愛知県西尾市室町）に移動していった。閏《うるう》一〇月に広忠は今橋（愛知県豊橋市）に退き、さらに駿府《すんぷ》に赴いて今川義元を頼った。

翌天文六年五月に「清康弟の松平康孝や信定弟の松平利長、家臣では天野清右衛門や林藤助など、松平一門・家臣のうちに多くの内応者が確保され、各自の役割分担などが詰められてクーデターの準備が調った。（中略）

六月一日決行されたクーデターは成功し、岡崎城を千松丸擁立派が制圧した。七日から信定側との交渉に入り、八日に和議が成立した。さっそく駿河国に千松丸お迎えの者が派遣され、二十五日、千松丸は岡崎城に入った」（『新編　安城市史　Ⅰ　通史編　原始・古代・中世』）。

広忠還住は三河武士の忠節心か

『三河物語』では広忠の岡崎還住にあたって、岡崎に在った大久保一族が腐心したことを掲げており、岡崎松平家臣の忠節心を物語る逸話にしているが、これは広忠側からみた一方的な言い分ともいえる。

当主の横死で遺児がまだ幼ければ、親族が暫定的に当主を務めることは江戸時代でも珍しくない。ましてや群雄割拠の戦国時代であるから、桜井松平信定が岡崎城に入って当主の座に就くことは、ある意味自然なことであろう。

ところが、桜井松平信定は岡崎城を手に入れたものの、家臣団を完全に掌握することができず、広忠の岡崎還住に屈するしかなかったのだ。

では、なぜ岡崎家臣団は信定ではなく、広忠を選んだのか。

平野明夫氏は、織田派の桜井松平信定と今川派の広忠を両天秤《りょうてんびん》にかけ、「岡崎家臣の多くが尾張織田氏との連携よりも、駿河今川氏・東条吉良氏、ひいては将軍足利義晴派との連携を望んだということである」と評価している（『三河　松平一族』）。

筆者はそんな遠大な政権構想ではなく、争点はもっと身近な所にあったように考える。『松平記』は、広忠が家督を継いでのち、家臣団の中に序列の変動があり、不和を生じたと伝えている。

すなわち、信定と昵懇《じっこん》の者は軽んじられ、広忠の岡崎還住に功績のあった阿部大蔵らが発言権を強めたので、岡崎城内ではいろいろ言い合いが生じたという。広忠還住を成功に導いた阿部大蔵が政治の実権を握り、彼の息のかかった者を優遇したことは、充分に想像できることである。『寛政譜』では、阿部大蔵は父の代から松平信忠に仕えていたと伝えているが、実際は岡崎譜代（もしくは山中譜代）と思われる。

安城松平家出身の桜井松平信定がクーデターで岡崎城を乗っ取ると、当然、安城譜代の勢いが増す。岡崎譜代（もしくは山中譜代）としては、清康の血筋をうけた世子《せいし》を擁立して挽回を図るしかない。

そこで、信定と親密な織田家の対抗馬として今川家に支援を頼み、今川家をバックにした世子を再入城させることで政権の奪取を目論《もくろ》んだのではないか。

岡崎家臣団が今川派を選んだのは、それ自体が目的ではなく、派閥抗争を制するための手段でしかなかったのだろう。

三ツ木松平信孝との攻防

広忠が当主に復帰した後、佐々木松平三左衛門忠倫《ただとも》、酒井左衛門尉（将監忠尚《しょうげんただよし》のことか）、三ツ木松平蔵人信孝が相次いで謀反を起こし、織田方に寝返ったといわれている。

三ツ木松平信孝は清康の弟で、広忠の叔父とされる。

信孝は広忠還住に功績があり、もともとは父・信忠から合歓木村（岡崎市合歓木町）を与えられていたが、天文一一年三月に実弟・十郎三郎康孝《やすたか》が死去すると、その遺領である三ツ木村（岡崎市下三ツ木町）を継いで三ツ木を本拠とした。さらに岩津松平家の遺領を併呑して、広忠に匹敵する所領と家臣を持つに至った。

岡崎家臣団は、信孝が桜井松平信定の二の舞となることを警戒してその排除を企てた。天文一二年の正月に信孝が広忠の名代として駿府に出かけた隙に、岡崎家臣団は信孝の屋敷と知行を没収・占拠してしまう。

信孝は広忠との和解を望んだが、不調に終わり、信孝は駿府に赴いて今川義元に斡旋《あっせん》を頼んだ。義元が酒井政家《まさいえ》（正親《まさちか》）、石川忠成《ただなり》（清兼《きよかね》）、阿部大蔵ら老臣を駿府に呼んで和解を勧めたが、かれら岡崎家臣団は納得しなかったという。

信孝はやむなく松平忠倫、酒井忠尚らと気脈を通じて織田方に走った。

信孝は大岡郷の山崎（安城市山崎町）に城を築き、天文一七年四月に五〇〇ばかりの兵を率いて岡崎城を攻め取ろうと明大寺の町に進入した。広忠軍は二手に分かれて信孝軍を挟撃した結果、信孝は矢に当たり戦死した（耳取縄手《みみとりなわて》の戦い）。

信孝の首を見た広忠は「どうして生け捕ってくれなかった。日ごろ、蔵人（信孝）殿はわたしにひとつとしてそむいたことがない。今度敵となったのも、もっともなので、すこしも恨みに思っていなかった。将来のことを疑って、わたしの方から追いだした。いろいろ謝罪なさったが、聞き届けなかったので、怒り、顔を赤くして、心ならずも敵になった。わたしの方から無理に敵にしたのだ。内膳（松平信定）が敵になったのとは大ちがいだ」と落涙したという（『三河物語』）。

広忠は叔父・信孝との確執を望んでいなかった。

明らかに岡崎家臣団の過剰防衛であろう。

当時の岡崎家臣団を構成していた安城譜代と岡崎譜代、および山中譜代がともに主君とすることができるのは、安城松平家出身でかつ西郷松平家の当主となった世良田清康（もしくはその直系の子孫）でなければならない。

清康の死後、かれらの主君たりうるのは遺児・広忠しかいない。

清康の叔父・桜井松平信定、清康の弟・三ツ木松平信孝ではその代わりになれないのだ。

信定が当主になると、安城譜代が主導権を握り、岡崎譜代と山中譜代は政権の中枢から遠ざけられるのではないか。

信孝が当主になると、第四勢力である三ツ木松平家の家臣（三ツ木譜代？）が主導権を握り、安城譜代以下は政権の中枢から遠ざけられるのではないか。

そうした疑心暗鬼が、信定の当主就任を阻止し、信孝の排斥を生んだ。

そこには幼主・広忠を守り抜くという忠節心はなかった。

ただ、岡崎家臣団の保身があっただけである。

広忠期の家老たち

天文（一五三二～一五五五）の頃の岡崎家臣団には「五人衆」（もしくは五奉行）と呼ば

れた職制があったらしい。

『寛政譜』によれば、内藤「右京進及び石川左近大夫忠輔、植村新六某、天野清右衛門貞有、林藤助某等を岡崎の五人衆と称す」との記述があり、「岡崎領主古記」に「天文年中五奉行ト云ハ、石川安芸守《あきのかみ》忠成（一般には清兼）、青木越後守、酒井雅楽助《うたのすけ》政家（のち正親）、酒井左衛門尉忠次、天野清右衛門康弘（貞有か）ト有《あり》」（カッコ内は引用者註）。

また、『寛政譜』によれば、石川修理広成《ひろなり》（一般には右近大夫康正《やすまさ》、石川数正の父）が、広忠の死去した「天文十八（一五四九）年より阿倍《ママ》大蔵某とおなじく岡崎の城代をつとむ」という。

同様に「岡崎領主古記」では「岡崎城代阿部大蔵定吉、石川右近康正、奉行鳥居伊賀守《いがのかみ》（忠吉《ただよし》）、松平次郎右衛門（能見松平重吉《しげよし》）也」（カッコ内は引用者註）との記事がある。

このうち、明らかに安城譜代と思われるのは石川忠成・広成父子と植村新六のみで、岡崎譜代と思われるのが阿部大蔵、酒井忠次、内藤右京進、鳥居忠吉、能見松平重吉。山中譜代と思われるのが酒井政家、天野貞有である。林藤助、青木越後守は「三御譜代」のいずれに該当するかは不明である。

「五人衆」（もしくは五奉行）は「三御譜代」のバランスを取った人選になっているように見受けられるが、広忠死後の重臣は石川広成以外すべて岡崎譜代と考えられる。西郷松平家は守護被官の西郷氏の系譜を引いており、領国支配に適した人材が育っていたのかもしれない。

なお、家康期の有力武将を生み出した本多、大久保、榊原家などは、広忠期の重臣に名前が見えず、それらの家系は代々重臣であったわけではなく、家康期に武功で出世した新興勢力だったことを物語っている。

第三章　今川支配下からの独立

1　幼少期を支えた山中譜代

九代・家康

九代・徳川家康（幼名・竹千代、初名・松平次郎三郎元信《もとのぶ》、蔵人佐元康《くろうどのすけもとやす》。一五四二～一六一六）は広忠の嫡男である。出産にあたって、酒井与四郎政家（のちの正親）が胞刀《ほうとう》の役、石川助十郎忠成（一般には清兼）が蟇目《ひきめ》の役を務めたという。

竹千代（以下、家康と表記を統一する）の乳母《めのと》には天野清右衛門貞有の妻、内藤新右衛門尉勝重の妻が選ばれ、小姓《こしょう》には阿部新四郎重吉《しげよし》（一三歳）、内藤吉右衛門正勝《まさかつ》（年齢不詳）、天野又五郎康景《やすかげ》（六歳）らが選ばれた。

第二章で述べたように、乳母の夫である天野貞有、内藤勝重、そして小姓に選ばれた天野康景はともに山中譜代と想定される。阿部重吉の家系は詳細が不明であるが、阿部大蔵の近親と考えられ、山中譜代もしくは岡崎譜代と考えられる。内藤正勝も不明だが、勝重に繋がる家系（山中譜代）と考えるのが順当だろう。

つまり、幼少時の家康は山中譜代の人々に囲まれていたのである。

平野明夫氏は、家康の父・広忠が山中城で生まれたと推測している（『三河　松平一族』）。清康はおそらく山中譜代の家族から広忠の乳母や小姓を選び出したに違いない。広忠も同様に、家康の乳母や小姓を山中譜代中心に選んだことは想像に難くない。

つまり、山中譜代の人たちは、広忠の先例にならって、岡崎松平家の当主（家康）の幼少時代を支える役割を「特権」として有していたと考えられる。そして、その習《なら》わしは家康の嫡男・信康の頃まで続いていたと推測できる。

尾張人質時代

天文一六（一五四七）年八月、広忠は今川家の支援増強を頼み、その見返りとして嫡男・家康（六歳）を今川家の人質に差し出すことになった。

家康に付き従った従者は、一説によれば二八人。

メンバーには諸説あるが、柴田顕正《けんしょう》氏は、①桜井松平与一郎忠正《ただまさ》、②石川与七郎数正《かずまさ》、③上田慶宗《けいそ》、④阿部善九郎正勝《まさかつ》、⑤天野又五郎康景、⑥天野三之助、⑦平岩七之助親吉《ちかよし》、⑧平岩助右衛門親長《ちかなが》、⑨金田与三左衛門正房《まさふさ》の九人をあげている（『岡崎市史別巻　徳川家康と其周囲（上）』）。

以下、やや詳細を追記すると、

①松平忠正（四歳）は桜井松平家の世子で、信定の曾孫にあたる。

②石川数正（一四歳？）は安城譜代の重鎮・石川忠成（清兼）の孫。

③上田慶宗（慶祖とも書く。織部元次《おりべもとつぐ》、五五歳）は石川忠成の女婿にあたり、安城譜代と考えられる。

④阿部正勝（七歳）は岡崎譜代もしくは山中譜代で、おそらく阿部大蔵の近親者として従者に加わったのだろう。

⑤天野康景（一一歳）、⑥天野三之助（年齢不詳）はともに山中譜代で、家康の乳母・天野家から従者として選ばれたのだろう。天野三之助が誰に当たるかは不明であるが、家康と乳兄弟の貞久が最も適切だと思われる。

⑦平岩親吉（六歳）、⑧平岩親長（年齢不詳）兄弟は山中譜代で、天野貞久の従兄弟にあたる。

つまり、駿河行きの家康の従者は、山中譜代の子弟を中心に、松平一族や安城譜代の有力者の子弟を加えて構成されていたと推測される。あえて言うなら、酒井一族の名が見えないことが不思議ではあるが、氏名不詳の一九人のうちに混在していたのかもしれない。

家康一行は三河国田原（愛知県田原市）を経由して駿河（静岡県）に向かおうとしたが、

義祖父にあたる田原城主・戸田弾正少弼康光《やすみつ》（?～一五四七）の裏切りにあい、家康護送の途中で織田信秀のもとに送られてしまう。そのため、従者も阿部正勝と平岩親吉（一説に天野三之助）を除いて岡崎に帰されてしまった。

当時、岡崎家臣団で絶大な権力を握っていた阿部大蔵の近親者として正勝が選ばれたことは容易に想像がつく。残りの一人に親吉が選ばれたのは、家康の希望だろう。同い年の親吉は家臣というより親友だったのではないか。

駿河人質時代

天文一八年三月、広忠は岩松八弥《はちや》（西広瀬［豊田市西広瀬町］城主の佐久間九郎左衛門が放った刺客）に斬殺され、死亡した。

岡崎城は主を失う。

今川家は岡崎家臣団の求心力を得るため、同年一一月、太原崇孚《たいげんそうふ》雪斎《せっさい》を差し向け、織田家に奪われていた安城城を奪回することに成功。織田信長の庶兄・信広を生け捕りにした。ここに信広と家康（八歳）の人質交換が成立し、家康は今川家の人質となった。

家康に付き従った従者は俗に「七人衆」と呼ばれるが、実は八人から構成されているという（『岡崎市史別巻　徳川家康と其周囲（上）』）。

具体的な氏名は、①石川与七郎数正（一六歳？　安城譜代）、②野々《のの》山《やま》藤兵衛元政《もとまさ》（一二

歳、安城譜代?)、③阿部善九郎正勝（九歳、岡崎譜代もしくは山中譜代）、④阿部新四郎重吉（二〇歳、岡崎譜代もしくは山中譜代）、⑤天野又五郎康景（一三歳、山中譜代。天野又太郎貞久の誤りか）、⑥平岩七之助親吉（八歳、山中譜代）、⑦内藤与三兵衛正次（二一歳、山中譜代?)、⑧酒井与四郎政家（一般には正親、二九歳、山中譜代）という。

一説に榊原孫三忠政（九歳、山中譜代）、上田源介元信（上田慶宗の異名。五七歳、安城譜代もしくは岡崎譜代）を加える説もある。また、鳥居彦右衛門元忠《もとただ》（一五三九～一六〇〇）などが後に駿河人質時代をともに過ごしたとされる。

上記八人のうち、①石川数正、③阿部正勝、⑤天野康景、⑥平岩親吉は前回の駿河行きの従者と同じである。

新たに選ばれたメンバーを見ていくと、

②野々山元政は系譜が混乱しているため、詳細は不明だが、上田慶宗の近親者らしい。

④阿部重吉は家康の小姓として仕え、おそらく阿部大蔵の近親者として従者に加わったのだろう。

⑦内藤正次は家康の小姓・内藤正勝の子である。

⑧酒井政家は雅楽助系酒井家の次期当主である。

第二回駿河行きの家康の従者は、成人組は「三御譜代」（安城譜代の石川、山中譜代の酒井、岡崎譜代の阿部）でバランスを取り、少年組は山中譜代の子弟を中心に構成されてい

た と推測される。

三河衆の再編成

広忠亡き後、岡崎城には今川家臣の山田新右衛門元益《もとます》、三浦上野介《こうずけのすけ》義保《よしやす》、飯尾《いのお》豊前守《ぶぜんのかみ》顕茲《あきこれ》などが城代として派遣され、その下に岡崎家臣団の鳥居伊賀守忠吉、能見松平次郎右衛門重吉などが奉行として政務を遂行した。

そして、三河松平家の軍勢は今川家のもとで再編成されてしまう。

『松平記』には「御家督の竹千代（家康）殿駿府に御座候《ござそうろう》間《あいだ》、三河衆半分は皆今川殿へ出仕被申《もうさる》。殊に一門の中にても一分を被立《たたれ》し人々、大給《おぎゅう》和泉守（松平親乗《ちかのり》、一五一五〜一五七七）殿・酒井将監（忠尚）殿・同左衛門尉（忠次、一五二七〜一五九六）殿・桜井内膳（松平家次）殿などは、皆在府《みなざいふ》被成《なされ》候」（カッコ内は引用者註）との記述がある。

つまり、岡崎家臣団の有力家臣および松平一族は今川家直臣《じきしん》として遇され、家康配下の部将ではなく、今川家直轄の部隊として再編成されたのだ。

のちに酒井将監、桜井松平家は、ともに永禄六（一五六三）年の三河一向一揆で家康に叛旗《はんき》を翻し、大給松平家も「二度迄《まで》岡崎へ逆心して駿河方に成、後に帰参候」（『松平記』）と伝えられる。今川領国支配時代に、岡崎松平家の配下になかったことが、かれらに独立心を芽生えさせたのかもしれない。

元服と結婚

天文二四（一五五五）年三月、竹千代は一四歳で元服し、今川義元から偏諱《へんき》を与えられ、松平次郎三郎元信と名乗り、弘治三（一五五七）年頃に松平蔵人佐元康と改名した。次郎三郎も蔵人佐も安城松平家の先祖が名乗った通称名である。

元康と改名した頃、家康は今川家の重臣・関口刑部少輔親永《ぎょうぶのしょうゆうちかなが》（義広、氏広ともいう）の娘、築山殿《つきやまどの》と結婚した。

築山殿の母は今川義元の妹であり、築山殿は義元の姪《めい》にあたる――と伝えられてきたのだが、『寛政譜』の井伊家の項では、井伊直政の曾祖父（実は祖父の兄）・井伊宮内少輔直宗《くないのしょうなおむね》の妹が「今川義元が養妹となり、関口刑部少輔親永に嫁す」と記されている。

この説を信じるならば、築山殿と今川義元には血縁関係がなくなってしまう。

しかし、母親が義元の妹でないとすれば、実の娘という可能性が生まれてくる。

築山殿の母は、今川家の遠江侵攻の過程で今川家の人質に取られ、義元が人質の娘に手を付けて側室にしてしまったのではないか。武田勝頼の母（諏訪頼重《すわよりしげ》の女、俗にいう諏訪御寮人《ごりょうにん》）のような話だが、その可能性が高いと思われる。

天文六（一五三七）年二月、今川義元は一九歳で、甲斐国守護・武田信虎《たけだのぶとら》の娘（信玄《しんげん》の姉）を正室に迎えている。正室を迎えるにあたり、側室・井伊氏を懐妊したまま、重臣の関口親永に下げ渡したのではないか。

築山殿の生年は不明だが、家康より年上の説が強い。仮に築山殿が義元の落胤《らくいん》だとすると天文六年頃の生まれとなり、家康（天文一一年一二月生まれ）より五歳年上になる。

弘治三年に結婚したという説を信じるならば、築山殿は二一歳で、当時としては晩婚と思われる。これは義元が家康のことを高く買っており、家康が適齢期（一六歳）になるまで、実の娘との婚儀を待たせておいたからではないか。

ここで思い出されるのが、家康の側室・西郡局《にしごおりのつぼね》（督姫《とくひめ》の母）、および西郷局《さいごうのつぼね》（徳川秀忠、松平忠吉《ただよし》の母）だ。

彼女たちはともに三河の国人《こくじん》領主の娘（西郡局は蒲郡の鵜殿長門守長持《うどのながとのかみながもち》の娘、西郷局は東三河の西郷弾正左衛門正勝の養女）で、家康の三河統一の過程で人質になった女性である公算が高い。家康は義元を見倣って人質の娘を側室にしたのではないか。

今川義元は桶狭間の合戦であっけない最期を迎えたことで評判の悪い人物だが、実は非常に優秀な戦国大名で、当時は「海道《かいどう》一の弓取り」（＝東海道で一番の武将）との評価が高かった。家康は義元のやり方をかなり真似ていた。その一つが側室の置き方だったのではないだろうか。

桶狭間の合戦

義元の有能さを示す事例として、東の小田原北条家と同盟を結び、弘治三年にまだ三九歳の若さで、家督を嫡男・氏真《うじざね》に譲り、自らは三河以西の侵略に専念するという柔軟性のある発想を見せた点だ。

この画期的な戦略は家康にも継承された。家康は西の織田信長と同盟を結び、嫡男・信康を岡崎城に置いて、自らは浜松城に移って東方進出に向かったのだ。

違うといえば、義元は居城を西に移さなかったことだが、果たしてそうだろうか。桶狭間の合戦で、義元は西に向かう際に輿《こし》に乗っていたといわれている。今風に譬《たと》えるなら、ロイヤルウェディングの馬車かオープンカーみたいなものである。単なる一つの合戦でそこまでするだろうか。

これは義元が新たに居城を移すための示威行為だったのではないだろうか。

しかも、出発する四日前、義元は朝廷から「三河守《みかわのかみ》」に任ぜられている。これは三河を完全に支配下に置き、さらにその西へ領土を拡張しようというあらわれではないか。

そして、三河以西を制圧するための新たな拠点とするなら、岡崎城をおいて他にない。

つまり、義元が岡崎城代に赴任し、腰を据えて尾張攻略に取りかかる新体制をアピールするためのパレードだったのではないだろうか（残念ながら、その大胆な戦略は、緒戦の桶狭間で敗死したため、後世に伝えられることはなかったのだが）。

今川義元の岡崎城駐留は、織田家にとってこれ以上ないほどの脅威だろう。

しかし、それは岡崎家臣団にとっても、これ以上ない悲劇でもある。

岡崎家臣団は家康が成長して岡崎城に帰還することを願っていたはずだ。ところが、義元が岡崎城代になれば、家康が岡崎城主として復帰する可能性は低い。

おそらく、義元は尾張の諸城を落として、最も危険な城の城代に家康を置くだろう。

岡崎家臣団は猛反発するだろうが、義元はこともなげに言うに違いない。

「元康殿には、儂《わし》の血を引いたご嫡男・竹千代殿がおわす。（家康が討ち死にしても）松平家の血脈が途絶えることはない」と。桶狭間の合戦の前年（一五五九年）は、信長が尾張を統一した年であるとともに、家康の嫡男・岡崎三郎信康が生まれた年でもある。

一方、信長にとって、義元が自ら尾張まで出張《でば》ってくることは千載一遇のチャンスである。家康と秘かに手を結べば、尾張に侵攻した義元を袋の鼠《ねずみ》にすることができる。

換言するなら、桶狭間の合戦は、義元の岡崎城駐留を阻止するために、松平家が織田家と結託して義元を謀殺したクーデターではないのか。

信長が義元の陣営を襲うと同時に、今川本隊に紛れた岡崎家臣団が呼応する。味方の裏切りで今川軍はパニックに陥る。ここで義元の首が討ち取れなくても、敗走させればいい。今川兵は三河（愛知県東部）を通らなければ、駿河・遠江（静岡県）には帰れない。三河国で土一揆を装った岡崎家臣団が今川兵を討ち取ればいい。

かくして永禄三年五月、桶狭間の合戦で家康は義父・今川義元を裏切った。だからこそ、築山殿の実父が義元では具合が悪い（尊属殺人になってしまう）。

しかし、築山殿が関口家と井伊家の間に生まれた娘というのでは、なぜ築山殿と結婚したのか説得力がない。

だから、築山殿は義元の姪ということにしておいた。辻褄《つじつま》を合わせるため、築山殿の母は義元の養妹ということにしておいたが、実際は単に義元から下げ渡された側室だったのではないか。

2　松平一族、重臣の登用

桶狭間後の三河平定

桶狭間の合戦で、かつて岡崎城代を務めた今川家臣の山田新右衛門元益、飯尾豊前守顕茲などが討ち死にし、今川家の三河直轄支配が揺らいだ。一方、尾張から撤退した家康は駿河に戻ることなく、岡崎城に入城。岡崎城を本拠として三河の制圧に着手した。

永禄三（一五六〇）年夏、家康は石ヶ瀬（愛知県大府《おおぶ》市）に攻め込んで織田家の属将・水野家と戦闘を繰り返した。また、北方の広瀬（豊田市西広瀬町）、挙母《ころも》（豊田市桜町）、梅《うめ》坪《がつぼ》（豊田市梅坪町）を攻めた後、西に転じて尾張の沓掛《くつかけ》（愛知県豊明《とよあけ》市沓掛町）にも攻め込んだ。

翌四年頃、家康は信長と同盟を結んだといわれている（年次については諸説あり）。

この永禄四年という年、家康は諸将を動員して三河各地で反対勢力の一掃を図った。

家康は深溝《ふこうず》松平大炊助《おおいのすけ》好景《よしかげ》に命じて、中嶋城（岡崎市中島町）の板倉弾正重定《しげさだ》（のちの京都所司代・板倉勝重の叔父）を攻め、敗走させた。

また、酒井将監忠尚の守る上野城（豊田市上郷町）が吉良刑部丞《ぎょうぶのじょう》義昭《よしあき》の軍勢に攻められ、これに応ずる形で家康軍が義昭の居城・東条城（西尾市駮馬《まだらめ》）を攻めた（西尾市に住む義昭が、家康の勢力圏である岡崎や安城を越えて豊田市まで出兵するとは、地理的に考えられない。おそらく、義昭に呼応して酒井将監が叛旗を翻したのであろう）。

忠臣蔵の吉良上野介《こうずけのすけ》義央《よしなか》で有名な吉良家は、三河国吉良荘《きらのしょう》を発祥とする足利氏の有力氏族で、駿河守護今川家の本家筋に当たる。

しかし、南北朝の騒乱《そうらん》で足利直義《ただよし》や南朝方に与《くみ》したため、室町幕府から警戒され、血統的な地位が高いだけで守護にも任ぜられず、三河の国人領主という地位にとどまった。さらに四代・吉良満義《みつよし》の子の代に、所領争いから満貞《みつさだ》・尊義《たかよし》兄弟で家督争いが起こり、西条吉良家（満貞系）と東条吉良家（尊義系）に分かれた。

家康は重臣・酒井政家（正親）を差し向けて西条城を攻め、五月頃に西条城は陥落。酒井政家が城代となり、西尾城と名を改めた。

西条城が陥落すると、家康はただちに土井城主・本多豊後守《ぶんごのかみ》広孝《ひろたか》、東条松平家の家老・松井左近《さこん》忠次《ただつぐ》（のちの松井松平周防守《すおうのかみ》康親《やすちか》）らに東条城攻めを命じた。九月頃に城主の吉良義昭が逃亡し、東条城も陥落。西三河をほぼ制圧した。

一方、家康は東三河の国人領主に対して今川家からの離反を勧め、四月頃には一斉に家康に帰属した。

長篠の菅沼三郎左衛門貞景《さだかげ》、田峯の菅沼小法師《こほうし》貞吉《さだよし》、野田の菅沼織部正定盈《さだみつ》、作手の奥平美作守《みまさかのかみ》貞能《さだよし》、設楽の設楽越中守貞道、月ヶ谷の西郷弾正左衛門正勝などである。また、牛久保城の牧野氏は家康派と今川派に分かれて内紛し、家康方が勝利を収めた。

永禄四年八月に家康は藤井松平勘四郎信一《のぶかず》、長沢松平上野介康忠、石川日向守家成《いえなり》らに命じて、今川家の城代・糟谷《かすや》善兵衛らが守る長沢の鳥《と》屋《や》ヶ根《ね》城（愛知県豊川市長沢）を攻めさせ、これを攻め落とした。

次いで、家康は竹谷松平備後守《びんごのかみ》清善《きよよし》に命じて、西郡上之郷《にしのこおりかみのごう》城（愛知県蒲郡市）の鵜殿藤太郎長照《ながてる》を攻めさせ、永禄五年二月には自ら兵を率い、松井左近忠次、久松佐渡守《ひさまつさどのかみ》長家《ながいえ》（のち俊勝《としかつ》、家康の実母・於《お》大《だい》の方の再婚相手）を先鋒《せんぽう》として西郡上之郷城を攻めた。

鵜殿長照と弟・藤助長忠は討ち死にし、長照の子・鵜殿三郎四郎氏長《うじなが》、孫四郎氏次を捕虜とした。

長照の母は今川義元の妹といわれ、鵜殿家は今川家の縁戚として重用されていた。家康の正室・築山殿と子ども（岡崎信康、亀姫）は駿府に留め置かれたままだったので、家康は今川氏真に対して鵜殿兄弟との人質交換を提案し、これを成功させた。

家康は戦功を賞して、継父・久松長家に西郡上之郷城を与えたが、長家は於大の方と岡崎城に留まることを選び、嫡男・三郎太郎勝元《かつもと》（のち康元《やすもと》）を西郡上之郷城に置いた（庶長子・久松弥九郎定員《さだかず》を置いたという説もある）。

なお、永禄五年一二月、遠江の有力国人領主・井伊肥後守直親《なおちか》（直政の父）が、部下の讒言《ざんげん》によって今川氏真により誅伐《ちゅうばつ》されている。

家康は誰を差し向けたのか

三河平定にあたり、家康の用兵にはある特徴が見られる。

①主に岡崎の南方を主戦場として、その近くを拠点とする武将を派遣していること。
②松平一族の起用が目立っていること。
③戦功に報いた宛行状《あてがいじょう》を数多く発給していること。

[主戦場]	[軍の主力]
・中嶋城（岡崎市）	深溝松平家
・西条城（西尾市）	重臣・酒井政家
・東条城（西尾市）	重臣・本多広孝、東条松平家（当主幼少のため、松井忠次）
・鳥屋ヶ根城（豊川市）	藤井松平家、長沢松平家、重臣・石川家成
・西郡上之郷城（蒲郡市）	竹谷松平家、東条松平家（家老・松井忠次代行）、久松家

煎本増夫氏によれば、「戦国大名の家臣団は一般的に①譜代衆、②一門衆（一族衆）、③国衆、④新参衆に分かれる」という（『戦国時代の徳川氏』）。

一般的な区分によれば、松平一族は一門衆に分類される。

一門衆といえば、当主のごく近親であり、そのため従属度が高いのだが、松平一族は家康から見るとかなりの遠縁である。しかも、家康に無条件に従属するようにも思えない。

一方、竹谷、形原、長沢など岩津松平家の庶流から見れば、もともと庶流の一つでしかない安城・岡崎松平家は同格である。また、桜井、東条、藤井、福釜《ふかま》など安城松平家の庶流は、岡崎家臣団からすると主家に代わりうる存在として警戒心が強い。

『松平記』では、それら松平庶家を「松平国衆」と呼んでいる。名字が松平（＝主家と同姓）というだけで、実態は国衆だと認識されていたのだろう。その半面、松平一族は一定規模の所領と軍勢を持ち、軍事行動をとる単位としては格好の部隊でもある。

永禄四年四月に東条吉良義昭との戦いで、深溝松平好景およびその親族二〇余人、家人三〇余人が善明《ぜんみよう》堤（愛知県西尾市善明町）で討ち死にしている。

この数から推測すると、深溝松平家は五〇～一〇〇人くらいの部隊だったことがわかる。大給松平家の兵力はおよそ四〇〇～五〇〇人だと推測され、同じ松平一族でも兵力には歴然とした差があった（深溝松平家は松平一族の中でも比較的小規模の家系で、実際は松平を名乗る譜代衆と推測される）。

家康は、松平一族の中でも従属度の高い家、比較的親密な家に軍事行動を要請し、奪った敵地を恩賞として宛行《あてが》うことで、主従関係を明確にしたのであろう。

また、岡崎家臣団の中では、酒井政家（正親）、本多広孝、石川家成ら重臣が派遣されている。のちに「徳川四天王」と呼ばれる本多忠勝、榊原康政などは、まだ兵士であって指揮官ではなかった。かれらは若かったからではなく、小領主の子にすぎなかったため、指揮官たりえなかったのだ。

つまり、この時期の家康軍は、各武将の個人的な動員能力を前提としたもので、指揮官には国人領主およびそれに匹敵するだけの軍勢を持つ者しか任命することができなかったのではないかと思われる。

なぜ「家康」と改名したのか

永禄六年七月、松平元康は「家康」と改名した。

新行紀一氏は「元康から家康への改名の動機は、元の字が今川義元の一字を与えられたものであり、今川からの自立の明確化のために元字を廃したものであることは疑う余地はない。ただしかわって撰《えら》ばれた家の字の由来は明らかではない」と評している（『新編岡崎市史　中世2』）。本当だろうか。

一昔前には、家康が駿河の人質時代に忍従を強いられ、その苦難の歴史と訣別《けつべつ》すべく、

「元」の字を廃したとの説があった。しかし、現在では、家康にとって駿河人質時代は充実していたとの見方が強い。また、今川義元は決して愚将ではなく、若き日の家康にとって模範となる名将だったと思われる。

家康が改名したのは「元」の字を嫌ったのではなく、「家」の字を使いたかったからではないか。

桶狭間の合戦の後、家康は母・於大の方を家族ともども岡崎に招き入れた。

於大の方は尾張緒川《おがわ》城主・水野忠政の娘で、天文一〇（一五四一）年に広忠と結婚し、翌天文一一年一二月に家康を産んだが、忠政の死後、兄・水野信元が織田家と結ぶと、天文一二年に離縁されてしまう。於大の方は天文二〇年頃に尾張阿古居《あぐい》城主・久松佐渡守長家（のち俊勝）と再婚し、三男四女をもうけた。

元康は継父の名を一字とって、家康と改名したのであろう。

「今までは今川義元を実の父のように慕っていたが、これからは長家殿を実の父と思って敬いたい」などと言って、母を喜ばせたに違いない。

ところが、家康の力がどんどん増していくにつれて、継父・長家は遠慮して俊勝と改名してしまった。また、後世、徳川将軍家にとって「家」の字が重みを持つようになったため、他者から譲り受けたものであることを隠蔽するようになったのであろう。

三河一向一揆

永禄六年秋、岡崎・安城を中心とした西三河で、大規模な一向一揆が起こった。世にいう「三河一向一揆」である（三河一向一揆がなぜ勃発し、武士・農民階層にとっていかなる影響、位置付けにあったのか。それらは本書の主題ではないので、新行紀一著『一向一揆の基礎構造――三河一向一揆と松平氏』などを参考にしていただきたい）。

一揆側は野寺《のでら》（安城市野寺町）の本証寺《ほんしょうじ》、佐々木（岡崎市上佐々木町）の上宮寺《じょうぐうじ》、針崎（岡崎市針崎町）の勝鬘寺《しょうまんじ》、土呂《とろ》（岡崎市美合町）の本宗寺《ほんしゅうじ》（通称・善秀寺）などに立て籠もって、家康に敵対した。

三河は元来、一向宗の盛んな土地柄で、岡崎家臣団にも一向宗の門徒が数多くおり、その中の幾人かは一揆側に荷担した。本証寺の有力門徒である石川家では、修理広成が総大将になり、半三郎正俊（家成の従弟）、源左衛門一勝（家成の甥《おい》）、新九郎正綱、新七郎親綱など、多くが一揆側に付いたという。

煎本増夫氏は、一揆側の総大将・石川「広成は清兼（忠成）の長男であったことは間違いない。康正（石川数正の父――引用者註）は広成ののちの改名であろう」。一揆方に付いたことから広成は廃嫡とされ、弟の日向守家成が石川家の家督を継いだと推測している（『戦国時代の徳川氏』）。『寛政譜』によれば、「天文十八年より阿部大蔵某とおなじく岡崎の城代をつとむ」と記される重臣だった。

三河一向一揆の家康側、一揆側の分布図

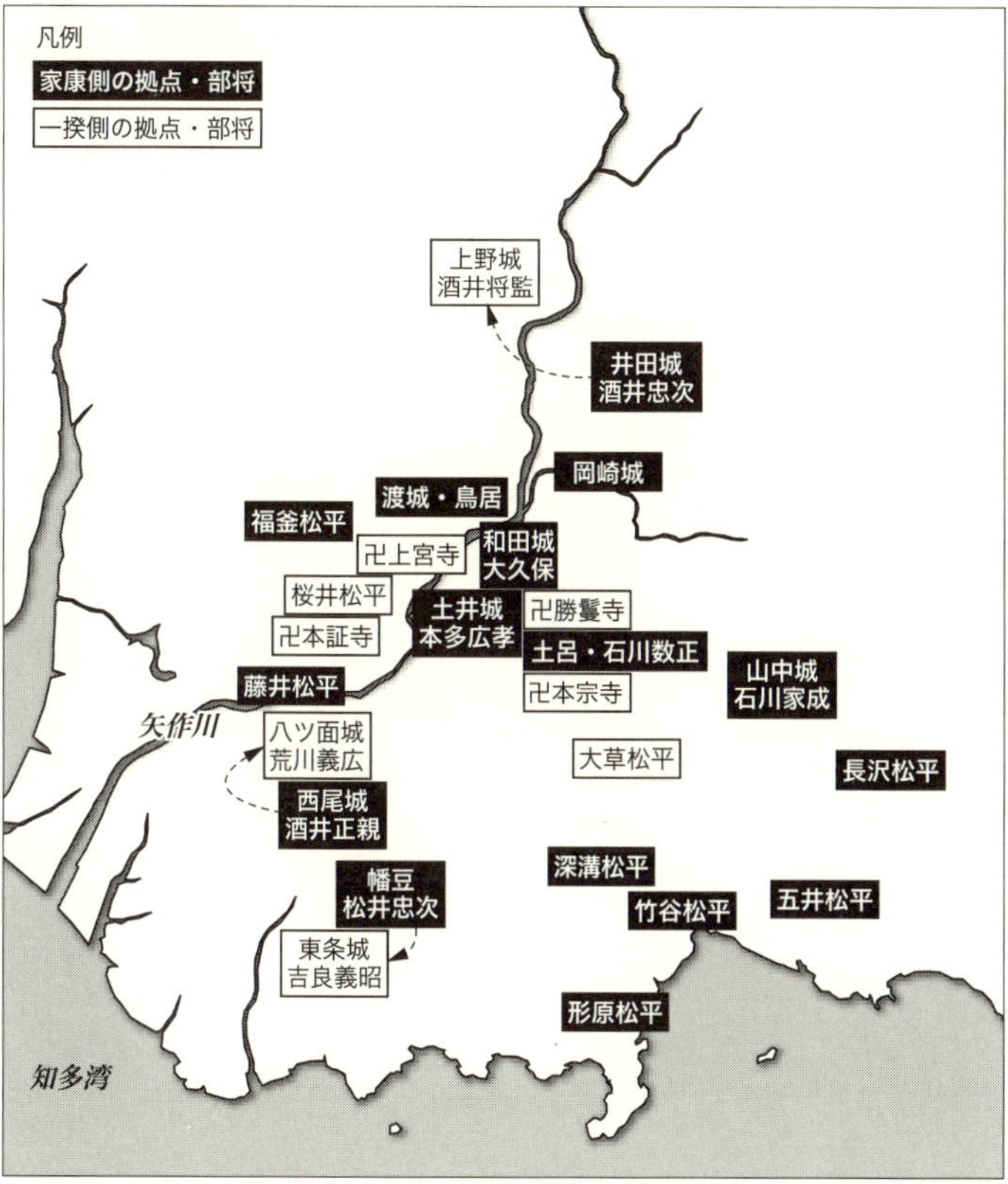

土井城の本多広孝が三か寺に囲まれ、奮闘したことがわかる。

酒井将監忠尚は「筆頭家老だったので、『ご主君様か将監様か』といわれるほどの威勢」（『三河物語』）を誇り、永禄六年六月頃にすでに叛旗を翻していたという（『新編　安城市史Ⅰ　通史編　原始・古代・中世』）。

酒井将監のように、一向宗とは直接関係のない不満分子が一揆にかこつけて家康に叛旗を翻していた。東条城に謹慎中だった東条吉良義昭、およびその一族の荒川義広、松平一族の桜井松平家次（信定の孫）、大草松平七郎（信貞の子）などである。また、『松平記』では「東三河は長沢（愛知県豊川市長沢町）と五井（愛知県蒲郡市五井町）より東は駿河（今川）方也《なり》」（カッコ内は引用者註）と記す有様だった。

これに対し、家康は重臣・石川家成を山中城に派遣して東三河に睨《にら》みをきかせるとともに、酒井忠次を上野城攻めに差し向けたらしい（『寛政譜』では忠次を将監の叔父としているが、信じがたい。実際には兄弟だと思われる）。

一揆側と一進一退の攻防を重ねていたが、徐々に軟化し、翌七年二月頃、三か寺に立て籠もっていた蜂屋半之丞《はんのじょう》や石川正俊、石川一勝らから、家康方の大久保忠俊に和議が申し込まれた。

一揆側から示された条件は、寺の不入権《ふにゅうけん》を確保し、一揆に参加した者の助命だった。それが認められるなら、「上野城をかつぎまいらすべし」（『松平記』、「上野城の酒井忠尚をだましてみせましょう」の意味）と打診したという。

しかし、家康は一揆に参加した家臣を赦《ゆる》そうとはせず、難色を示したが、大久保忠俊が「とりあえず三か寺籠城勢力と和議を結ぶことが急務で、和議さえ成れば、かの者どもを上野城攻撃に差し向けることが可能であり、そうして上野城を撃ち破れば、吉良・荒川・桜井松平などを平らげるのはいとも容易なこと」（『新編　安城市史　Ⅰ　通史編　原始・古代・中世』）と説得したので、上和田《かみわだ》の浄珠院（浄土宗西山深草派）で和議が結ばれた。

つまり、一揆よりも酒井将監の方が厄介な難敵だったということだろう。

この和議により、三か寺の間に挟まれた土井城の本多広孝が自由になり、家康は広孝を上野城攻略に差し向け、形勢は一気に勝利に傾いた。

四月頃に「桜井の家次は降伏して本領を安堵《あんど》されたが、大草の七郎は赦されず三河を去った。家康の妹を室としていた荒川義広も赦されず三河を退出。吉良義昭は近江の六角承禎をたよったが、のち摂津芥川《あくたがわ》で死んだ。酒井忠尚は籠城を続けたが、九月六日に上野城は落城して忠尚は駿河に去った」（『新編　岡崎市史　中世2』）。

結局、家康は本多佐渡守正信や渡辺半蔵守綱《もりつな》など、ごく一部の例外を除いて、一揆に参加した者の再出仕を認めなかった。守綱の又従兄弟《またいとこ》にあたる渡辺半兵衛真綱《さねつな》・墨右衛門吉綱《よしつな》兄弟は、『寛政譜』によれば、永禄一二年に帰参したが、家康の「麾下《きか》に列することを赦されず、本多忠勝に附属」させられたという。家康はあくまで自分に従順な士を家臣として遇したのだ。

徳川家臣団が忠義・忠節の武士によって構成されていたのではなく、忠義・忠節の武士でなければ、徳川家臣団では出世できなかったのだ。

三河統一

三河一向一揆を鎮圧した家康は、永禄七年四月に東三河攻略をはじめた。

家康は永禄四年、すでに東三河の国人領主を調略し、味方に引き入れていたが、吉田城（愛知県豊橋市今橋町）に小原肥前守鎮実《しげざね》、田原城（愛知県田原市田原）に朝比奈《あさひな》元智《もととも》という今川家の城代が睨みをきかせていた。

家康は二連木《にれんぎ》城（愛知県豊橋市仁連木町）の戸田主殿助《とのものすけ》重貞《しげさだ》（?〜一五六四）を誘降して吉田城を孤立させることに成功。翌八年三月（時期には異説あり）、ついに小原鎮実は和議に応じて駿河に帰国した。ここに吉田城は開城し、同じ頃に田原城も開城した。

家康は吉田城の城代に酒井左衛門尉忠次、田原城に本多豊後守広孝を置いた。この二人が東三河の押さえとして城主に抜擢《ばってき》されたのは、三河一向一揆での功績が認められてのことだと思われる。

三河の今川家の拠点は失われ、家康は三河をほぼ制圧した（ただし、加茂郡の西部は織田家。刈谷、小河周辺は伯父・水野信元が治めるところで、家康の勢力外だった）。

徳川改姓

永禄九年一二月、家康は松平から徳川に改姓することを正親町《おおぎまち》天皇から許され、従五位下・三河守に任ぜられた。

徳川改姓と三河守任官はセットで行われたが、実は三河守任官の方が家康にとっては重要で、徳川改姓はそれを実現するための方便だったらしい。

村岡幹生氏によれば、「朝廷によって認められる任官作業は先例主義であり、何らかの役職への任官を望む場合、一般的にはかつて自らの先祖に当たる人物がその役職に任官されている必要があった。しかし松平を家名とする者が三河守任官の先例がなかったため、松平のままでは任官が不可能であった。そこで三河守任官を目指し、かつて三河守に任ぜられたことがある世良田（得川）頼氏を先祖とした系図を結びつけるべく、徳川への改姓も同時に願い出たと考えられる」（『新編　安城市史　Ⅰ　通史編　原始・古代・中世』）という。けだし卓見であろう。

第四章　家康という新たな時代

1　実力本位の若手抜擢へ

「三備」軍制へ

永禄八〜一〇（一五六五〜一五六七）年頃、家康は「三備」と呼ばれる軍制改革を実施した。有力家臣を東の酒井忠次《ただつぐ》と西の石川家成《いえなり》を旗頭とする二組に編成し、さらに家康直轄の旗本備《ぞなえ》を置いたのである。

新行紀一氏は「この編成は譜代上層の酒井・石川氏を最高の寄親とする二組に、一族・譜代・国衆を分属させた画期的なものとされている（北島正元『江戸幕府の権力構造』一章五節）。画期的というのは、一般に戦国大名の軍事編成は主将の一族（支城主など）が単位戦闘集団の長になるのが通例であるのにたいし、この二組の編成は譜代家臣を旗頭（寄親）としているからである。

もっともこのような形になったのは家康をめぐる血縁関係の特殊性によるところが大きかったとみられる。（中略）祖父清康の妹碓井《うすい》姫を室とする酒井忠次と母於大の妹の子家成が、準一門として旗頭の地位についたと理解することは可能である」と評価している（『新編　岡崎市史　中世2』。引用者が適宜改行）。

先述したように、岡崎家臣団は桜井松平家以下の松平一族を「松平国衆」（＝松平姓を名乗る国衆）と考え、他家でいうところの「一門衆」とは認識していなかったようだ。したがって、北島氏が語る意味での画期的な編成とはいいがたい。

また、永禄一二年に石川家成が懸川《かけがわ》城（静岡県掛川市）の城主に登用されると、西の旗頭は甥の石川数正《かずまさ》に譲られている。数正の父は庶腹で、家康と血縁関係がないので準一門と見ることはできない。単純に岡崎譜代のトップ（酒井左衛門尉家）と安城譜代のトップ（石川家）が旗頭に任じられただけなのだ。

ここで、「三備」がどのような陣容であったか見ていこう。

よく引用されるのが、『松平記』の「三州遠州両国御手未入《いらざる》時被仰付候《おおせつけられそうろう》」という記事で、「酒井左衛門尉（忠次）与《くみ》」として一五人の武将、「石川伯耆守《ほうきのかみ》（数正）与」として一一人の武将を掲げて「右二組御先手也。御旗本と合《あわせ》三備也」と記し、旗本の「一手《ひとて》役《やく》之衆」の五人、および「城持衆」の七人を載せている。

実際には、永禄一〇年頃のものではなく、元亀元（一五七〇）年の姉川の合戦の陣容を

家康の近親

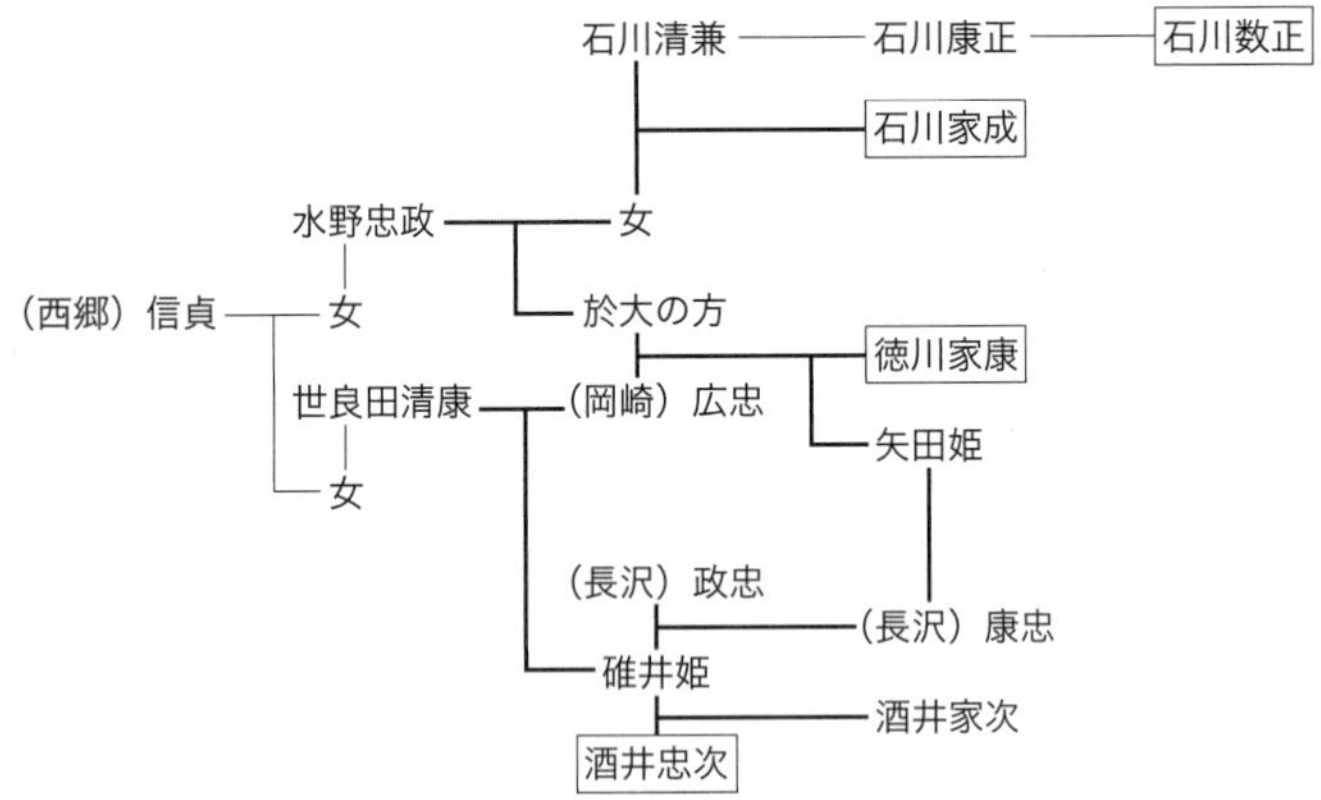

記したものらしい。

しかし、姉川の合戦だけの一時的な陣容ではなく、恒常的な陣容であったようだ。

新行氏は「形原松平の家信《いえのぶ》の場合でいえば天正三年の長篠合戦、同一〇年の甲斐出陣、同一八年の小田原攻めのいずれにも酒井忠次の組下で出陣したとあり（「形原松平記」）、深溝松平の家忠も忠次組下として天正一八年に至っているので、家康軍団の編成の基本となって五か国領有時代まで続いていたことが知られよう」と指摘している（『新編　岡崎市史　中世2』）。

不均衡な「三備」

東の酒井忠次組下のメンバーと西の石川家成（のち数正）組下のメンバーを比べると著しく不均衡であるように感じられる。

三備の構成

居　城	氏　名	生年	年齢	謡	区分
	酒井左衛門尉(忠次)与	1527	42歳		
桜井城	松平(桜井)内膳(忠正)	1544	25歳	○	一門
形原城	松平(形原)又八(家忠)	1548	21歳	○	一門
長沢城	松平(長沢)源七郎(康忠)	1547	22歳	○	一門
五井城	松平(五井)外記(景忠)	1541	28歳	○	一門
竹谷城	松平(竹谷)玄蕃(清宗)	1538	31歳	○	一門
深溝城	松平(深溝)主殿助(伊忠)	1537	32歳	○	一門
福釜城	松平(福釜)右京(親俊)				一門
蒲形城	鵜殿八郎三郎			○	国衆
月ヶ谷城	西郷新太郎(清員)	1533	36歳	○	国衆
大坪城	設楽甚三郎(貞道)	1534	35歳	○	国衆
二連木城	松平(戸田)丹波守(康長)			○	国衆
野田城	菅沼新八(定盈)	1542	27歳	○	国衆
伊奈城	本多彦八(忠次)	1548	21歳	○	国衆
亀山城	奥平九八郎(貞能)			○	国衆
牛久保城	牧野新次郎(康成)	1555	14歳	○	国衆
	石川伯耆守(数正)与				
大給城	松平(大給)和泉守(真乗)	1546	23歳	○	一門
藤井城	松平(藤井)勘四郎(信一)	1539	30歳		一門
鴛鴨	松平(鴛鴨)宮内少輔(忠直)				一門?
佐々木	松平(佐々木)三蔵(忠就)				一門?
足助	鈴木喜三郎(重顕)			○	国衆
小原	鈴木越中守(重愛)			○	国衆
西尾城	酒井与四郎(重忠)	1549	20歳		譜代
西尾城	酒井与七(忠利)	1559	10歳		譜代
上野	内藤喜市(家長)	1546	23歳		譜代
坂崎	平岩七之助(親吉)	1542	27歳		譜代
矢作	嶋田平蔵				譜代?
	一手之衆(=旗本衆)				
東条城	松平(東条)甚太郎(家忠)			○	一門
土井→田原	本多豊後守(広孝)	1527	42歳	○	国衆?
渡	鳥居彦右衛門(元忠)	1539	30歳		譜代
洞	本多中務少輔(忠勝)	1548	21歳		譜代
上野→丸山	榊原式部少輔(康政)	1548	21歳		譜代
	城持衆				
吉良城主	酒井雅楽頭(正親)	1521	48歳		譜代
田原城主	本多豊後守(広孝)	1527	42歳	○	国衆?
吉田城主	酒井左衛門尉(忠次)	1527	42歳		譜代
久野城主	久野三郎左衛門(宗能)				国衆
掛川城主	石川日向守(家成)	1534	35歳		譜代
諏訪原城主	松平(松井)周防守(康親)	1521	48歳		国衆?
馬伏塚城主	大須賀五郎右衛門(康高)	1528	41歳		譜代

※『松平記』の「三州遠州両国御手未入時被仰付候」より作成。
※謡の欄の○は『松平記』の「正月二日夜御謡初座敷次第」で座敷を与えられていた松平一門・有力国衆を示す。

『松平記』では、「正月二日夜御謡《おうたい》初座敷次第」との記事を載せ、岡崎城（のち浜松城）で一月二日の夜に謡の席で松平一門および国衆二〇人が着座する序列を載せているが、忠次組下一五人のうち、一四人がそのメンバーであるのに対し、数正組下一一人には三人しかメンバーがいない。

また、兵力の上でも倍以上の格差が想定される。

忠次組下のほとんどが国衆および松平国衆で構成されている。「三河国衆は少なくとも三〇〇人以上の兵力を動員し、二、三郷余の領有権をもち、領内市場を掌握する独立的な大名領主であった」とされ、松平国衆の兵力は一〇〇～三〇〇人程度と思われる。忠次自身も「一族・従者・雑兵を入れると、少なくとも三〇〇人以上の兵力があった」という（『戦国時代の徳川氏』）。ここから逆算すると、忠次が率いる部隊はおおよそ四〇〇〇人強の兵力があったと想定される。

これに対し、数正組下には国衆および松平国衆が少ない。その多くは「矢作川下流域の平野部村落の在地小領主で、松平一族や東三河の国衆に匹敵する国人領主ではない」（『戦国時代の徳川氏』）。その部隊はおおよそ二〇〇〇人強だったのではないか。

平野明夫氏は「酒井忠次は寺領安堵《あんど》や不入権《ふにゅうけん》付与という、いわば大名権力に属するような権限を行使していた。それに対して石川数正は、寺領安堵に関して家康の意を奉じているのみである」と両者の権限の違いを指摘し、「西三河において軍事指揮系統の最上位にある石川氏が、東三河における酒井忠次のような権限を行使していないということは、西三河は家康が直接支配を行っていたことを示すと考えられる」と結んでいる（『徳川権力の形成と発展』）。

また、数正組下のメンバーの拠点は、岡崎城の北方（大給、鴛鴨《おしかも》、上野の内藤、鈴木）と南方（西尾の酒井兄弟、坂崎の平岩）に偏っており、岡崎城周辺の小領主は家康本陣の「旗本備」として再編・増強されたと考えられる。

たとえば、旗本「一手役」の本多忠勝は、永禄九年に五二騎（一説に五五）の与力を附けられ、「雑兵を入れると五〇〇人ていどの兵力となるから、有力な国人領主なみの軍団」を任されるようになった（『戦国時代の徳川氏』）。

ここでいう「与力（寄騎）」とは、戦国大名（家康）の直臣（直属の家臣）でありながら、軍事指揮権を上級家臣（本多忠勝）に委ねている下級家臣をいう。戦国大名の直臣同士が、軍事上、あたかも主従関係のように編成されることを「寄親《よりおや》・寄子《よりこ》制」という。

正直なところ、本多忠勝、大久保忠世《ただよ》らがこの当時、岡崎家臣団の中で自他ともに認める有力家臣だったかどうかは疑わしい。少なくとも、榊原康政は酒井将監の小姓（非与力）であり、自らが寄親になるような出自ではなかった。

「三備」軍制改革は、小領主の子でしかなかった本多忠勝、榊原康政、大久保忠世らを、有力国人領主並みの一軍の将に抜擢することを可能としたのだ。

本多忠勝の寄騎

『寛政譜』の本多忠勝の項では、永禄九年に与力として附けられた五二騎の氏名が記されている（実際はそのすべてが永禄九年配属ではないらしいが）。

それら与力の一部は本多忠勝の家臣となって江戸時代以降に本多家の中核家臣団を構成したり、徳川家直参に戻って旗本になったりしている（長男が前者、次男が後者という例もある）。

いくつかの家系は『寛政譜』に掲載されているので、そこから分析すると、本多忠勝の与力は①親族、②帰り新参、③遠江出身者、④その他から構成されていたようだ。

①親族としては、母方の従兄弟である植村庄蔵安政《やすまさ》、植村土佐泰忠《やすただ》、阿佐美《あさみ》某（叔父・本多肥後守忠高の女婿）がいる。なお、同姓の本多甚六、本多平三郎がいるが、近親かどうかは不明である。

②帰り新参には、永禄六年の三河一向一揆で一揆側に与《くみ》して追放され、帰参した本多三《さん》弥左衛門正重《やざえもんまさしげ》（本多佐渡守正信の弟）、渡辺半兵衛真綱・墨右衛門吉綱兄弟（渡辺半蔵守綱の又従兄弟）がいる。真綱は追放後、松永久秀、今川氏真に仕え、永禄一二年の懸川城落城で帰参したが、家康の「麾下《きか》に列することを赦《ゆる》されず、本多忠勝に附属」させられたという。

③遠江出身者として松下一族の四名がいる。豊臣秀吉が青年期に仕えたことでも有名な

松下加兵衛之綱《ゆきつな》の一族である（松下久左衛門景綱、松下三十郎元綱《もとつな》が之綱の義弟にあたり、松下源五郎、松下七兵衛は詳細不明だが、一族と考えて間違いないだろう）。

また、忠勝の筆頭与力で、のちに本多家の家老となった都築《つづき》惣左衛門《そうざえもん》秀綱《ひでつな》も実は松下一族で都築家の婿養子である。なお、松下三十郎元綱の実兄二人は井伊直政の与力に組み入れられ、松下源八郎某（血縁関係は不明）が榊原康政の与力になっている。

注目すべきは、③遠江出身者で、国人領主クラスの松下一族が解体され、本多忠勝、井伊直政、榊原康政の与力として徳川家臣団に再編されていることであろう。

家康は、遠江や駿河、甲斐、信濃に勢力を拡げていく過程で、在地武士団を三河譜代の傘下に再編していったのである。のちに大名に取り立てられた家系の多くが三河譜代であり、遠江、駿河、甲斐出身者が極端に少ないことがそれを物語っている。

2　浜松城への移転

遠江侵攻

永禄一一（一五六八）年三月、家康は自ら兵を率いて遠江に侵攻。その手始めとして堀川城（浜松市北区）を攻めた。

先鋒は榊原小平太康政、藤井松平勘四郎信一、福釜松平三郎次郎親俊《ちかとし》だった。

藤井松平家、福釜松平家は松平一族の中でも比較的兵力が小さな家柄と想定され、榊

分類	氏名	居住地	『寛政譜』の記述
その他	土屋甚助重利	碧海郡本郷村	東照宮につかへたてまつり、のち本多平八郎忠勝に属ししばしば戦功あり。……
その他	荒川甚太郎		
その他	伊奈市左衛門忠安	碧海郡青野村	
その他	江原一内		
その他	江原与右衛門金全？	額田郡坂崎村	
その他	大鐘彦市政広		
その他	大原作之右衛門	額田郡井ノ口村	
その他	大原惣右衛門	額田郡井ノ口村	
その他	大原与五右衛門	額田郡井ノ口村	
その他	大屋吉大夫光政		
その他	小野田与市	幡豆郡深池村	
その他	影山弥三郎		
その他	河合又五郎政光		
その他	川原与右衛門		
その他	小泉弥八郎	額田郡八町村	
その他	小坂助六		
その他	近藤八左衛門		
その他	柴田五郎右衛門		
その他	下里藤八郎		
その他	内藤源太郎左衛門		
その他	内藤平十郎(善兵衛)直家		
その他	長坂甚平勝重	新堀村	
その他	長坂太郎左衛門重信	新堀村	
その他	永田角右衛門	額田郡箱柳村	
その他	中根五郎重定		
その他	中村与惣富重	額田郡竜泉寺村	
その他	新屋清右衛門		
その他	蜂須賀彦助政刻	額田郡秦梨村	
その他	原田九郎左衛門種道		
その他	福尾讃岐		
その他	二橋藤大夫		
その他	日置小左衛門正光		
その他	三浦竹蔵		
その他	山口加平次		
その他	山本多右衛門		
その他	依田内蔵助		
その他	鈴木伊賀守康重		東照宮に仕へたてまつり、仰によりて本多忠勝が麾下に属し、そののち御家人たらむことをねがふといえども其志を得ず。
その他	中根平右衛門忠元	額田郡箱柳村	(註)岡崎三郎信康君に附属せられ、のち仰をかうぶりて忠勝に属すといふ。

本多忠勝の与力

分類	氏名	居住地	『寛政譜』の記述
①親族	阿佐美清兵衛		
①親族	植村庄蔵安政	碧海郡本郷村	幼きより東照宮へつかへたてまつり、御傍に勤仕し采地を賜ふ。永禄九年本多忠勝に附属せられ、子孫かの家の家臣となる。
①親族	植村土佐泰忠	碧海郡本郷村	
①親族	本多甚六		
①親族	本多平三郎		
②帰新参	本多三弥左衛門正重	碧海郡姫小川村	東照宮へつかへたてまつり、永禄六年一向専修の徒に与し、のち赦免ありてもとのごとく勤仕す。……
②帰新参	渡辺半兵衛真綱	碧海郡国正村	永禄元年より東照宮へつかへたてまつり、二十貫文の地をたまふ。……六年一向専修の逆徒にくみし、のち松永久秀につかへ、そののち今川氏真に属し、諱字を与へらる。十二年遠江国掛川城没落の後御家に帰すといへども、麾下に列することを赦されず、本多忠勝に附属せらる。……
②帰新参	渡辺墨右衛門吉綱	碧海郡国正村	東照宮へつかへたてまつり、遠江国掛川城攻に戦功をあらはし、のち鈞命により本多忠勝が家臣となる。
③遠江	都築惣左衛門秀綱	遠江	今川氏真につかふ。……のち東照宮の御麾下に列し、本多平八郎忠勝が手に属す。(註)或秀綱永禄十一年忠勝に附属といふ。……
③遠江	松下久左衛門景綱	遠江	
③遠江	松下三十郎元綱	遠江	
③遠江	松下源五郎	遠江	
③遠江	松下七兵衛	遠江	
③遠江	向坂与五右衛門	遠江	
③遠江	勝屋甚五兵衛利政	遠江?	今川氏真につかへ、のち織田右府に属し、そのゝち東照宮につかへたてまつり、本多中務大輔忠勝が手に属し、……
その他	多門伝十郎重倍		広忠卿、東照宮へ仕へたてまつり、永禄九年本多忠勝に属し、……
その他	梶　金平正道(勝忠)		九歳のときより、東照宮に召れて御側に候す。後三河国足助庄にをいて二千五百石寄子給を合せて四千石を知行し、御使番を勤む。(……。永禄)九年本多平八郎忠勝に附属せられ、侍大将となり、出陣毎に先手を勤む。……
その他	桜井庄之助勝次	三河宇津山?	三河国宇津山に住す。のち岡崎にめされ、東照宮につかへたてまつり、遠江国に居し、御先手本多平八郎忠勝が組に属し、……

原康政は小身でしかない。三備改革によって自前の兵力の多寡《たか》ではなく、器量によって先鋒を任せられる体制になったのだ。

次いで、家康軍は前吉田城代・小原肥前守鎮実が守る宇津山《うづやま》城（静岡県湖西《こさい》市）を攻め、小原は敗走。城は陥落し、深溝松平家忠を城代とした。

家康の遠江侵攻は、東海地方を制圧していた今川家の衰退を見越しての策だが、同様に甲斐の武田信玄（晴信）も今川領の侵食を狙っていた。

武田家、今川家および相模の北条家は天文二一（一五五二）年に三国同盟を結んでいたが、永禄七年に武田信玄が信濃支配の安定化を図ろうとして飛騨（岐阜県北部）に侵攻すると、美濃の斎藤家を攻める織田信長と利害が一致し、翌永禄八年に織田家と武田家が同盟を結ぶことになった。

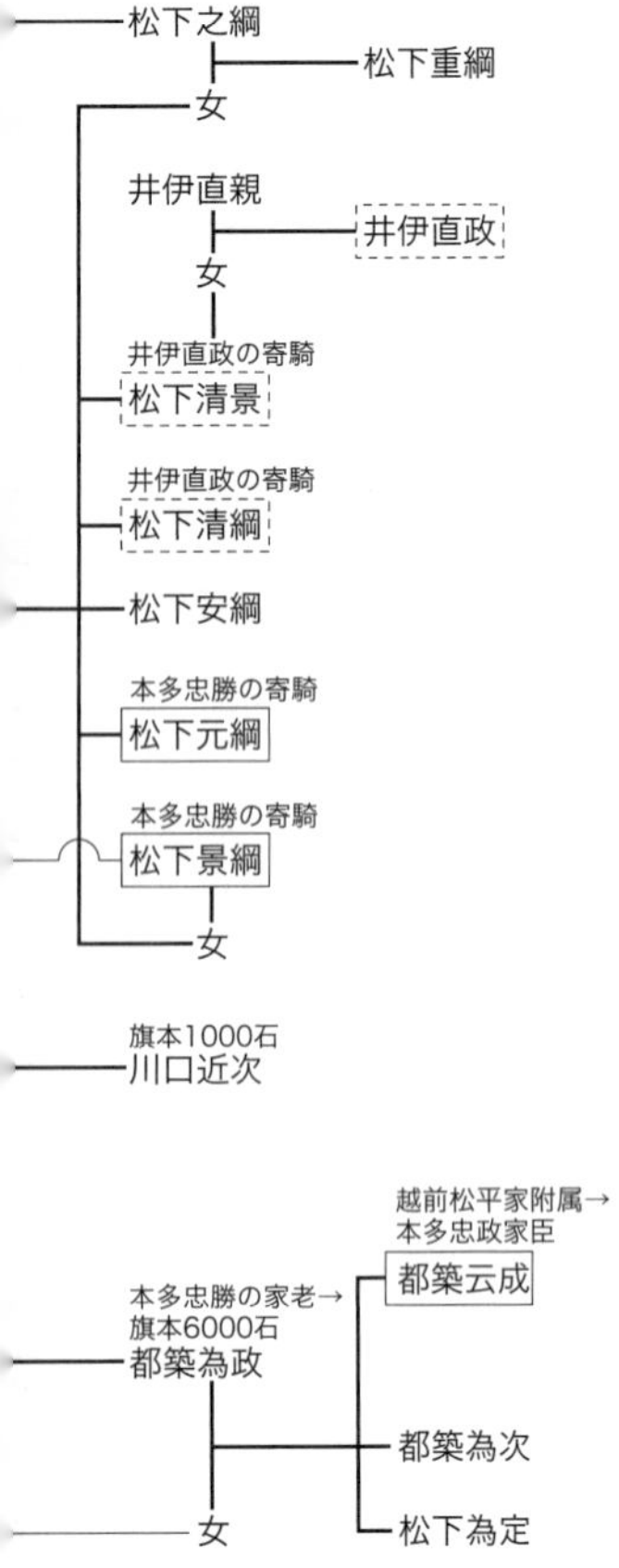

松下家系図

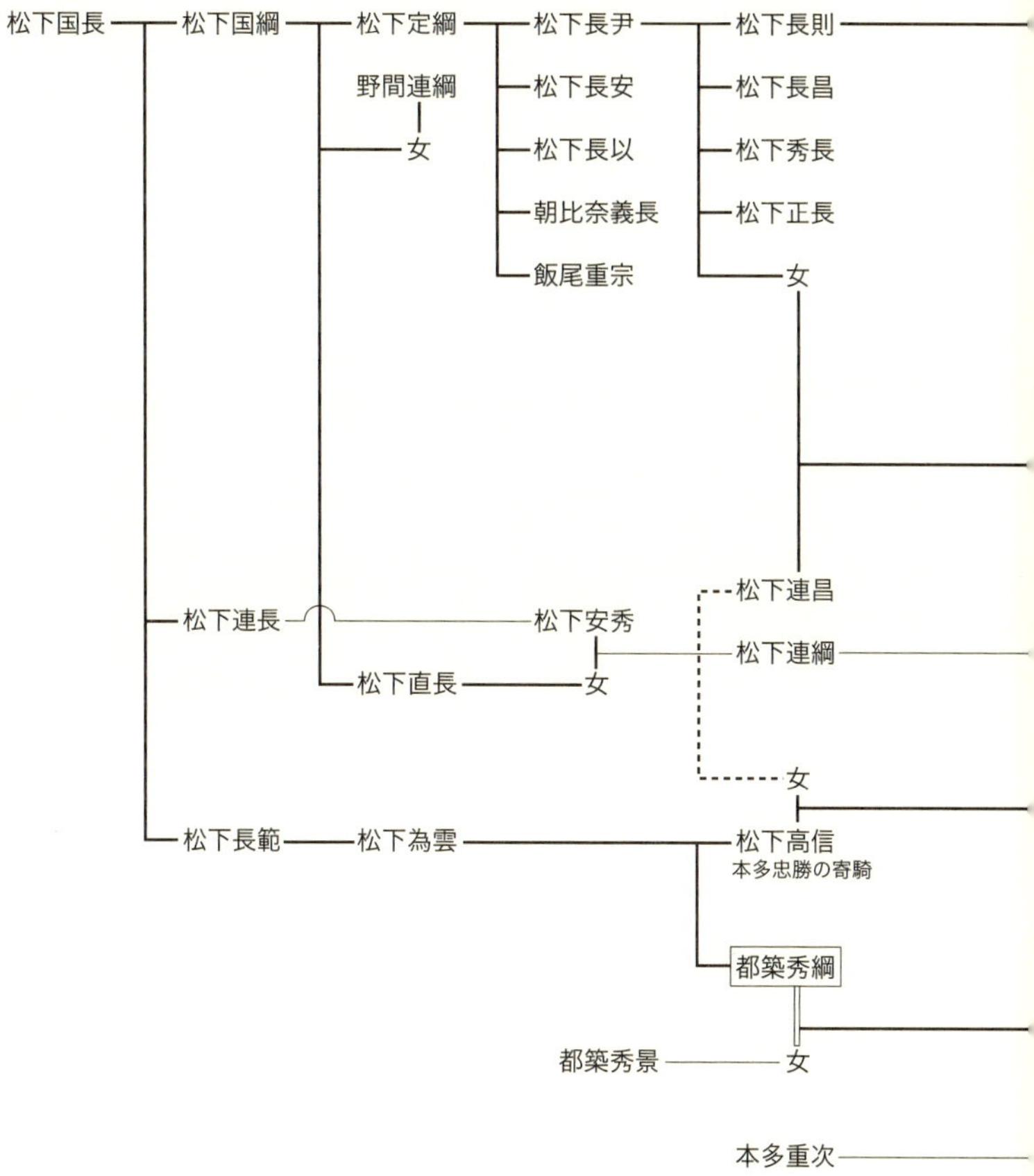
松下国長
松下国綱
松下定綱
松下長尹
松下長則
野間連綱
女
松下長安
松下長昌
松下長以
松下秀長
朝比奈義長
松下正長
飯尾重宗
女
松下連昌
松下連長
松下安秀
松下連綱
松下直長
女
女
松下長範
松下為雲
松下高信
本多忠勝の寄騎
都築秀綱
都築秀景
女
本多重次

今川氏真は武田家の動向に警戒心を抱き、同一〇年頃から信玄のライバル・越後《えちご》の上杉謙信（輝虎《てるとら》）との同盟交渉を始めた。これが信玄の知るところとなり、信玄が今川領国に攻め入る格好の口実となった（『定本　徳川家康』）。

かくして永禄一一年一二月、信玄は駿河に乱入。信玄は事前に今川家臣を調略し、今川一門の瀬名《せな》陸奥守信輝、重臣・朝比奈駿河守信置《のぶおき》、三浦与一義鏡、葛山《かずらやま》中務《なかつかさ》大輔《たゆう》信貞《のぶさだ》が内応した。相次ぐ家臣の離反で、氏真はろくに出陣の準備も整わぬまま朝比奈備中守泰朝《やすとも》の守る遠江懸川城（静岡県掛川市）へ逃げ落ちた。

ここに駿河は武田信玄の掌中に落ちた。

家康は信玄の駿河侵略に呼応して、同年一二月六日に酒井忠次に命じて遠江白須賀《しらすか》城（静岡県湖西市）を攻めさせ、これを陥落した。

家康は井伊谷《いいのや》三人衆（菅沼次郎右衛門忠久、近藤石見守《いわみのかみ》康用《やすもち》、鈴木三郎大夫重時《しげとき》）を調略し、その手引きで菅沼定盈（東三河国衆で忠久の一族）を先陣として遠江へ侵攻した。その状況を見て、二俣《ふたまた》城（浜松市天竜区）の鵜殿三郎氏長と松井和泉守、久野《くの》城（静岡県袋井市）の久野三郎左衛門宗能《むねよし》、犬居《いぬい》城（浜松市天竜区）の天野宮内《くない》右衛門尉《えもんじょう》藤秀《ふじひで》、高天神《たかてんじん》城（静岡県掛川市）の小笠原与八郎長忠らが相次いで家康の軍門に降った。

同月二七日、家康は石川数正、形原松平、福釜松平、竹谷松平、東条松平、および久野宗能を率い、朝比奈泰朝および今川氏真が籠城する懸川城を攻めた。

攻城戦は一進一退を繰り返したが、翌一二年三月に本多忠勝、深溝松平家忠が先鋒となって総攻撃をしかけ、懸川城の陥落が間近になった。

家康は「幼き頃に今川家の恩を受け、氏真と干戈《かんか》を交えることは本意ではない。遠江国は、家康が治めなければ、信玄に取られるだろう。遠江を家康に任せてくれるのであれば、信玄を駿河から追い払い、氏真の駿河奪還に力を貸そう」と申し入れ、五月に和議が成立した。氏真は懸川城を開城。家康は石川日向守家成に懸川城を守らせた。

家成は家康の従兄弟にあたり、三備改革では西の旗頭を任されていた。家成の懸川城主登用により、西の旗頭は家成の甥・石川伯耆守数正に譲られた。

浜松城への移転

遠江を平定した家康は、最前線である遠江に居城を移す計画を立てた。

永禄一二年秋、見付《みつけ》城（静岡県磐田市）を新たな居城と想定して普請を始めたが、「信長から天竜川を越えた東では、万一の時の支援などで不都合を来すという意見があり、見付城の普請は中止となった。そして、今川氏時代の飯尾氏の引間《ひくま》城を改修し、これを浜松城（浜松市中区）」と改めた（『定本　徳川家康』）。

元亀元（一五七〇）年六月、家康は岡崎城を嫡男・岡崎次郎三郎信康に譲り、自らは浜松城に居城を移した（時期については異説あり）。岡崎城内には家臣の屋敷がなかったらしいが、浜松城内には本多重次、内藤家長《いえなが》、鳥居元忠、本多忠勝、榊原康政、酒井政家（一般には正親）、鵜殿氏長らの屋敷が設けられていたという（『戦国時代の徳川氏』）。

家康直属の本多、榊原らは「浜松衆」と呼ばれ、浜松に常駐。酒井忠次、石川数正配下の国衆らは「三河衆」と呼ばれ、三河から出陣したようだ。この頃は遠江が主戦場であるので、当然、「浜松衆」の出動機会が増えたに相違ない。しかも、本多忠勝の与力で見たように、「浜松衆」の配下には遠江出身者が附けられており、これも有利に働いた。

こうして家康軍の主軸は、三河の国人領主や松平一族から、直属の浜松衆へと移っていったのである。

姉川の合戦、三方原の合戦

浜松移転後の元亀元年六月、織田信長が北近江の浅井《あざい》長政を攻めると、越前の朝倉軍八〇〇〇が浅井を支援すべく近江に出陣。浅井軍五〇〇〇と合流した。一方、織田軍の支援に家康が出陣。織田・徳川連合軍二万五〇〇〇と浅井・朝倉連合軍一万三〇〇〇が姉川を挟んで三田村郷と野村郷に対陣、合戦に及んだ。

いわゆる姉川の合戦である。

姉川の合戦のあらましは、織田軍の窮地を徳川軍が救って勝利し、浅井・朝倉家衰亡の契機となったというだけで、有名な割には歴史的な意義は大きくない。結局のところ、徳川家の武勲を後世に伝えるだけの戦いだった（ちなみに「姉川の合戦」という呼び名は徳川家のもので、織田・浅井家は「野村合戦」、朝倉家は「三田村合戦」と呼んでいた）。

一方、この頃、関東の北条家、甲信越の上杉・武田家、東海の徳川家の合従連衡《がっしょうれんこう》が大きな動きを見せはじめていた。

まず、家康は武田家の動向に警戒心を抱き、越後の上杉謙信（輝虎）との同盟交渉を始め、元亀元年一〇月に同盟を結んだ。翌二年一〇月、反武田派の北条氏康が死去すると、嫡男・北条氏政《うじまさ》は正室が信玄の娘だったこともあって武田家との同盟を再開し、上杉家との同盟を破棄した。武田家は、背後に位置する北条家との同盟を再開したことで、西に向かって出陣することが容易となった。

かくして元亀三年九月、信玄は東三河の山家三方衆《やまがさんぽうしゅう》（作手の奥平家、田峯の菅沼家、長篠の菅沼家）を調略。一〇月に駿河から遠江に向けて出馬して、高天神城を陥落した。

一方、武田家重臣・山県三郎兵衛尉《やまがたさぶろうひょうえのじょう》昌景《まさかげ》、秋山伯耆守《ほうきのかみ》虎繁《とらしげ》（一般には信友《のぶとも》）らが率いる別働隊が信濃伊那から青崩峠《あおくずれ》を経て三河・遠江に侵攻した（『定本　徳川家康』）。さらに美濃岩村城を調略して、武田の軍門に降らせることに成功した。

信玄率いる武田主力軍は二俣城（浜松市天竜区）、飯田城、天方城《あまがた》（ともに静岡県周智郡《しゅうちぐん》森町）を相次いで攻め落とし、三方原《みかたがはら》（浜松市北区）を通った。これに対し、家康は一万余の兵を率いて浜松城を出陣、二万五〇〇〇ともいわれる武田軍と合戦に及んだ。

いわゆる三方原の合戦である。

徳川軍は戦上手の武田軍に翻弄され、本多忠真《ただざね》（忠勝の叔父）、鳥居忠広（元忠の弟）、成瀬正義（正成の伯父）、榊原忠次、安藤基能《もとよし》、夏目吉信《よしのぶ》ら名だたる武将が討ち死にし、退却を余儀なくされた。

三方原の合戦においても、右翼の主将に東三河の旗頭である酒井忠次、左翼の主将に西三河の旗頭である石川数正を据え、指揮させている。

かれらに次ぐ武将として、一手之衆（＝旗本衆）の本多忠勝（二五歳）、榊原康政（二五歳）、鳥居元忠（三四歳）らが育ってきた。また、遠江攻略の頃から擡頭《たいとう》してきた中堅武将として、大須賀康高《やすたか》（四六歳）、本多重次（四四歳）、高力清長（四三歳）、大久保忠世（四一歳）、柴田康忠（三五歳）らの名があげられる。

その他にも、北三河の国人領主・三宅康貞（二九歳）、東三河の国人領主・戸田家の庶流である戸田忠次（四二歳）、遠江の国人領主・小笠原長忠が一軍の将となっている。

おそらく、この頃には三備改革が徳川軍に浸透し、国人領主の三宅康貞と小領主だった本多忠勝の差はなくなっていたのだろう。

長篠の合戦

三方原の合戦で家康を完膚《かんぷ》なきまでに叩きのめした武田信玄は、翌元亀四（一五七三）

年四月、病気により帰国途中の信濃国下伊那郡駒場《こまんば》（長野県下伊那郡阿智村《あちむら》）で死去し、武田軍はそのまま甲斐に帰陣してしまう。

信玄の死、武田軍の帰陣は、近畿・北陸の反信長勢力（足利義昭、浅井長政、朝倉義景ら）にとっては大きな打撃だった。同年七月に信長は足利義昭を京都から追放して、年号を天正と改元し、八月に越前に攻め入って朝倉家を滅ぼし、近江小谷《おだに》城で浅井家を滅ぼした。

家康も東海地方で巻き返しを図り、奥三河の要衝・長篠城（愛知県新城市長篠）を攻め落とした。また、武田方に通じていた「山家三方衆」のうち、作手の奥平《おくだいら》貞能《さだよし》・信昌《のぶまさ》父子が家康に帰順した。家康は長女・亀姫と信昌の婚儀を約し、信昌を長篠城の守将とした。

一方、武田家では信玄の四男・諏訪《すわ》四郎勝頼《かつより》（武田勝頼）が家督を継ぎ、翌天正二（一五七四）年二月に織田方の美濃明智《あけち》城（岐阜県恵那《えな》市）を攻略。五月には二万の大軍を率いて、家康方の高天神城（静岡県掛川市）を囲んだ。

数に劣る徳川軍（総勢およそ八〇〇〇人）は信長に援軍を仰いだ。

急報を聞いた信長は六月に出馬したが、高天神城主・小笠原与八郎長忠は、武田家の猛攻に耐えきれず、開城に応じた。以後、高天神城は武田方の拠点となってしまう。

浜松城を脅《おびや》かす高天神城の存在に、家康は並々ならぬ危機感を抱いていた。

同（一五七三）年八月、家康は高天神城と浜松城の中間に馬伏塚《まむしづか》城（静岡県袋井市）を築

長篠の合戦　1575年

	部将	年齢	区分
弾正山	徳川家康	34歳	ー
松尾山	岡崎信康	17歳	ー
右翼（弾正山の東方）	大久保忠世	44歳	譜代
	本多忠勝	28歳	譜代
	榊原康政	28歳	譜代
	植村家存　軍監	35歳	譜代
	内藤正成　軍監	49歳	譜代
左翼（弾正山の東方）	石川数正	？	譜代（家老級）
	平岩親吉	34歳	譜代
	植村正勝　軍監	41歳	譜代
	内藤忠村？軍監	？	譜代
その他（弾正山の東方）	酒井忠次	49歳	譜代（家老級）
	鳥居元忠	37歳	譜代
	内藤家長	30歳	譜代
	松井忠次	55歳	三河国衆？
	柴田康忠	38歳	譜代
	菅沼定利	？	三河国衆
	竹谷松平清宗	38歳	松平一門
	大給松平真乗	30歳	松平一門
	桜井松平忠正	32歳	松平一門
	三宅康貞	32歳	三河国衆
	高力清長	？	譜代
	本多重次	47歳	譜代
	大須賀康高	49歳	譜代
	小笠原康元	66歳	譜代
	戸田忠次	45歳	三河国衆
	藤井松平信一	37歳	松平一門
	本多信俊	41歳	譜代
	本多忠次	51歳	三河国衆
	酒井正親	55歳	譜代（家老級）

小牧・長久手の合戦　1584年

	部将	年齢	区分
本隊	徳川家康	43歳	ー
	本多忠勝	37歳	譜代
	榊原康政	37歳	譜代
	井伊直政	24歳	遠江国衆
	本多正信	47歳	譜代
	大久保忠隣	25歳	譜代
	大久保忠佐	48歳	譜代
	永井直勝	22歳	譜代
	内藤正成	58歳	譜代
	高木清秀	59歳	譜代
	鵜殿氏長	36歳	三河国衆
	小栗忠政	30歳	譜代
	成瀬正成	18歳	譜代
	村越直吉	23歳	譜代
酒井隊	酒井忠次	58歳	譜代（家老級）
	深溝松平家忠	30歳	松平一門
	形原松平家信	20歳	松平一門
	桜井松平家広	8歳	松平一門
	奥平信昌	30歳	三河国衆
	菅沼定盈	43歳	三河国衆
	西郷家員	29歳	三河国衆
石川隊	石川数正	？	譜代（家老級）
その他	本多広孝	58歳	譜代（家老級）
	大須賀康高	58歳	譜代
	石川康通	30歳	譜代（家老級）
	内藤信成	40歳	譜代
	三宅康貞	41歳	三河国衆
	大沢基宿	20歳	遠江国衆
	中安長安	？	？
	岡部正綱	43歳	今川旧臣

小田原攻め　1590年

	部将	年齢	区分
一之先備え	酒井家次	27歳	譜代（家老級）
	本多忠勝	43歳	譜代
	榊原康政	43歳	譜代
	平岩親吉	49歳	譜代
	鳥居元忠	52歳	譜代
	大久保忠世	59歳	譜代
	井伊直政	30歳	遠江国衆
二之先備え	竹谷松平清宗	53歳	松平一門
	酒井重忠	42歳	譜代
	本多重次	62歳	譜代
	内藤家長	45歳	譜代
	柴田康忠	53歳	譜代
	大給松平家乗	16歳	松平一門
	石川康通	36歳	譜代（家老級）
脇備	藤井松平信一	52歳	松平一門
	菅沼定政	40歳	三河国衆
	久能宗能	64歳	遠江国衆
三之先備え	内藤信成	46歳	譜代
	三宅康貞	47歳	三河国衆
	天野康景	54歳	三河国衆
	久松松平康元	39歳	家康異父弟
	保科正直	49歳	信濃国衆
	高力清長	61歳	譜代
遊軍	本多康重	37歳	譜代（家老級）
	牧野康成	36歳	三河国衆
	菅沼定利	？	三河国衆

主な合戦での布陣

姉川の合戦　1570年

	部将	年齢	区分
先隊	酒井忠次	44歳	譜代(家老級)
	桜井松平忠正	27歳	松平一門
	福釜松平親俊	？	松平一門
	深溝松平伊忠	34歳	松平一門
	竹谷松平清宗	33歳	松平一門
	形原松平家忠	23歳	松平一門
	長沢松平康忠	24歳	松平一門
	五井松平景忠	30歳	松平一門
	鵜殿松平康定？	？	三河国衆
	牧野康成	16歳	三河国衆
	戸田松平康長	9歳	三河国衆
	菅沼定盈	29歳	三河国衆
	設楽貞道	37歳	三河国衆
	西郷家員	15歳	三河国衆
	奥平貞能	34歳	三河国衆
	水野忠重	30歳	三河国衆
第二隊	小笠原長忠	？	遠江国衆
	小笠原一族	ー	遠江国衆
	大須賀康高	43歳	譜代
	松井忠次	50歳	三河国衆？
第三隊	石川数正	？	譜代(家老級)
	大給松平真乗	？	松平一門
	藤井松平信一	32歳	松平一門
	鴛鴨松平忠頼	？	譜代
	能見松平忠澄	？	譜代
	内藤家長	25歳	譜代
	平岩親吉	29歳	譜代
	酒井重忠	22歳	譜代
	酒井忠利	12歳	譜代
	鈴木重時	？	三河国衆
	鈴木重愛	？	三河国衆
	嶋田平蔵	？	譜代？
本陣	徳川家康	29歳	ー
	大久保忠世	39歳	譜代
	本多広孝	44歳	譜代(国衆級)
	本多忠勝	23歳	譜代
	榊原康政	23歳	譜代

三方原の合戦　1572年

	部将	年齢	区分
右翼	酒井忠次	46歳	譜代(家老級)
	佐久間信盛		織田家家臣
	平手汎秀		織田家家臣
	瀧川一益		織田家家臣
左翼	石川数正	？	譜代(家老級)
	大須賀康高	46歳	譜代
	小笠原長忠	？	遠江国衆
	東条松平家忠	17歳	松平一門
	松井忠次	52歳	三河国衆？
	本多忠勝	25歳	譜代
本陣	徳川家康	31歳	ー
	榊原康政	25歳	譜代

敗退後の守り

	部将	年齢	区分
玄黙口	鳥居元忠	34歳	譜代
下垂口	大久保忠世	41歳	譜代
	柴田康忠	35歳	譜代
山手口	戸田忠次	42歳	三河国衆
塩町口	酒井忠次	46歳	譜代(家老級)
	小笠原長忠	？	遠江国衆
	東条松平家忠	17歳	松平一門
	松井忠次	52歳	三河国衆？
鳴子口	石川数正	？	譜代(家老級)
二の丸	三宅康貞	29歳	三河国衆
	本多重次	44歳	譜代
飯尾の古城	高力清長	43歳	譜代

き、大須賀五郎左衛門康高を守将に選んだ。激戦地に赴く康高の意気に感じたのか、家康は康高に松平姓を与えている。

一方、百戦錬磨の父・信玄ですら果たせなかった高天神城を落としたことは、勝頼に大きな自信を与えた。天正三年四月には三河足助城（愛知県豊田市）や近辺の小城を攻め落とし、大野田城（愛知県新城市）をも陥落した。

そして、五月八日に勝頼は長篠城を奪還すべく、城を囲んだ。

ここでも家康は信長に援軍を仰ぐ。五月一八日、信長は救援に駆けつけ、徳川軍とともに長篠城の西・設楽原《したらがはら》に布陣した。

織田・徳川の軍議の席で、酒井忠次は「勝頼が設楽原まで打って出たならば、留守に乗じてわれらは歩兵をもって大野川を上り、武田方の砦・鳶《とび》ヶ巣《す》山を乗っ取れば、必ずや勝利できるでしょう。今夜、忍び取るのが宜しいかと存じます」と献策したといわれている。

それを聞いた信長は、それは三河・遠江の一〇〇〜二〇〇騎程度の小戦《こいくさ》では通用する戦法だろうが、織田と武田の合戦ではさすがに通用しないと面罵。忠次は赤面して退席した。

軍議が終わると、信長は家康と忠次を秘かに呼んで、先の献策が上策だったと褒め、「この計略が他に漏れることを恐れたのだ」と、ただちに進発するように命じたという。

その軍は、酒井忠次、深溝松平伊忠《これただ》・家忠父子、長沢松平康忠、本多広孝・康重父子、東条松平家忠と家老の松井松平忠次、牧野康成《やすなり》、奥平貞能、竹谷松平清宗、形原松平家忠、

菅沼定盈、西郷家員《いえかず》、設楽貞通。監軍に阿部忠政（「三備」で酒井忠次旗下とされている部将に、「一手之衆」の東条松平家忠、本多広孝を附けた構成になっている）。これに織田軍三〇〇人を加え、計三〇〇〇余の兵を遣わした。

この夜襲は成功。忠次が率いる軍は長篠城に入城を果たし、勝利の合図の狼煙《のろし》を上げた。

天正三年五月二一日、背後を突かれた武田軍は、設楽原に陣取る織田・徳川連合軍に突撃し、鉄砲隊の攻撃によって壊滅的な打撃を受けた。

いわゆる長篠の合戦である。

長篠の合戦後の遠江侵攻

長篠の合戦後、家康は勝ちに乗じて東三河・遠江の武田勢力を駆逐していった。

天正三年六月、家康は二俣城（浜松市天竜区）を囲んだ。二俣城は天竜川の上流に位置し、信濃の国人領主・芦田《あしだ》下野守信守《のぶもり》が守っていたが、容易には落とせなかった。

そこで家康は、二俣城攻めを大久保忠世に委ねて、その奥に位置する光明《こうみよう》城、犬居城（ともに浜松市天竜区）へ攻撃の鉾先《ほこさき》を転じた。先鋒は本多忠勝、榊原康政。

家康は遠江の北側から一転して東側に転じると、駿河から伊豆《いず》付近にまで侵入。諏訪原《すわはら》城（静岡県島田市）を囲んで八月に攻め落とし、牧野城（牧野原《まきのはら》城ともいう）と改名した。

牧野城は武田方の城（駿河田中城、遠江高天神城）に隣接し、武田軍が西上する際に真っ先に戦場となる激戦地ゆえに城主選びに難航したが、松井松平左近忠次が城主を志願。意気に感じた家康は諱《いみな》「康」の字を与え、松平周防守康親《やすちか》と改名した。

ちなみに、武田方と接する城を守る大須賀松平康高、松井松平康親はともに松平姓を与えられ、大須賀の女婿が榊原康政、松井の女婿が井伊直政である。家康は両将を若手有望株の見本と考えていたのだろう。

その後も徳川軍と武田軍との小競り合いが続いたが、遠江国で武田方の拠点は高天神城と駿河国境にある小山《おやま》城（静岡県榛原郡《はいばらぐん》吉田町）を残すのみとなった。そこで家康は、天正六（一五七八）年七月に高天神城と馬伏塚城（静岡県袋井市）の間に横須賀《よこすか》城（静岡県掛川市）を築いて、高天神城奪還の拠点とした。守将には馬伏塚城と同じく大須賀康高を置いた。かくして天正九（一五八一）年三月、高天神城はついに落城。徳川方の掌中に落ち、家康は遠江を完全に制覇した。

3　信康家臣団の解体

信康、岡崎城主となる

天正七（一五七九）年八月、家康は嫡男・岡崎次郎三郎信康（通称・三郎、一五五九〜一五七九）を岡崎城主から解任。正室・築山殿を家臣に命じて殺害させた。さらに翌九月に信康を自害に追い込んだ。いわゆる「築山事件」である。

信康は家康と築山殿の長子として生まれ、永禄一〇（一五六七）年に八歳で織田信長の長女・徳姫と結婚。家康が浜松に居城を移した元亀元（一五七〇）年に一二歳で元服し、岡崎城主となった。

信康は岡崎城主として、浜松城主の家康の家臣団とは別に、独自の家臣団を構成していた。『新編　岡崎市史　中世2』に新行紀一氏の詳細な分析があるので、それを参考にして検討を進めていきたい。

まず、信康家臣団の中枢であるが、新行氏は「岡崎領主古記」の記事により信康の傅役《もりやく》（兼家老）として「平岩七之助　石川豊後守《ママ》　鳥居伊賀守」の三人をあげている。

その一方、「系図等で中根《なかね》忠実《ただざね》・横内《よこうち》貞長《さだなが》も傅役と伝える。しかし両人についての記事は地元の史書にも見当たらない」と両人の傅役説を疑問視している。なお、『寛政譜』によれば、天野貞久（平岩親吉の従兄弟）と長沢松平康忠《やすただ》（家康の従兄弟）も信康の家老と記されているが、同様に明らかではない。

「岡崎領主古記」で信康の傅役と記された「平岩七之助」は平岩七之助親吉《ちかよし》（一五四二～一六一二）、「石川豊後守」は石川豊前守信成（一般には春重、一五〇五～一五七五）、「鳥居伊賀守」は鳥居又右衛門重正（一五四九～一六一六）と考えられる。

なぜ、傅役が三人なのか。

それは「三御譜代」から一人ずつ選んだからに他ならない。

石川家が安城譜代、平岩家が山中譜代、鳥居家が岡崎譜代なのである。

次いで、家老以下の家臣団の構成であるが、新行氏は信康家臣を七六人あげている。しかし、『寛政譜』等を詳細に見ていくと、九五人が確認できる。

なかには一族から数人が選ばれているケースもある。多いのは松平家が七人（長沢松平家が三人、大草松平家が一人、不明が三人）、中根家が六人、石川家が五人。上田家、大岡家が四人、天野家、糟屋《かすや》家、加藤家がそれぞれ三人である。ちなみに上田家は石川家の姻戚（上田元成の母が石川家成の姉妹、元成の子が二人）なので、安城譜代の石川－上田家が最大派閥といえよう。

奇異に感じるのは、いわゆる徳川家臣団で著名な家系が、信康家臣団では意外に少ないことだ。たとえば、本多家が二人、酒井家が一人で、大久保家・内藤家に至っては一人もいない。

その理由を明確に語ることはできないが、岡崎城は、織田信長が同盟を破棄した場合でこそ敵国と接した重要拠点になりうるが、そうでなければ、信康家臣団は名誉ある窓際族だった可能性が高い。

家康は勇猛果敢な部将を第一線の戦場・浜松城に送り込み、岡崎城には「二軍」扱いの部将しか残さなかったのではないか。大久保家はもともと小領主にすぎなかったと推測されるが、一族そろって戦場では有能だった。また、内藤家は肉体的な遺伝なのか、弓の達人が多かった。だから、かれらを岡崎城に置かなかったのだろう。

新行氏は、戦場では「信康はほとんど家康と行動を共にしており、独立して一隊を率いて行動したことはなかった。また激烈な戦場を経験した様子がないことに気が付く」と評しているが、それは信康軍に有能な部将を置かなかったから、単独行動させなかったのであろう。

なお、信康家臣団には家康と人質時代をともに過ごした側近、もしくはその親族が多い。平岩親吉、天野貞久（親吉の従兄弟）、上田元成（元政の次男）、野々山元政（一説に上田元政と同一人物）などである。おそらく、清康・広忠の頃より、それらの家系（主に山中譜代）から跡継ぎの「ご学友」を選出する習わしがあったと推察される。

つまり、家康は、信康が将来的に徳川家の当主となる跡継ぎだったため、枢要の人事には家臣団が納得しうる人選を考える一方、それ以外の人事については、岡崎城の軍事的な位置付けから「二軍」級の人材を配したのであろう。

大岡弥四郎事件

築山殿と信康がなぜ殺害に追い込まれたのか、その理由ははっきりしない。新行紀一氏は「細かい考証は省略するが、結論をいえば謀反ないしはそれに近い事実はあったのではなかろうか」と推測しているが、概《おおむ》ねそのようなものだったのではないか。

2

勢力圏	氏名	居住地	区分	『寛政譜』で築山事件後の記述	備考
安城	大岡孫太郎		→内藤		
安城	大岡弥四郎		死罪		岡崎の町奉行
岡崎	榊原七郎右衛門清政	碧海郡上野村	処士	……岡崎三郎信康君に附属せられ、事あるのゝち処士となり、弟榊原康政が所領上野国館林に閉居す。……	榊原康政の実兄
岡崎	鳥居又右衛門重正	碧海郡渡村	→内藤	永禄年中岡崎三郎信康君に附属せられ、御抱守をつとむ。内藤弥次右衛門家長にめしあづけられ、のちゆるされて東照宮につかへたてまつり……	
岡崎	鳥居又兵衛	碧海郡渡村	→内藤		
岡崎	中根平右衛門忠元	額田郡箱柳村	→本多	……岡崎三郎信康君に附属せられ、のち仰をかうぶりて忠勝に属すといふ。	
岡崎	中根半兵衛正重	額田郡箱柳村	→家康	岡崎三郎信康君につかへ、のち東照宮に奉仕し、……	中根忠元の実弟
岡崎	中根定右衛門		→平岩		
岡崎	中根三郎四郎政元				
岡崎	本多孫左衛門重富	額田郡西大平村	蟄居	岡崎三郎信康君に仕へ、ことあるののち弟重次が許に閉居し、其男富正が居城越前国府中に住す。	本多重次の実兄
岡崎	本多与次右衛門光信		→平岩	……岡崎三郎信康君に附属せられ、かの卿事あるのとき御勘気をかうぶる。	
岡崎	安藤次右衛門定次	額田郡平地村	→内藤	……岡崎三郎信康君に附属せられ、其後石川伯耆守数正が隊下に属し、……	紀州藩附家老・安藤直次の叔父
岡崎	安藤岩之助正次	額田郡平地村		天正四年……信康君この事をきかせたまひ、めされてつかへたてまつる。……	安藤定次の子
岡崎	成瀬藤次	額田郡六ツ名村	→内藤		
岡崎	渥美久兵衛友重	碧海郡宇頭村	→平岩	岡崎三郎信康君に仕ふ。事あるのゝちめされて東照宮につかへたてまつる。……	
岡崎	渥美伝右衛門	碧海郡宇頭村	→鳥居	岡崎三郎信康君につかへ、逝去ののち鳥居彦右衛門元忠にめしあづけられ、そのゝち処士となりて榊原式部大輔康政が許に寓居す。	
岡崎	伊奈五兵衛忠家	幡豆郡小島村	蟄居	……天正三年五月長篠合戦のとき窃(ひそか)に岡崎三郎信康君の御陣にまいりて軍功を励す。信康事あるの後男忠次とおなじく和泉国堺に赴き、兄外記助貞吉が許にあり。……	伊奈忠次の父
岡崎	伊奈熊蔵忠次	幡豆郡小島村	蟄居	……初め父と共に信康君に附属す。彼君事あるの後また堺に寓居す。……	のち関東代官
岡崎	渡辺加兵衛雅綱	碧海郡赤渋村	→内藤	(記述なし)	
岡崎	天野小麦右衛門重次	額田郡仁木村	→平岩	岡崎三郎信康君に仕へ、御小姓をつとむ。……七年信康君事あるのゝち、東照宮の仰により平岩七之助親吉にあづけられ。……	
岡崎	天野久右衛門正定	額田郡			
岡崎	大河内金右衛門	額田郡洞村	→平岩		
岡崎	永井伝八郎直勝	碧海郡大浜村	蟄居	……天正四年八月より岡崎三郎信康君につかふ。信康君逝去のゝち、大浜に蟄居す。……	のち7万2000石を領す
岡崎	松平(大草)善兵衛康安	額田郡大草村	→石川	……若年より信康君に仕へ、……	

信康家臣団

1

勢力圏	氏名	居住地	区分	『寛政譜』で築山事件後の記述	備考
山中	平岩七之助親吉	額田郡坂崎村	蟄居	……七年岡崎三郎信康君事あるのとき親吉曾てより其傅たるにより、……退ひて幽居。後屢恩命を蒙るにより、出仕し、信康君の従士十四人を附属せらる。……	
山中	高力小隼人信昌	額田郡高力村	→家康		
山中	小林又三郎正次	額田郡山中村	→平岩	岡崎三郎信康君につかへ、三河国猪口にをいて死す。	
山中	天野清右衛門貞久	額田郡板田村	蟄居	……岡崎三郎信康に附属せられ、家老をつとむ。信康君事あるのゝち須淵に蟄居し、某年死す。	平岩親吉の従兄弟
山中	佐橋甚五郎	額田郡坂崎村	以前に逐電	岡崎三郎信康君につかへ、小姓をつとむ。……甲府にをいての悪事あらはれしかば逐電す。	
山中	加藤惣左衛門正成	額田郡		……其後信康君の傅となり、後つかへを辞し、……死す。	
山中	中根仁左衛門正友	額田郡横落村	→石川	(記述なし)	
山中	中根甚太郎	碧海郡三ツ木村	→内藤		
安城	石川豊前守春重	碧海郡小川村	切腹	(記述なし)	石川家の有力分家
安城	石川修理	碧海郡小川村	切腹	(記述なし)	石川春重の子
安城	石川八左衛門重次	碧海郡在家村	→内藤(逐電)	……岡崎三郎信康君に附属せられ、……七年九月信康君ことあるのとき、御附属のもの三十騎を内藤弥次右衛門家長に属せらる。……	
安城	石川与次右衛門永正	碧海郡	→内藤(逐電)	(記述なし)	
安城	石川甚四郎勝之	碧海郡	→内藤		
安城	上田源助元成	碧海郡小針村	→内藤	(記述なし)	石川家成の従兄弟
安城	上田久兵衛正忠	碧海郡小針村	→平岩		上田元成の子
安城	上田源右衛門元吉	碧海郡小針村	→平岩		上田元成の子
安城	上田甚右衛門	碧海郡小針村	→内藤		
安城	野々山藤兵衛元政	碧海郡	→内藤	(記述なし)	上田家と関連あり?
安城	都築孫大夫	碧海郡小川村	→平岩		石川家成の従兄弟?
安城	米津三十郎	碧海郡米津村	→内藤(逐電)	岡崎三郎信康君につかへ、かの君事あるのゝち処士となり、弟勘兵衛田政が采地に閉居す。	弟・米津田政は5000石、甥・田盛は1万5000石を領す
安城	植村新六郎家次	碧海郡本郷村	流浪	……岡崎三郎信康君に附属せられ、信康君事あるのゝち流浪し、其後榊原式部大輔康政が吹挙により、……	子の家政は2万5000石を領す
安城	植村庄右衛門正勝	碧海郡本郷村	→家康	……岡崎三郎信康君十五歳にならせたまふにより、富永孫大夫某、内藤甚五左衛門某とゝもに武道の物語を言上せむがため岡崎に伺候す。……	
安城	加藤播磨景元	碧海郡安城村	→内藤	……岡崎三郎信康君につかへ、かの君事あるのゝち、内藤弥次右衛門家長に属せらる。……	
安城	加藤助左衛門景治	碧海郡安城村	処士	……岡崎三郎信康君に附属せられ、彼君ことあるのゝち処士となる。……	加藤景元の子
安城	大岡七右衛門義成		→家康	はじめ岡崎三郎信康君に仕へ、のち東照宮につかへたてまつる。……	
安城	大岡与三右衛門正成		→家康	……岡崎三郎信康君に附属せられ、かの君事あるのゝち東照宮につかへたてまつり、……	

勢力圏	氏名	居住地	区分	『寛政譜』で築山事件後の記述	備考
一門	松平(長沢)源七郎康忠	宝飯郡長沢村	蟄居	……康忠、岡崎三郎信康君に附属せられて家老職たりしに、事ありしとき康忠も御勘気かうぶり、後ゆるされて仕へ奉る。……	家康の従兄弟長沢松平家当主
一門	松平(長沢)清蔵親宅	宝飯郡長沢村	以前に蟄居	……元亀元年信康君に附属せられ、岡崎にうつり住し、天正三年故ありて仕を辞して蟄居し、……	大河内松平正綱の養叔父
一門	松平(長沢)孫十郎康久		→酒井		
一門	松平清十郎		→内藤		
一門	松平又十郎		→内藤		
一門	松平新右衛門				岡崎の町奉行
不明	浅井道之助忠次			岡崎三郎信康君に仕へ、……	
不明	林　又兵衛清勝		→内藤(逐電)	……岡崎三郎信康君につかふ。	
不明	原田次郎大夫		→内藤		
不明	原田弥之助正成?		→内藤	(記述なし)	
不明	水野新右衛門直常		→家康		
不明	伊与田由右衛門		→内藤		
不明	糟屋作十郎		→内藤		
不明	糟屋作助		→内藤		
不明	糟屋十三郎		→内藤		
不明	河澄又五郎	額田郡丸山村	→内藤		
不明	榊原左次兵衛重次		→内藤		
不明	新美助六郎		→内藤		
不明	伴　勘左衛門		→内藤		
不明	藤江小兵衛		→内藤		
不明	松井茂兵衛一次		→内藤		
不明	山口与右衛門		→内藤		
不明	弥田好右衛門		→内藤		
不明	弥田甚右衛門信綱		→内藤		
不明	浅羽八十郎		→内藤(逐電)		
不明	朝岡作兵衛		→平岩		
不明	磯貝武右衛門		→平岩		
不明	片山金左衛門		→平岩		
不明	川合惣十郎		→平岩		
不明	酒井金兵衛忠安		→平岩		
不明	取田太郎右衛門		→平岩		
不明	平野長重		→平岩		
不明	山口六郎右衛門盛真		→平岩		
不明	山崎喜兵衛安長		→平岩		
不明	横内半兵衛唯長		→平岩		
不明	大須賀与助政次		処士		
不明	横内貞長		処士		
不明	杉山三浦半助義忠	堤村?	処士		
不明	江戸右衛門七		切腹		岡崎の町奉行
不明	磯貝小左衛門				
不明	大沢甚平正久				
不明	勝　水右衛門				
不明	河澄五郎左衛門				
不明	富永孫大夫資広				
不明	遠山山城		出家	岡崎三郎信康君に仕へ、事あるの後出家して如真と号す。	

しかも、謀反は、天正七年の「築山事件」だけではなく、天正三年四月に未遂事件が起きていた。いわゆる「大岡弥四郎事件」である。

信康家臣の岡崎町奉行・大岡弥四郎（一般には大賀弥四郎）は、家康が岡崎城に入城する際に扉を開かせる役目だった。弥四郎は、岡崎町奉行・松平新右衛門や山田八蔵重英らと共謀して武田勝頼と通じ、武田軍を岡崎城に誘い入れて信康を討ち取り、岡崎城にいる人質を使って三河・遠江国衆を服属させようとした。

ところが、共謀者の山田八蔵が信康に密告したため、謀反は露見し、弥四郎は捕らえられて鋸引《のこぎりび》きに処され、新右衛門も切腹させられる。

さらに、信康家臣団の筆頭家老ともいうべき石川豊前守信成・修理父子が切腹を命じられ、重臣の長沢松平親宅《ちかいえ》が致仕に追い込まれたらしい。このことは、謀反が大岡弥四郎の周辺のみならず、信康家臣団の中枢も関与していた可能性を示唆する。

築山事件の概要

築山事件の発端は、信康・徳姫夫妻の仲が険悪になり、天正七年七月に徳姫が信康の不行跡を織田信長に書状で訴えたことだといわれている。

信長は書状を受け取り、酒井忠次と大久保忠世を呼んで事の真相を確認したところ、両人が否定しなかった。

家康も立腹し、八月一日に信長あてに信康を自害させる旨の書状を送り、信長も了承したので、八月五日に信康は岡崎城主を解任。身柄を三河大浜城（愛知県碧南市）に移した後、さらに遠江堀江城（浜松市西区）、二俣城（浜松市天竜区）に移した。

そして、八月二九日に母親の築山殿が殺害され、翌九月一五日に信康は切腹させられた。築山殿が殺された理由は、武田家に通じているという風聞が立ったことが原因ともいわれている。

信康が岡崎城を追われると、後任の岡崎城代に石川伯耆守数正が選ばれ（正確な時期は不明）、信康家臣団は解体された。

新行氏の分析によれば、「信康旧臣は家康の許へ復帰九人、子仙千代と忠吉に各二人、内藤家長に二七人、平岩親吉に一九人、石川数正に二人が分属し、処士《しょし》となった者五人、戦死・致仕・逐電《ちくでん》が四人、分属先不明三人となっている」（家康の子・仙千代と忠吉はまだ生まれておらず、家臣団解体後ただちに両人に附けられたわけではない）。

内藤家長には当初信康旧臣の三〇人が与力として附けられる予定だったが、それを嫌って五人が逐電している。その五人とは、石川八左衛門重次、石川与次右衛門永正《ながまさ》、米津《よねきつ》三十郎（永正の義兄）、林又兵衛《またべえ》清勝《きよかつ》、浅羽《あさば》八十郎《はちじゆうろう》である。石川・米津は安城譜代（林、浅羽は不明）、内藤は岡崎譜代と考えられるので、安城譜代と岡崎譜代の相克なのだろうか。

平岩親吉は信康の死後、自ら願い出て蟄居していたが、その後復帰したと伝えられ、親吉への与力がいつ附けられたのか不明である。

なお、『寛政譜』によれば、蟄居した者が七人（平岩親吉、天野貞久、長沢松平康忠、本多重富《しげとみ》［重次の兄］、伊奈忠家《いなただいえ》、伊奈忠次《ただつぐ》、永井直勝）、処士（今でいう解雇）となった者が六人（植村家次、榊原清政［康政の兄］、横内貞長、加藤景治《かげはる》、杉山義忠、大須賀政次）だった。いずれも比較的上級家臣と思われる。

築山事件によって、信康家臣団のうち、上級家臣は蟄居・解雇を余儀なくされ、中下級家臣は他者の与力として再編されたのだろう。

4　五ヶ国領有時代

武田家の滅亡

天正九（一五八一）年三月、家康は高天神城（静岡県掛川市）を攻め落とし、ついに遠江の平定に成功した。翌天正一〇年二月、織田信長は甲斐武田家の討伐を企図し、出兵。家康も駿河に侵攻し、田中城（静岡県藤枝市）を攻め落とした。

翌三月、武田勝頼は天目山麓の田野《たの》（山梨県甲州市）で自害し、甲斐の名門・武田家は滅んだ。

武田領国の甲斐・信濃・上野・駿河（静岡県東部）等は織田武将に分割支配され、家康は駿河を与えられた。家康は駿河を治めるにあたって、各拠点に家臣を置いた。

駿府城（静岡市葵区）に内藤信成、田中城に高力清長、江尻城（静岡市清水区）に武田親族衆の穴山梅雪《あなやまばいせつ》（のち本多重次）、興国寺城《こうこくじ》（静岡県沼津市）に牧野康成（のち竹谷松平清宗）、三枚橋城《さんまいばし》（静岡県沼津市）に松井松平康親、長窪城《ながくぼ》（静岡県駿東郡長泉町）に稲垣長茂《ながしげ》、深沢城（静岡県御殿場市）に三宅康貞が城主（もしくは城代）となった。ここでも三河出身者が城主に登用され、遠江・駿河出身者は一人もいなかった。

本能寺の変と伊賀越え

天正一〇年六月二日、織田信長は家臣・惟任《これとう》日向守光秀（以下、明智光秀）の謀反にあい、京都本能寺にて自害した。いわゆる本能寺の変である。

家康は安土城《あづち》（滋賀県近江八幡市）で饗応《きようおう》され、堺に遊覧中だった。危機を感じた家康は少数の側近とともに伊賀を通って、六月四日に伊勢から三河に無事舞い戻った（神君《しんくん》伊賀越え）。

その従者は酒井忠次、石川数正、本多忠勝、榊原康政、大久保忠佐《ただすけ》、大久保忠隣、天野康景、井伊直政、長沢松平康忠、高力清長、石川康通、阿部正勝、本多信俊《のぶとし》、菅沼定政、渡辺守綱、牧野康成、服部半蔵正成《まさなり》、高木広正らというオールスターキャストだった。

甲斐侵攻

家康は明智光秀を討つべく、六月一四日に西上するが、尾張鳴海《なるみ》（または津島）で羽柴《はしば》筑前守《ちくぜんのかみ》秀吉《ひでよし》（のちの豊臣秀吉）から光秀を討ったとの報せが入り、浜松に帰城。東に反転して、甲斐侵攻に着手する。

家康は光秀討伐の準備を行う傍《かたわ》ら、甲斐・信濃制圧の準備を着々と進めていた。

家康は本能寺の変の報せに接すると、遠江国二俣（浜松市天竜区）に蟄居していた依田右衛門佐《うえもんのすけ》信蕃《のぶしげ》に書を送り、本多正信とともに甲斐に入って武田旧臣をかき集めるように指示。三〇〇〇人が集まったという。

また、六月七日には本多庄左衛門信俊、名倉喜八郎信光《のぶみつ》を甲斐に派遣した。

武田滅亡後、甲斐国は信長家臣・河尻肥前守秀隆《かわじりひぜんのかみひでたか》に与えられていたが、河尻は徳川家の真意を測りかねて、本多信俊を酒に酔わせて殺してしまう。これを聞いた甲斐の国人領主は一斉に反発して暴動を起こし、河尻を殺害。河尻の家来二〇〇〇人は離散した。

家康は横須賀城主・大須賀康高に命じて、成瀬吉右衛門正一《まさかず》、日下部兵右衛門定好《くさかべひょうえもんさだよし》、および穴山衆（武田家親族衆・穴山梅雪の旧臣）を附け、甲斐国の制圧に乗り出した。

信濃侵攻と後北条氏との対決

家康は甲斐侵攻の傍ら、信濃侵攻にも着手した。六月二三日、家康は大久保忠世に命じて、石川康通（家成の子）、本多広孝・康重父子を附け、信濃に侵攻させた。さらに六月二七日に酒井忠次を信濃に向かわせ、七月三日には家康自ら出陣した。

これに対し、七月一二日、小田原北条氏の五代・氏直《うじなお》が四万余りの兵を率いて信濃国小《ちい》県郡《さがたぐん》海野《うんの》（長野県東御市《とうみし》）に陣を進めると、信濃の国人領主たちが氏直に従った。北条軍は信濃から南下して甲斐に入った。

かくして八月一〇日、甲斐・信濃の領有をめぐって北条軍二万（一説に四万）と徳川軍一万が甲斐国若神子《わかみこ》（山梨県北杜市《ほくとし》）で対陣した。

徳川軍は数の上では劣勢であったが、八月一二日に北条軍の動きを察知した甲府の鳥居元忠が反撃して黒駒の合戦が起こり、北条軍三〇〇余人を討ち取る勝利を挙げた。この戦いで北条軍の戦意は一気に喪失。さらに九月末には、北条方に帰属していた真田《さなだ》安房守《あわのかみ》昌《まさ》幸《ゆき》（幸村の父）が離反して徳川軍に降り、戦線は膠着《こうちゃく》。一〇月二九日に家康は氏直との和議を結んだ。家康の次女・督姫と北条氏直の婚儀を約して両家は同盟を結び、北条軍が占領していた信濃国佐久《さく》郡と甲斐国都留《つる》郡を徳川家に割譲する代わりに、上野《こうずけ》国の北条家領有を認めた。

そのため、真田家は領有していた沼田城（群馬県沼田市）の放棄を命ぜられ、徳川家に反発。二〇一六年のNHK大河ドラマ『真田丸』でも演じられた真田・徳川両軍の死闘が繰り広げられることとなった。

その一方、家康は甲斐および佐久郡以南の信濃国を領土に加えることに成功し、それまでの三河、遠江、駿河と合わせて五ヶ国を領有する大大名へと成長した。

家康は甲府城代に平岩親吉を据え、郡内地方を鳥居元忠に与え、成瀬正一、日下部定好を甲斐奉行とした。信濃佐久郡を大久保忠世に与え、柴田康忠、菅沼定利を副《そ》えた。

さらに井伊直政に武田旧臣一一七人の与力を附けた。旧武田軍では、飯富《おぶ》兵部少輔虎《とら》昌《まさ》・山県三郎兵衛尉昌景兄弟が率いた「赤備《あかぞな》え」が有名だった。家康はこれにあやかって、直政附属の部隊を全身朱色の甲冑《かっちゅう》とし、「井伊の赤備え」に再編成したのである。

5　「三備」から「旗本七備」へ

家康VS秀吉

家康が甲斐・信濃に侵攻している頃、羽柴秀吉は対抗勢力を破って、信長の後継者としての地位を着実に固めていた。天正一一（一五八三）年四月に織田家重臣の柴田修理亮《しゅりのすけ》勝《かつ》家《いえ》を賤《しず》ヶ岳《たけ》の合戦で破って越前北《きた》ノ庄《しょう》城（福井県福井市）で自刃させ、五月に信長の三男・信孝《のぶたか》を自刃させたのだ。

信長の次男・織田信雄《のぶを》は、甥の三法師《さんぼうし》（故信忠の嫡男、のちの織田秀信）の後見役、事実上の織田家の当主として秀吉と良好な関係を築いていたが、秀吉が織田家に代わって天下人の地位を望むにつれ、両者の仲は険悪になっていった。

しかしながら、信雄の力量では秀吉の相手にはならない。信雄が秀吉の対抗馬として選んだのが家康だった。

天正一二年二月、信雄から協力を要請され、家康は酒井河内守重忠《しげただ》（政家の嫡男）を使者として尾張に送り込み、信雄と密談したという。三月、信雄は親秀吉派の重臣三人を謀殺。家康は浜松を発ち、岡崎を経て尾張に向かい、信雄軍と合流した。

かくして、秀吉軍対信雄・家康連合軍が尾張周辺で干戈《かんか》を交えた。

いわゆる小牧・長久手の合戦である。

五ヶ国領有時代の制約

三月八日、家康は岡崎を発ち、秀吉と対峙《たいじ》するにあたって、五ヶ国に留守をさせる部将の配置を定めた。

秀吉に与している越後の上杉景勝、信濃木曾《きそ》地方の木曾義昌《よしまさ》に睨《にら》みをきかせるため、信濃の諸将を残さざるをえなかった。また、同盟を結んだとはいえ、油断ならない後北条氏の抑えとして、甲斐・駿河にも諸将を置かざるをえなかった。

家康の戦い方は、自らが全軍を指揮して力任せに押していくという古典的なもので、各地に相当な兵力を残して合戦に臨むことは今までにはなかったことだった。

表では、西の旗頭・石川数正が岡崎城主として留守部隊を任されていることになっているが、実際は出陣している。しかし、軍事行動を見る限りにおいては、東の旗頭・酒井忠

小牧・長久手の合戦時の拠点配置

国	城		部将		区分	
三河	岡崎城	愛知県岡崎市	石川数正	？	譜代	石川組下
遠江	浜松城	静岡県浜松市	大久保忠世	53歳	譜代	旗本
	二俣城	静岡県浜松市	大久保忠世	53歳	譜代	旗本
	久能城	静岡県	久能宗能	58歳	遠江国衆	
	懸川城	静岡県掛川市	石川家成	51歳	譜代	石川組下
駿河	田中城	静岡県藤枝市	高力清長	55歳	譜代	
	興国寺城	静岡県沼津市	竹谷松平清宗	47歳	松平一門	酒井組下
	沼津城	静岡県沼津市	松井松平康重	17歳	三河国衆？	
	長窪城	静岡県駿東郡	牧野康成	30歳	三河国衆	酒井組下
甲斐	甲府城	山梨県甲府市	平岩親吉	43歳	譜代	石川組下
	郡内城	山梨県	鳥居元忠	46歳	譜代	旗本
信濃	伊那城	長野県飯田市	菅沼定利	？	三河国衆	酒井組下
	高島城	長野県	諏訪頼忠	49歳	信濃国衆	
	佐久城	長野県佐久市	柴田康忠	47歳	譜代	
	小諸城	長野県	依田松平康国	15歳	信濃国衆	
	深志城	長野県松本市	小笠原貞慶	39歳	信濃国衆	

次のように一軍を率いる場面はなく、旗本「一手役」の本多忠勝らと並ぶ存在でしかない。このことは旗本「一手役」の部将らが育ってきて、「三備」軍制が実質的に解消されてきたことを物語っている。

小牧・長久手の合戦の経緯

当初、羽柴・徳川軍は北伊勢での合戦を想定していたようで、家康は酒井忠次を先陣として伊勢桑名《くわな》に差し向けた。一方、羽柴軍も南伊勢を制圧した。

ところが、美濃の池田家が羽柴軍についたことで、情勢が一変する。

美濃大垣《おおがき》城主・池田勝入斎《しょうにゅうさい》恒興《つねおき》と長男の紀伊守之助《ゆきすけ》（元助《もとすけ》ともいう。岐阜城主）、女婿の森武蔵守《むさしのかみ》長可《ながよし》（兼山《かねやま》城主、岐阜県可児市）が三月一三日に織田方の犬山城を攻め、陥落させてしまったのだ。

家康はただちに酒井忠次を伊勢から尾張に反転させる。

一方、森長可は犬山城から南下して尾張羽黒《はぐろ》（愛知県犬山市）に陣を張った。一七日、酒井忠次が森軍を急襲し、三〇〇余の首を取って勝利を収めた。

家康は榊原康政の進言により、二二日に尾張小牧山《こまきやま》（愛知県小牧市）を占拠して陣を張り、対する秀吉は二九日に楽田《がくでん》（犬山市、小牧山と犬山城の間）に布陣した。徳川軍およそ一万六〇〇〇、羽柴軍およそ六万と伝えられる。兵力に勝る羽柴軍は敵地（信雄の領地・尾張）での戦闘に慎重で、両軍は膠着状態に陥った。

先に動いたのは羽柴軍だった。四月六日、池田恒興・之助、森長可および三好孫七郎秀次《みよしまごしちろうひでつぐ》（秀吉の甥、のちの豊臣秀次）らおよそ二万五〇〇〇の別働隊が、三河に侵攻して家康の背後を突く作戦を実行した。

しかし、家康は甲賀者《こうか》の斥候《せっこう》（スパイ）の報せでその動きを把握していた。

家康は、大須賀康高、榊原康政ら四〇〇〇の兵を先発させ、酒井忠次、石川数正、本多忠勝らを小牧山の守備隊として残し、自らは井伊直政の兵一八〇〇、本多正信、内藤正成ら旗本軍三〇〇〇を率いて進軍。九日の朝、大須賀、榊原率いる徳川先発隊が、羽柴軍別働隊の最後尾で休息中の三好秀次軍を急襲して一気に蹴散らした。

羽柴軍は池田恒興・之助、森長可が軒並み討ち死にし、二五〇〇人の死者を含む、一万人の死傷者を出す大敗を喫した（徳川軍の死者は六〇〇弱）。

同日の昼頃、報せを聞いた秀吉は、二万の大軍を率いて急遽《きゅうきょ》救援に向かったが、時すでに遅く、家康軍は退却した後だった。

その後、羽柴軍が織田方の美濃の諸城を落とすくらいで大きな戦いはなく、九月頃から講和の話が出てくるようになった。結局、同年一一月、信雄が秀吉と講和してしまい、家康が合戦を続行する大義名分は失われてしまう。一二月、家康も秀吉と和議を結び、次男・於義丸《おぎまる》（のちの結城秀康《ゆうきひでやす》）を人質として秀吉のもとに送った。この件でわかるように、和議とはいえ、実質的には秀吉の下に家康が屈した形となった。

家康は秀吉をかなり警戒していたものと見え、翌一三年七月、本拠地を東に移す構想を打ち出し、駿府（静岡市）に入って城の修復に着手。同一四年一二月に本拠を浜松城から駿府城に移した。

石川数正の出奔

駿府移転に先立つ天正一三年一一月一三日、家康の懸念は悪い意味で的中してしまう。重臣・石川伯耆守数正が出奔し、秀吉の臣下になってしまったのだ。

数正ほどの重臣がなぜ秀吉のもとに奔《はし》ったのか。

その理由は定かでないが、数正は岡崎信康の後任として「名誉ある窓際族」岡崎城代に任ぜられたこともあり、家中での評価が低くなって徳川家臣団での出世が覚束《おぼつか》ないと悟ったのではないか。徳川家は領土拡大の途中にあり、数正のように外交手腕に長《た》けた吏僚よりも、命知らずの猛将が高い評価を得ていた感がある。

同じく三備の旗頭だった酒井忠次は、一軍を率いて信濃侵攻や小牧・長久手の合戦で先陣を果たしており、戦巧者《いくさこうしゃ》だった。忠次に比べて数正が先陣を切ったというケースは少ない。部将としての力量が低かったと推察される。

和議を結んだとはいえ、秀吉は実質的に家康を服従させることに成功した。家康が臣従する姿を公《おおやけ》にアピールしたいところだが、重臣を引っこ抜かれて、家康の警戒心は頂点に達し、上洛《じょうらく》して秀吉にアタマを下げるような機運が芽生えなかった。

そこで、今度は秀吉が実質的な人質を送って、家康を懐柔しようとした。

天正一四年五月、秀吉は異父妹・旭姫を夫と離縁させて、正室のいない家康に嫁がせ、一〇月には旭姫の見舞いという名目で、母・大政所（なか）を人質として送り出した。かくして、一〇月、家康は上洛して秀吉に拝謁し、臣従することになった。

「旗本七備」軍制へ

数正の出奔により、家康は本多作左衛門重次を岡崎城代に選び、数正に附けていた与力八〇騎を内藤弥次右衛門《やじうえもん》家長に附けた。

家康は、数正を通じて軍事機密が漏れることを想定し、翌一二月一日に武田家の国法および軍法を調べさせるように甲斐国中にお触れを出した。数正の出奔を機に、かねて畏敬の念で接していた武田軍の軍制を学び、取り入れようというのである。

かくして折井《おりい》市左衛門尉次昌《つぐまさ》、米倉主計助忠継《かずえのすけただつぐ》ら武田旧臣から聴取した武田軍法により、天正一三年一二月六日に家康は新たな軍法を定めた。

北島正元氏によれば、その特徴は旗本備を重視した点にあり、侍大将が八人に増員されたことだという。

そして、その八人のことを「大久保忠世・酒井忠次・大須賀康高・榊原康政・本多忠勝・井伊直政・平岩親吉・石川家成の八人で、忠世は分国の大小人質を集め守る、忠次・康高・康政・忠勝・親吉は各五千の兵を十手に備え、前四人は先手、親吉は後備を勤める、直政は旗本両備を指揮するということにきめられた」と記している（『江戸幕府の権力構造』）。石川家成の役割が記述されていないが、家成は天正八年すでに隠居していたので、実際は「旗本七備」だったようだ。

さて、「三備」の具体的事例が姉川の合戦だったように、「旗本七備」にも具体例がある。後述する天正一八年の小田原攻めだ。

ただし、「旗本七備」軍制改革から小田原攻めまでの五年の間、死亡や隠居などで部将に異動があったので以下に記述しておこう。

旗本七備

部　将	年齢	区分	相備の部将	区分／備考
酒井家次	26歳	譜代(家老級)	長沢松平康直	松平一門
			戸田松平康長	三河国衆
			その他	
本多忠勝	42歳	譜代	菅沼定盈	三河国衆
			松下一族	遠江国衆
			向坂一族	遠江国衆
			高橋党	三河国衆
			鈴木党	三河国衆
榊原康政	42歳	譜代	大須賀松平忠政	譜代(康政の実子)
			岡部長盛	今川旧臣
			小笠原秀政	信濃国衆
平岩親吉(甲斐府中城代)	48歳	譜代	曾根正清	武田旧臣
			遠山丹波守	?
			武川衆	武田旧臣
			津金衆	武田旧臣
			晴近衆	武田旧臣
鳥居元忠(甲斐郡内城主)	51歳	譜代	木曾義利	信濃国衆
			小笠原信之	信濃国衆
			伊奈衆	信濃国衆
			知久衆	信濃国衆
			坂西衆	信濃国衆
大久保忠世(信濃佐久城主)	58歳	譜代	諏訪頼水	信濃国衆
			甲斐衆	武田旧臣
			信濃衆	信濃国衆
井伊直政	29歳	遠江国衆	松井松平康重	三河国衆(直政の義弟)

まず、酒井忠次が六二歳で天正一六年に隠居し、嫡男・酒井宮内大輔《くないたゆう》家次《いえつぐ》が跡を継いだ。次いで、大須賀康高が六三歳で天正一七年に死去している。康高の養子・大須賀松平忠政は、実父・榊原康政の相備《あいぞなえ》（＝与力）とされ、代わりに鳥居元忠が侍大将に選ばれている。

これらは、永禄八〜一〇（一五六五〜一五六七）年頃に「三備」軍制が発足してからおよそ二〇年、徳川家臣団に世代交代と環境の変化が押し寄せていたことを物語っている。

また、各部将の相備（＝与力）が征服地の国人領主で構成されていることがわかる。

たとえば、本多忠勝には松下・向《さき》

坂《さか》などの遠江国衆、高橋・鈴木などの北三河の国衆が附けられ、鳥居元忠には木曾・小笠原などの信濃国衆、平岩親吉には甲斐武田旧臣などが附けられていた。

　このこともあって、五ヶ国領有にもかかわらず、徳川家臣団では三河以外の出身者が高禄で抱えられることは稀《まれ》だった。

6　関東入国

小田原攻め

　徳川家康は秀吉の家臣となり、秀吉が進める「関東惣無事《そうぶじ》」政策の担い手として、関東・東北の諸将との「申次《もうしつぎ》」「御取次《おとりつぎ》」を命じられたといわれている。

　ここで、いまだ秀吉に臣従の姿勢を見せない北条家の対応が問題となった。

　天正一六（一五八八）年五月、家康は同盟関係にあり、かつ姻戚でもある北条氏政、氏直父子に秀吉への臣従を促すが、氏政とその次弟・氏照《うじてる》が対秀吉強硬派で、四弟・氏規《うじのり》と氏直が臣従容認派に分かれ、北条家内部の路線対立は容易に収拾がつかなかった。さすがは「小田原評定」の本家である。

　しかし、徐々に容認派に傾き、同年八月に氏規が上洛。秀吉は北条家が臣従したものとみなし、北条家と周辺勢力との領国境目を裁定した。

　ここでも問題となったのが、真田家が押さえる上野国沼田（群馬県沼田市）領である。

秀吉の裁定は、沼田の三分の二を北条家に割譲し、残り三分の一を真田領とする。真田家が北条家に割譲した替え地を徳川家が補塡《ほてん》するというものであった。

ところが、翌一七年一〇月になって北条家の沼田城代・猪俣邦憲《いのまたくにのり》が、真田領の名胡桃城《なぐるみ》（群馬県月夜野町）を攻略してしまう。

真田安房守昌幸が秀吉に通告したところ、秀吉は激怒。一一月に五ヶ条からなる最後通牒《つうちょう》を北条家に送りつけた。北条家がこれを無視したため、秀吉は小田原攻めを決断。

天正一八年二月、家康は小田原攻めの先鋒を任され、三万の兵を率いて出馬。三月には秀吉も大軍を率いて小田原城を囲んだ。その数は二〇万を超えたという。

七月五日、北条氏直は降伏。

秀吉は氏直を高野山に追放し、氏政と氏照に切腹を命じた。

井伊、本多、榊原、大名となる

七月一三日、秀吉は小田原城に入城して論功行賞を実施、家康には北条家旧領の伊豆（静岡県伊豆半島）、相模（神奈川県）、武蔵（東京都、埼玉県）、上総《かずさ》、下総《しもうさ》（ともに千葉県）、および上野（群馬県）と下野（栃木県）の一部が与えられた。

徳川家は先祖伝来の土地を奪われた代わりに、広大な新天地を得たのである。

天正一八年八月一日、家康は江戸に入った。関東移封は四月九日に内示を受けていたといわれるが、それでも九月末にはほぼ移封を終わらせたというから、さしもの秀吉も驚いたと伝えられる。

新領地の知行割は、上野箕輪《みのわ》城（群馬県高崎市）一二万石の井伊直政を筆頭に、上総大《おお》多喜《たき》城（千葉県大多喜町）一〇万石の本多忠勝、上野館林《たてばやし》城（群馬県館林市）一〇万石の榊原康政が続いた。これら一〇万石以上の家臣については、誰をどこに何万石で配置するか、秀吉から指示があったという。

井伊、本多、榊原は俗に徳川家臣団の「三傑」と呼ばれている。この「三傑」に続く者が、相模小田原城（神奈川県小田原市）四万五〇〇〇石の大久保忠世（ちなみに忠世の嫡男・忠隣は武蔵羽生《はにゅう》二万石、弟・忠佐は上総茂原《もばら》に五〇〇〇石を与えられており、その他の兄弟、従兄弟らも含め、一族としては七万石強を拝領していたと思われる）。以下、鳥居元忠の四万石、平岩親吉の三万三〇〇〇石と続く。

二万石以上の二〇人のうち、一三人が五ヶ国領有時代の城主クラスで、城主クラスがそのままスライドしたことがわかる。

「三傑」の井伊、本多、榊原は意外なことに、それまで城主として取り立てられたことがなかった。

家康は自ら全軍を指揮して合戦に臨むケースが多く、「三傑」を城主として特定の地域に縛っておくよりも、機動的に動かせる駒として活かしたかったのかもしれない。

関東入国での配置

氏　名	年齢	領　地	石高	区　分	備　考
井伊直政	30歳	上野国箕輪	12.0	遠江国衆	
本多忠勝	43歳	上総国大多喜	10.0	譜代	
榊原康政	43歳	上野国館林	10.0	譜代	
大久保忠世	59歳	相模国小田原	4.5	譜代	旧浜松城主
鳥居元忠	52歳	下総国矢作	4.0	譜代	旧郡内城主
平岩親吉	49歳	上野国厩橋	3.3	譜代	旧甲府城代
酒井家次	27歳	下総国臼井	3.0	譜代(家老級)	旧吉田城主
大須賀松平忠政	?	上総国久留里	3.0	譜代	旧横須賀城主
小笠原秀政	22歳	下総国古河	3.0	信濃国衆	旧深志城主
依田松平康真	17歳	上野国藤岡	3.0	信濃国衆	旧小諸城主
久松松平康元	39歳	下総国関宿	2.0	家康異父弟	
石川康通	36歳	上総国鳴戸	2.0	譜代(家老級)	旧懸川城主
本多康重	37歳	上野国白井	2.0	譜代(家老級)	旧田原城主
松井松平康重	23歳	武蔵国騎西	2.0	三河国衆?	旧沼津城主
高力清長	61歳	武蔵国岩槻	2.0	譜代	旧田中城主
大久保忠隣	31歳	武蔵国羽生	2.0	譜代	忠世の嫡男
内藤家長	45歳	上総国佐貫	2.0	譜代	
奥平信昌	36歳	上総国小幡	2.0	三河国衆	家康の女婿
牧野康成	36歳	上野国大胡	2.0	三河国衆	旧長窪城主
菅沼定利	?	上野国吉井	2.0	三河国衆	旧伊那城主
諏訪頼水	21歳	武蔵国奈良梨	1.2	信濃国衆	旧高島城主
岡部長盛	23歳	上総?	1.2	今川旧臣	
酒井重忠	42歳	武蔵国川越	1.0	譜代(家老級)	旧西尾城主
本多正信	53歳	相模国甘縄	1.0	譜代	
内藤信成	46歳	伊豆国韮山	1.0	譜代	
伊奈忠次	41歳	武蔵国鴻巣	1.0	譜代	
竹谷松平家清	25歳	武蔵国八幡山	1.0	松平一門	旧興国寺城主
長沢松平康直	22歳	武蔵国深谷	1.0	松平一門	家康の甥
桜井松平家広	14歳	武蔵国松山	1.0	松平一門	家康の甥
深溝松平家忠	36歳	武蔵国忍	1.0	松平一門	
大給松平家乗	16歳	上野国那波	1.0	松平一門	
戸田松平康長	29歳	武蔵国東方	1.0	三河国衆	家康の義弟
菅沼定盈	49歳	上野国阿保	1.0	三河国衆	
菅沼定政	40歳	下総国守谷	1.0	三河国衆	
久能宗能	64歳	下総	1.0	遠江国衆	旧久能城主
三浦義次	?	下総国佐倉	1.0	今川旧臣?	
小笠原信之	21歳	武蔵国本庄	1.0	信濃国衆	
保科正光	30歳	下総国多胡	1.0	信濃国衆	
木曾義利	?	下総国足戸	1.0	信濃国衆	
北条氏勝	32歳	下総国岩富	1.0	北条旧臣	

※中村孝也『家康の臣僚』等より作成。
※「石高」の単位は万石。

「井伊・本多・榊原家、甲乙なき中に、本多は其頃《そのころ》御譜代なり。井伊・榊原は其時《そのとき》は小身にて新参《しんざん》なり。然共《しかれども》、其器《そのうつわ》凡《なみ》ならざる故、数年ならずして御取立《おとりたて》、数代旧功の酒井・内藤・鳥居・大久保・平岩等の上」に列したと評価されている（『家康の臣僚　武将篇』「武備神木抄」の転記という）。

その本多忠勝も父祖の代には家老クラスではなかった。

家康は「三備」軍制改革により、小領主クラスの中から有能な人材を抜擢し、強い軍団をつくった。その結果が関東入国での知行割にあらわれたのだ。

第Ⅱ部　徳川家臣団の系譜

第五章　十四松平家は本当に一族なのか

1　十四松平家

十四松平とは

家康以前に分かれた松平一族は、俗に「十八松平」もしくは「十四松平」といわれる。そもそもは「枩《まつ》」（松の異体字）を分解して「十八公（＝十八松平家）」ということばが生まれ、どの家を当てはめるかが考えられた結果、江戸時代に大名（もしくは大身の旗本）になった一四家を「十四松平」とすることで落ち着いたようだ。

なお、「十四松平」には、家康が生まれた安城松平家（のち岡崎松平家。松平宗家、総領家と呼ばれることもある）は含まれない。また、本来、松平家の嫡流に当たる松平郷松平家（親氏の嫡男・信広の子孫）や岩津松平家も含まれない。

江戸時代に考案された「十四松平」は当時の石高《こくだか》を基準に選定したと考えられ、江戸時

松平一族の分布

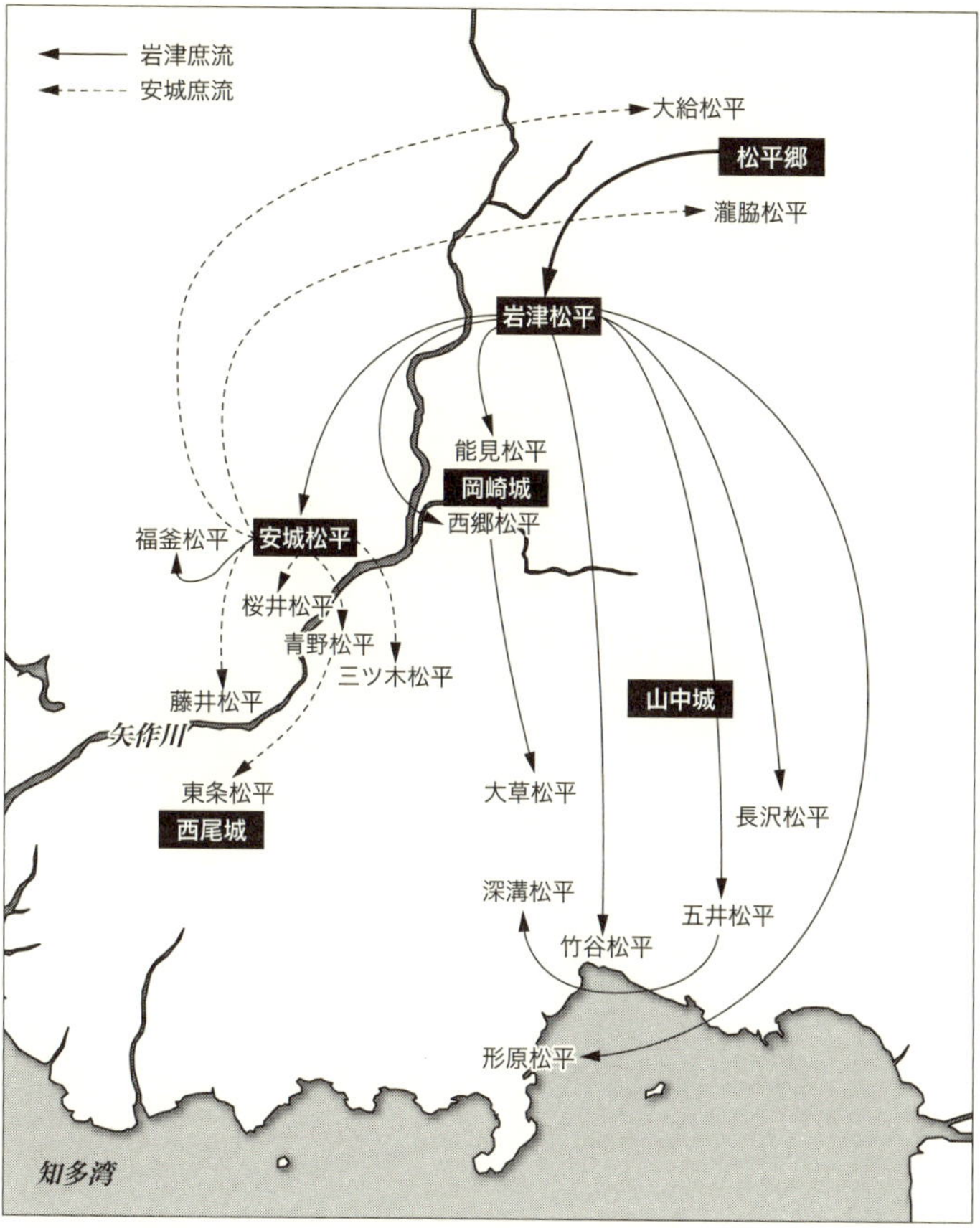

岩津庶流
安城庶流
大給松平
松平郷
瀧脇松平
岩津松平
能見松平
岡崎城
西郷松平
福釜松平
安城松平
桜井松平
青野松平
三ツ木松平
藤井松平
矢作川
山中城
東条松平
西尾城
大草松平
長沢松平
深溝松平
五井松平
竹谷松平
形原松平
知多湾

代以前には別のとらえ方があったようだ。
『松平記』の巻五では「松平之五人衆・七人衆の次第」として、以下の家を掲げている（カッコ内は引用者註）。

松平之五人衆・七人衆の次第

一岩津太郎
一形原又七郎　紀伊守家。
一安城次郎三郎　御家是也《これなり》。
一大給源次郎　和泉守是也。
一岡崎大膳亮　此家《このいえ》子孫絶申候《たえもうしそうろう》。
一竹谷与次郎　玄蕃《げんば》家。
一五井弥九郎　外記《げき》家
一長沢源七郎
右之《みぎの》外《ほか》松平数多《あまた》御座《ござ》候得共《そうらえども》、皆々他家同名《どうみよう》（＝他家に松平姓を与えたもの）也。

五六人衆と申、松平国衆とは、
一桜井与一（信定）是は松平道悦（道閲＝長忠）ノ子、安城の庶子の頭付《かしらにつき》て後、七人衆の内に入ル。座上をすれども、岩津の流にては無之《これなく》候也。

是は七人の外

一岡崎弾正左衛門（信貞）　大膳之庶子也。大膳の家絶《たえ》て後、岡崎の家を継《つぐ》也。此人
安城の家へ岡崎を渡し申候。

是は七人の外

一東条甚太郎（義春？）　是は安城の庶子也。桜井与一伯父也。後に桜井と座敷論有
之。両方不出。道悦の弟也。

是は七人の外

一三ツ木蔵人（信孝）　是は近代清康の弟、座敷は無之、今の松平九郎右衛門（重忠）
の父也。

一深主《ふこうず》（＝深溝）又八　五井弥九郎弟、勘解由左衛門《かげゆざえもん》とも、又大炊助とも。其後《そのご》主殿
助共云《ともいう》、座敷無之候也。

右之分松平国衆と云也。

ちなみに「十四松平家」のうち、『松平記』で国衆クラスとして掲げられた一二家に含まれていない家は、能見、瀧脇《たきわき》、福釜、藤井の四家である。

この四家は本来、他家の庶流にすぎないのだが、江戸時代に大名・旗本に列したため、

類	天正18年		慶長8年	備　考
	当　主	石高(石)	石高(石)	
	太郎左衛門尚栄	210	210	
庶流	(家康)			家康の家系
庶流	九郎右衛門重忠	?	500	
庶流	筑後守康親	?	1,100	
庶流	内膳正家広	10,000	50,000	
庶流	伊豆守信一	5,000	35,000	
庶流	薩摩守忠吉	40,000	572,000	養子・忠吉は家康四男
庶流	和泉守家乗	10,000	20,000	一説に岩津庶流
庶流	出雲守乗高	?	600	一説に大給松平の庶流
庶流	助十郎正勝	?	1,200	元禄2年10,000石に加増
庶流	加賀右衛門康次	?	460	万治3年2,000石に加増
本流	ー			宝永元年御家人に列す
庶流	玄蕃頭家清	10,000	30,000	慶長17年に無嗣廃絶
庶流	紀伊守家信	5,000	5,000	慶安2年50,000石に加増
庶流	石見守康安	?	3,000	寛永10年に無嗣廃絶
庶流	外記伊昌	2,000	2,000	
庶流	主殿助家忠	10,000	10,000	寛文5年65,900石に加増
庶流	庄右衛門昌利	?	?	叔父・大隅守重勝が大名へ
庶流	源七郎康直	10,000	10,000	養子・松平忠輝が改易
庶流	ー			酒井雅楽助家の家臣となる
庶流	ー			
庶流	ー			
庶流	ー			
				一説に大給松平の異称

松平庶家

	家　名	現住所	十四松平家	松平記の七人衆	家　祖	血　統
	松平郷	豊田市松平町			太郎左衛門信広	信光の兄
安城庶流	安城	安城市安城町		○	右京亮親忠	信光の子
	三ツ木	岡崎市下三ツ木町	○	△	蔵人信孝	信忠の子
	福釜	安城市福釜町	○		右京亮親盛	長親の子
	桜井	安城市桜井町	○	△	内膳正信定	長親の子
	藤井	安城市藤井町	○		彦四郎利長	長親の子
	青野（東条）	岡崎市上青野町	○	△	右京亮義春	長親の子
	大給	豊田市大内町	○	○	加賀守乗元	親忠の子
	瀧脇	豊田市瀧脇町	○		源四郎乗清	親忠の子
	麻生	額田町桜形			源四郎親正	親忠の子
	宮石	岡崎市宮石町			加賀右衛門乗次	乗元の子
岩津庶流	岩津	岡崎市岩津町		○	兵庫頭親長	信光の子
	竹谷	蒲郡市竹谷町	○	○	左京亮守家	信光の子
	形原	蒲郡市形原町	○	○	佐渡守与副	信光の子
	岡崎（大草）	幸田町大草	○	○	紀伊守光重	信光の子
	五井	蒲郡市五井町	○	○	弥三郎忠景	信光の子
	深溝	幸田町深溝	○	△	大炊助忠定	忠景の子
	能見	岡崎市元能見町	○		次郎右衛門光親	信光の子
	長沢	音羽町長沢	○	○	備中守親則	信光の子
	鵞鴨	豊田市鵞鴨町			宮内少輔親光	信光の子
	丸根	岡崎市東蔵前町			美作守家勝	信光の子
	牧内	岡崎市大和町			修理進親正	信光の子
	佐々木	岡崎市佐々木町				泰親子孫?
	細川	岡崎市細川町				

※「松平記の七人衆」欄の○は『松平記』で「七人衆」と呼ばれた八つの家系、△は「松平国衆」と呼ばれた家系

「十四松平家」に数えられた可能性が高い。

また逆に、国衆クラスの規模を持ちながら、戦国時代に没落・断絶して「十四松平」の選に漏れた家も少なくなかった。しかも、第一章で述べたように、松平家の系図はかなり信憑性《しんぴょうせい》が低い。つまり、無理矢理、家康の家系に繋《つな》げるために、架空の人物を記したり、本来親子でない者を親子に書き換えた系図が少なくないのだ。


「松平一門連判状」


では、松平家の系図がまったく信じられない代物かといえば、あながちそうでもない。歴史学で最も信用のおける史料は、当時の手紙や証文など（古文書《こもんじょ》という）である。松平家に関する古文書も幾編か伝わっており、そこに現れた松平一族は架空の人物ではなく、間違いなく生存し、家康の家系と血縁関係があったことが確認できる。

一六世紀前半における松平家関係資料で最も有名なものが、第一章でも紹介した「松平一門連判状」である。

文亀元（一五〇一）年八月一六日、安城松平家の初代・親忠の死後、初七日に記されたもので、松平一族一六名が署名しており、それらの人物が実在していたことを証明する貴重な史料なのである。

そこに掲げられた人物を一覧してみよう。

「松平一門連判状」に署名した松平一族

氏名	家系	『寛政譜』での名前	続柄
岩津源三算則	岩津松平？		
岩津大膳入道常蓮	岩津松平？		
岩津八郎五郎親勝	岩津松平？		
岩津弥四郎信守	岩津松平？		
岩津弥九郎長勝	五井松平	弥九郎元心	信光の孫
岩津源五光則	五井松平		信光の孫
岡崎左馬允親貞	岡崎松平	左馬允親貞	信光の孫
岡崎六郎公親	岡崎松平？		
形原左近将監貞光	形原松平	兵衛大夫貞副	信光の孫
竹谷弥七郎秀信（親信？）	竹谷松平	左京亮守親？	信光の孫
長沢七郎親清	長沢松平	源七郎親清？	信光の曾孫？
丸根美作守家勝	丸根松平	美作守家勝	信光の子
細川次郎親世	細川松平		信光の子？
牧内右京進忠高	牧内氏		
上平左衛門大夫親堅	？		
田原孫次郎家光	戸田氏		信光の孫？

岩津松平家が六名、岡崎松平家が二名で、形原松平家、竹谷松平家、長沢松平家、丸根《まるね》松平家がそれぞれ一名。細川、牧内《まきうち》、上平も松平一族だと思われる。

これを『寛政譜』に掲載された松平家の人々と照合すると、丸根美作守家勝が信光の子、岡崎左馬允親貞が信光の孫の名前と完全に一致する。それ以外にも、形原左近《さこん》将監貞光が形原松平兵衛大夫《ひょうえのだいふ》貞副《さだすけ》（信光の孫）、竹谷弥七郎秀信が竹谷松平左京亮守親（信光の孫）、長沢七郎親清が長沢松平源七郎親清（もしくはその子・源七郎勝宗）、岩津弥九郎長勝は『寛政譜』の五井松平家の弥九郎元心（初名・長勝）に比定される。

それ以外は詳細不明である。

岩津源三算則《たけのり》、岩津大膳入道常蓮《じょうれん》、岩津八郎五郎親勝、岩津弥四郎信守は岩津松平家の

一族、岡崎六郎公親《ろくろうきんちか》は岡崎松平家の一族と思われ、田原孫次郎家光《いえみつ》は三河田原在住の戸田宗光（信光の女婿）の弟といわれている。牧内右京進忠高、上平左衛門大夫親堅については詳細不明であるが、松平一族、もしくは近親の可能性が高い。

平野明夫氏は、岩津源五光則を長勝の兄と推測し、細川次郎親世《ちかよ》を大給松平乗正のことだとしている（『三河　松平一族』）。

なお、丸根松平家、細川松平家に見るように、「松平一門連判状」には「十四松平」に分類されない松平一族が掲載されている。これらの家系は江戸幕府が成立するまでのおよそ一世紀の間に没落したり、家系が断絶したものと思われる。

そして、「松平一門連判状」には、四代・親忠の子孫である「安城庶流」は記載されていない。みな親忠の兄弟の子孫（岩津庶流）である。

村岡幹生氏は「連判状には、十四松平のうち信光を祖とすると伝えられている家にもかかわらず、五井、深溝、能見の名がみえない」ことに注目し、その理由を以下のように解説している（『新編　安城市史　Ⅰ　通史編　原始・古代・中世』）。

「深溝家については西忠（親忠の法名）死亡当時にはいまだ深溝は独立した一家とはなっておらず、岩津の一族に包摂されていた（中略）五井家の先祖元心もまた、（深溝松平家の）岩津源五光則と同じように西忠死亡当時はまだ岩津を称していたのであろう」（カッコ内は引用者註）。

また、能見家については「『松平記』巻五に、『岩津・形原・安城・大給・岡崎・竹谷・五井・長沢のほかは、（信光の子を祖と伝える）松平家はあまたあるが皆『他家同名である』と記されていることなどから、能見家についてはもともと他家であったものが、姻戚関係などによって松平一族に組み込まれたとみるのが通説である」と指摘している。

「松平一門・家臣奉加帳写」

「松平一門連判状」よりやや時代が下った時期の史料として「松平一門・家臣奉加帳写」がある（以下、「奉加帳」という）。

この古文書は島原藩・深溝松平家に伝来する「御当家録」に所収されたものであり、その作成目的や時期は不明だが、大永六（一五二六）年頃に作られたものという。

平野明夫氏は「この奉加帳に見えるのは、あくまでも安城松平を中核とするグループであって、松平氏全体ではない。換言すれば、安城松平家を惣領《そうりよう》とするグループである」と指摘している（『三河　松平一族』）。

この「奉加帳」には安城松平家の人々がほぼ網羅されている半面、安城庶流以外の松平一族は限られた人物しかいない。

深溝松平家の大炊助忠景とその親族と思われる鍋丸、熊若。五井松平家（もしくは松平

「松平一門・家臣奉加帳写」

氏　名	家　系	奉加額(疋)	『寛政譜』での名前	続柄／備考
道閲	松平(安城)	2,000	松平出雲守長親(長忠)	長忠
松平蔵人佐　信忠	松平(安城)	2,000	松平蔵人佐信忠	長忠の長男
随身斎	松平(桜井)	1,000	松平随身斎親房	長忠の次男
松平左馬助	松平(安城)	200	松平左馬助長家	長忠の四男
松平右京亮	松平(安城)	1,000	松平右京亮張忠	長忠の五男
松平次郎三郎　清孝	松平(安城)	2,000	松平次郎三郎清康	信忠の長男
松平与一　信定	松平(桜井)	1,000	松平与一信定	信忠の次男
松平甚九郎	松平(東条)	300	松平甚太郎義春	信忠の三男
松平三郎次郎	松平(福釜)	300	松平三郎次郎親盛	信忠の四男
松平彦四郎	松平(藤井)	100	松平彦四郎利長	信忠の五男
安城御城　上	松平(安城)	200	信忠　室	
医王　上	松平(安城)	100	清康　室	
桜井　上	松平(安城)	200	桜井松平親房　室	
東殿　上	松平(安城)	100		
北殿　上	松平(安城)	100		
堀口殿上	松平(安城)	100		
なかくち　おかた	松平(安城)	50		
松平孫八郎　親信	松平(安城)	100		親忠の子？
松平右衛門尉　信守	松平(岩津？)	50		
松平太郎左衛門　長勝	松平(五井)	200	松平太郎左衛門長勝	五井松平家
松平弥九郎　信長	松平(五井)	300	松平弥九郎信長	五井松平家
松平大炊助　忠景	松平(深溝)	500	松平大炊助忠景	深溝松平家
松平大炊助　鍋丸	松平(深溝)	300		深溝松平家
松平大炊助　熊若	松平(深溝)	200		深溝松平家
深溝内	松平(深溝)	100	松平忠景　室	深溝松平家
細河松平　甚平	松平(細川)	100		細川松平家？
松田孫次郎　光勝	松田	1,000		松平の誤りか？
牧内　与一郎	松平(牧内)	50		牧内松平家？
酒井左衛門尉	酒井	100	酒井左衛門尉忠親？	井田に在住
酒井弥六	酒井	100		井田に在住
酒井宗三	酒井	50		井田に在住
酒井与一郎	酒井	50		井田に在住
常徳後室　井田清忠	酒井	50		井田に在住
酒井弥六母儀	酒井	20		井田に在住
酒井弥六内	酒井	10		井田に在住
酒井与一郎内	酒井	20		井田に在住
酒井宗三内	酒井	20		井田に在住
大はま　酒井与四郎母儀	酒井	10	酒井清秀　母？	井田に在住
井田しらう	酒井	10		
花井雅楽助	花井	100		酒井の誤りか？
本多良千代	本多	0		
内藤右京進	内藤	30	内藤右京進義清	
内藤右京進母儀	内藤	20		
大はま　榊原孫十郎	榊原	10	榊原孫十郎清長	
大はま　榊原孫十郎母儀	榊原	10		
清水与次郎	清水	30		

氏　名	家　系	奉加額(疋)	『寛政譜』での名前	続柄／備考
都築　大炊助	都築	20	都築大炊助忠正	
豊田五郎左衛門	豊田	20		?
中島二郎九郎	中島	20		佐々木に在住?
同あ八	中島	20		佐々木に在住?
原田藤三郎　種玄	原田	20		
堀　平右衛門尉	堀	200		安城に在住
堀　平右衛門尉内	堀	30		
牛田小次郎	牛田	100		大浜に在住?
大はま　牛田小次郎母儀	牛田	10		
大はま　長田小太郎	長田	10		
永喜		30		
渡　明善	鳥居?	50		
安忠内	植村	30	植村安忠　室	
浄珠院		50		
宗可		50		
■カタキ小三郎　女中		50		
判　奥殿		100		
慶願		10		
いちやこ		10		
あやをち		10		
かめ		10		

郷松平家）の太郎左衛門長勝・弥九郎信長父子。細川松平家の甚平、岩津松平家の流れを汲むと思われる右衛門尉信守、孫八郎親信、および孫次郎光勝（「松田」と書かれているが、「松平」の誤記の可能性がある）である。

この「奉加帳」の作成経緯は不明だが、家臣の名前を見ると、安城松平家臣の筆頭と思われる石川家やこの時期家臣化していた大久保家が参加しておらず、上野城に在城していたと思われる酒井、内藤、榊原家に偏っているので、三河北方もしくは尾張との国境における合戦の戦没者供養ではないかと思われる。

岩津庶流である深溝、五井松平家が「奉加帳」に名を載せ、それ以外の松平一族の名が見えないのは、この時期すでに深溝、五井松平家が安城（岡崎）松平家の家臣化していたからだと推察される。換言するなら、それ以外の松平一族はまだ安城松平家に靡《なび》いていなかったのであろう。

2　岩津庶流

西郷松平家

本書では混乱を避けるため、清康～家康の家系を岡崎松平家、光重～信貞の家系を西郷松平家と呼んでいるが、後者は一般に岡崎松平家（のち大草《おおくさ》松平家）と呼ばれている。

西郷松平家は、信光が岡崎城主・西郷弾正左衛門頼嗣（?～一四七七）を降し、五男・紀伊守光重を頼嗣の女婿としたことにはじまり、三代・弾正左衛門信貞が清康に降って大草村（愛知県額田郡幸田町大草）に隠居したため、大草松平家とも呼ばれている。

『寛政譜』では「光重―昌安―七郎―三光《みつみつ》―正親―康安《やすやす》」と系譜を繋げているが、信用できない。実際は「光重―親貞＝信貞（法名・昌安）―七郎」と推定され、「三光―正親―康安」はまったく別の家系か、もしくは西郷松平家の庶流であると考えられる（本書では、三光の子孫を大草松平家と呼ぶ）。歴代当主は以下と推定される。

【西郷松平家】
・紀伊守光重（法名・栄金、?～一五〇八）室は西郷頼嗣の女
・左馬允親貞（法名、生没年不明）
・弾正左衛門信貞（法名・昌安、?～一五二五）

・七郎　某　　　　　　　　（法名、生没年不明）

【大草松平家】

・善四郎三光（法名、生没年不明）
・善四郎正親（法名・真津、一五一三～一五六〇）
・石見守康安（法名・道白、一五五五～一六二三）

西郷松平家の前身に当たる西郷家は、肥後《ひご》（熊本県）菊池一族で、南北朝時代の北九州多々良浜《たたらはま》の合戦の頃に足利方の武将・仁木《にっき》義長（?～一三七六）に従い、観応二（一三五一）年に義長の三河守護就任にともなって三河守護代に就任した。その後、いったん没落したが、大草村を本拠とした庶流が復帰したといわれている。また、大草村を本拠としていることから、室町幕府の奉公衆・大草三郎左衛門公経《きんつね》の子孫とする説もある。

文亀元（一五〇一）年の「松平一門連判状」には岡崎左馬允親貞、岡崎六郎公親が署名しており、親貞は光重の子であるが、公親の系譜は不明である。名前から大草公経との関係が想像されるが、定かでない。

岡崎城は、享徳元（一四五二）年に大草城主・西郷弾正左衛門稠頼《つぐより》（法名・清海、?～一四七四）が築いたと伝えられる。西郷稠頼の子が頼嗣で、先述した通り、信光に攻められ、信光の五男・光重を女婿として岡崎城を譲った。

光重のその後の系譜には二説がある。

一つが「岡崎記に云わく、光重に三男有り、惣領を左馬亮親貞、二男を弾正左衛門信貞、三男を左近将監貞光（形原松平家の養子）と云う」という説。

もう一つが、左馬允親貞に子がなかったため、西郷頼嗣の子・信貞を養子に迎えたという説である（大草松平家の菩《ぼ》提寺《だいじ》・大林寺《だいりんじ》由緒）。

信貞が西郷弾正左衛門を名乗っていることから、後者の説が有力視されている。

大永四（一五二四）年頃、西郷松平家の支城・山中城が清康に攻め落とされると、信貞は清康を女婿に迎えて大草村に隠居し、翌五年に死去したという（一五二四年没という説もある）。その子・七郎は永禄六（一五六三）年の三河一向一揆で家康に叛旗《はんき》を翻して敗れ、遁走《とんそう》した。

一方、善四郎三光の家系（大草松平家）であるが、『愛知県の地名』（額田郡幸田町大草村の項）では「文亀元年（一五〇一）に大草郷領主として松平善四郎が登場し、大永元年（一五二一）大草郷杉大明神神主高橋半左衛門宛大草領主松平善四郎の古札（参河国額田郡神社誌）に『奉勧請大草郷杉大明神神社　其方可為支配相違不可有者也』とある」と記している。

——（大草）正親——（大草）康安

—・—・—・—・—・—

——（大草）康安

西郷松平家系図

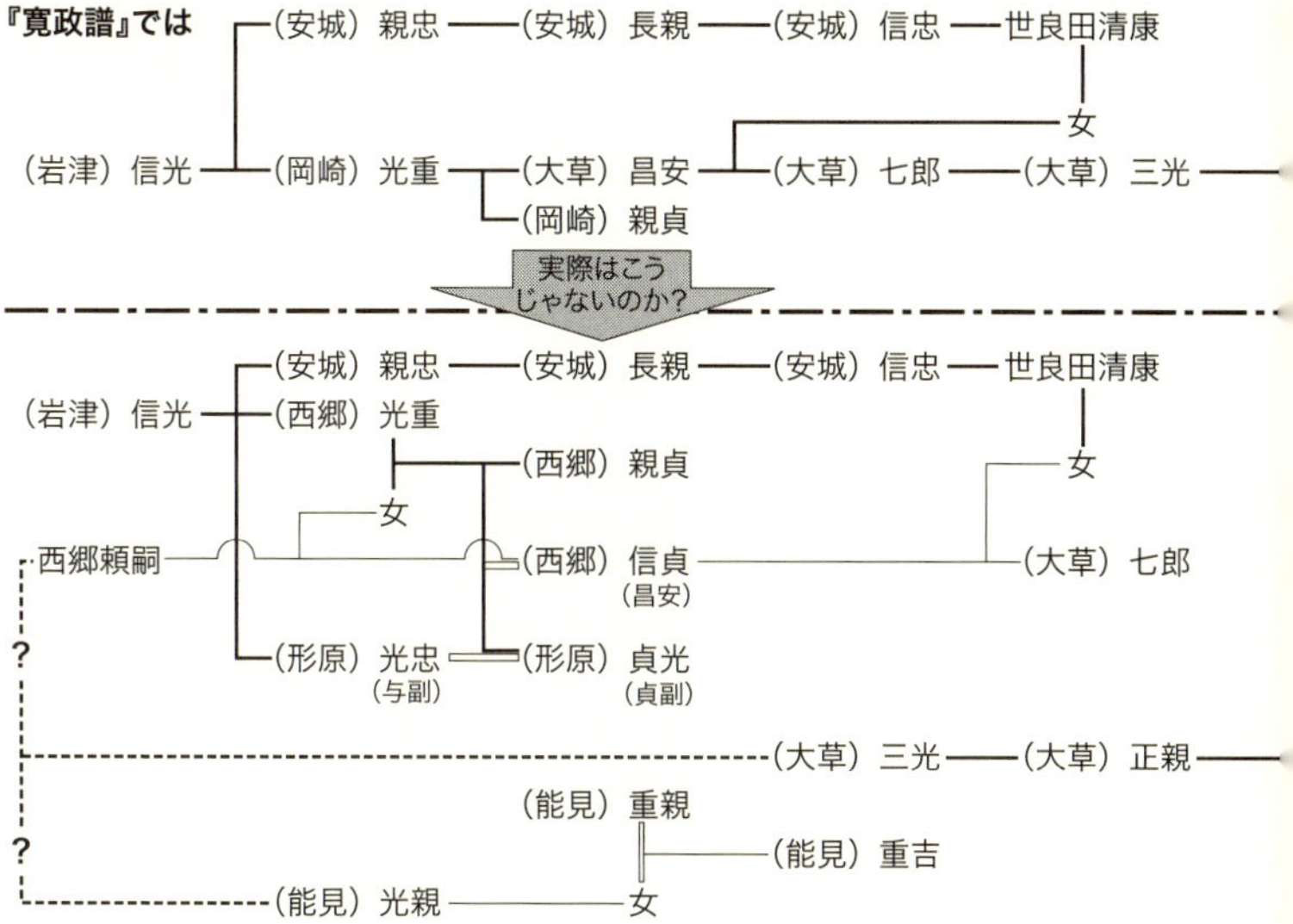

つまり、西郷弾正左衛門信貞が大草村に隠居する前から、松平善四郎（三光もしくは正親）が大草村を領していることになり、世代的に信貞の子孫とは思えない。

なお、『参河志』には「松平善四郎昌次（出生記）御系譜寛永系譜には正親と有。是皆西郷家の子孫なり」との記述がある。西郷家の庶流が、直系にあたる西郷松平家の子孫と僭称《せんしょう》したのであろう。

また、『寛政譜』には大草松平家の菩提寺が記されていないが、『参河志』は松平石見守（康安）の墓が能見村の観音寺境内にあると記している。観音寺は能見松平家の菩提寺であるから、大草松平家はその流れである可能性が高い。

能見松平家

能見松平家は、信光の八男・次郎右衛門光親《みつちか》が三河国額田郡能見（岡崎市元能見町）に分封されたことにはじまるという。『寛政譜』によれば、歴代当主は以下の通り。

・次郎右衛門光親（法名・浄賢、?～一五三六）
・伝七郎重親（法名・浄舜、?～一五五八）
・次郎右衛門重吉（法名・浄久、一四九八～一五八〇）室は岩津松平親長の女
・庄左衛門重利（法名・浄慶、一五三七～一五六〇）
・庄右衛門昌利（法名・貞山、一五六一～一六一三）室は渥美《あつみ》友勝の女

先述した通り、能見松平家は岩津庶流といわれながら、「松平一門連判状」に署名していない。

『寛永系図』の三代・次郎右衛門重吉の項に、以下のような記述がある（現代語に意訳）。

「永正九年、重吉は一五歳で、師匠について書を習っていた。ある時、敵が三河国菅生《すごう》村に襲撃してきた。重吉はこのことを師匠に告げず、単独で菅生に赴いて、鑓《やり》をひっさげて、菅生の堤で他者に先立って首級を得た。岡崎の松平弾正左衛門信貞はこれを見て感動したので、重吉を招いて側近とし、清康、広忠に仕えさせた」。

この文章を読む限り、能見松平家はもともと西郷松平家の家臣で、重吉は西郷松平信貞の側近だったが、西郷松平家が清康に降ったため、清康の家臣となった。つまり松平姓を冠しているものの、能見松平家は単なる「岡崎譜代」の一員でしかなかったと推察できる。能見松平家は、家祖を信光の八男と申告しているが、実際は西郷家の庶流で、西郷松平家の家臣だった。だから、「松平一門連判状」に名を連ねなかったのだろう。

また、『参河志』には二代・重親が「実は子にあらず　光親娘にあはせて所領を譲りしといふなり　本姓をば知らず」と、光親の娘婿で出自が不明との記述がある。

ちなみに、能見松平家のその後であるが、五代・昌利の子孫は一〇〇〇石に満たない旗本に終わってしまう。ただし、次郎右衛門重吉の四男・伝三郎重勝は、慶長一七（一六一二）年に松平忠輝《ただてる》（家康の六男）の家老となり、越後国蒲原《かんばら》郡三条に二万石を賜った。忠輝改易後、下総国関宿《せきやど》藩二万六〇〇〇石の大名に列した。子孫は出羽国上山《かみのやま》藩、摂津国三田《さんだ》藩を経て豊後国杵築《きつき》藩三万二〇〇〇石を領した。

形原松平家

形原松平家は、信光の四男・佐渡守与副（与嗣《ともつぐ》ともいう）が「三河国額田郡中山領の内にして七百貫文の地を領し、そのゝち五十貫文を加へられ、形原に移り住す」（『寛政譜』）ことにはじまるという（形原は愛知県蒲郡市形原町）。

『寛政譜』等によれば、歴代当主は以下の通り。

・佐渡守与副　（法名・光忠、　～一四八七）
・兵衛大夫貞副（法名・喜白、　～一五三一）
・佐渡守親忠　（法名・浄光、　～一五四一）
・薩摩守家広　（法名・道伯、　～一五七一）室は水野忠政の女（於大の方の姉）
・紀伊守家忠　（法名・浄雲、一五四七～一五八二）室は酒井正親の女
・紀伊守家信　（法名・上誉、一五六五～一六三八）室は長沢康忠の女、継室は太田氏

また、文亀元（一五〇一）年の「松平一門連判状」には形原左近将監貞光が署名しており、二代・貞副に比定される。

この貞光は、西郷松平親貞の実弟らしい。さらに形原松平家の菩提寺・光忠寺《こうちゅうじ》は与副の兄の西郷松平光重が開基したという。形原松平家の四代・家広は水野忠政の女を正室に迎えているが、これは忠政の正室が西郷松平信貞の娘であることに関係していると思われる。

これらのことから、形原松平家は西郷松平家の庶流と思われる。

ちなみに、六代・紀伊守家信は天正一八（一五九〇）年の関東入国で上総国五井にて五〇〇〇石を賜り、元和四（一六一八）年に安房国長狭《ながさ》郡に五〇〇〇石を加増され、合わせて一万石を領した。その後、摂津国高槻《たかつき》藩二万石、下総国佐倉藩四万石に転封。子孫は摂津国高槻藩、丹波国篠山《ささやま》藩を経て、丹波国亀山藩五万石を領した。

五井松平家

五井《ごい》松平家は、信光の七男・弥三郎元芳が三河国宝飯郡五井（愛知県蒲郡市五井町）に分封されたことにはじまるという。『寛政譜』によれば、歴代当主は以下の通り。

・弥三郎元芳　（法名・源功、　　〜一四八五）
・太郎左衛門元心（法名・源心、一四八一〜一五六二）初名・長勝
・太郎左衛門信長（法名・源意、一五〇三〜一五五一）室は形原松平家広の女？
・外記忠次（法名・源栄、一五二一〜一五四七）
・太郎左衛門景忠《かげただ》（法名・源清、一五四一〜一五九三）室は酒井将監忠尚の養女
・外記伊昌《これまさ》（法名・源久、一五六〇〜一六〇一）室は酒井忠次の女
・外記忠実《ただざね》（法名・源無、一五八五〜一六五二）室は深溝松平家忠の女

また、文亀元年の「松平一門連判状」には岩津弥九郎長勝が署名しており、二代・元心（以下、長勝と記す）に比定される。

五井松平家の系図にはいくつかの混乱がみられる。

まず、深溝松平家との関係である。五井松平家の庶流に深溝松平家があるが、その系図が混乱している。

『寛永系図』では信光の子・元芳に二子があり、兄を五井松平元心、弟を深溝松平忠景として忠景の子に忠定を繋げている。これに対して、『寛政譜』では信光の子を松平忠景

いる。

平野明夫氏は、信光の子に岩津松平大炊介正則《まさのり》があり、その子に岩津松平源五光則、五井松平弥九郎長勝、深溝松平大炊助忠景がいたと推測している（『三河　松平一族』）。つまり、正則が元芳に該当し、忠景と元芳は同一人物ではないとしている。

ちなみに、岩津松平源五光則は、「松平一門連判状」に署名している松平一族の一人であり、明応七（一四九八）年に大炊介正則とともに寄進状を発給していることから親子と考えられている。

興味深いことに、『寛政譜』の青山《あおやま》善大夫忠世《ただよ》の項に「伊勢新九郎長氏兵をひきゐて松平源吾光則が守れる三河国岩津城を攻るのとき」との記述がある。筆者は系図に書かれたこの時期の戦闘記事はあまり信じない立場を取っているのだが、偽りの記事であれば、あえて光則の名前を出す必然性がないので、永正五（一五〇八）年頃の「永正の井田野合戦」当時の岩津松平家当主は光則だったと考えている。

あくまで推測の域を出ないが、信光の嫡男・岩津松平修理亮親長には子がなく、源五光則（もしくは、その父・大炊介正則）を養子に取っていたのであろう。

次いで、松平郷松平家との関係にも疑問がある。

五井松平家の二代・長勝、三代・信長、五代・景忠が「太郎左衛門」を称しているが、その名は本来、松平郷松平家が名乗る通称である。

松平郷松平家とは、松平家の家祖・親氏の長男で、松平郷に残った太郎左衛門信広の子孫のことである。ちなみに『寛政譜』によれば、松平郷松平家の歴代当主は以下の通りである。

・太郎左衛門尉信広（法名・源心、一四〇二　～一四八一）
・太郎左衛門長勝（法名・浄久、一四五四頃～一四九三）
・太郎左衛門勝茂（法名・祐泉、一四七四頃～一五三三）
・太郎左衛門信吉（法名・月秋、一五〇〇頃～一五四二）
・太郎左衛門親長（法名・道心、　　　　　～一五六四）室は松平安房守某の女
・太郎左衛門由重《よししげ》（法名・浄林、一五二三　～一六〇三）室は藤井松平氏？
・太郎左衛門尚栄《なおよし》（法名・晴暗、一五七一　～一六五四）室は成瀬重正の女

歴代当主をながめていくと、五井松平家と松平郷松平家は、太郎左衛門という通称だけでなく、諱《いみな》や法名まで一致している事例に気づかされる。

五井松平家の二代・長勝（法名・源心）は、松平郷松平家の二代目と諱が一致するだけではなく、松平郷松平家の初代・信広と法名が一致する。

また、大永七年に安城松平家の二代・長忠が、松平郷松平家の隼人佐《はやとのすけ》信長から田地を買い取って高月院に寄進しているが、この隼人佐信長が松平郷松平家の四代・信吉にあたる

五井松平家と松平郷松平家の混乱

『寛政重修諸家譜』の記述

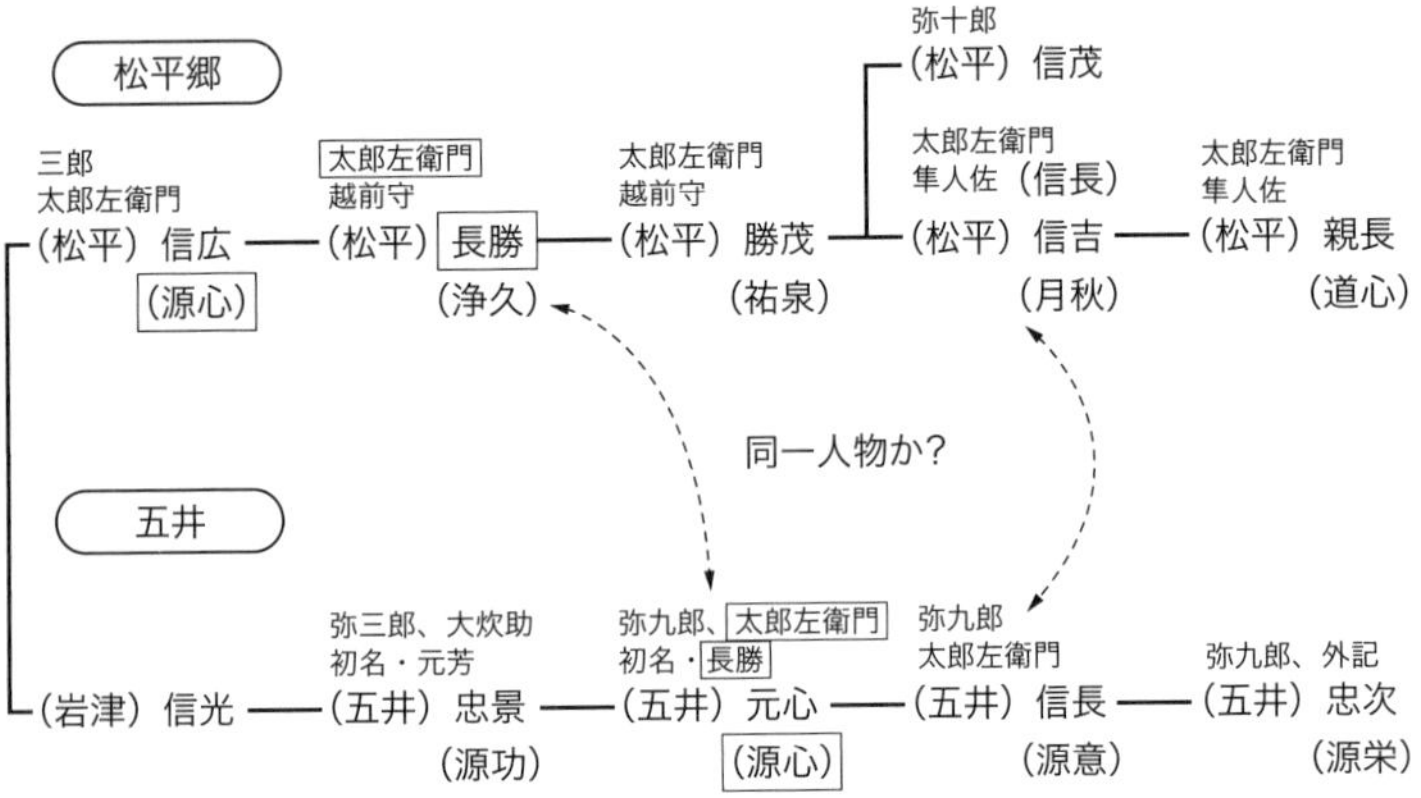

という（『一向一揆の基礎構造』）。ここで、五井松平家の三代・信長が松平郷松平家の四代目と諱が一致することに気づく。

つまり、五井松平家と松平郷松平家は、もともと同じ家から分かれた家系であるか、どちらかが系図を仮《か》冒《ぼう》していると考えられる。

疑惑の鉾先《ほこさき》は、五井松平家より、むしろ松平郷松平家に向けられる。

松平郷松平家の菩提寺は高月院と伝えるが、『寛政譜』では「信広、親長、由重三代、松平郷の山野の地に葬り、或は林添村の三松庵、今の晴暗寺に葬るともいひ伝へたれど、その所を定めがたしといふ」と記されており、信広らは高月院に葬られ

五井松平家系図

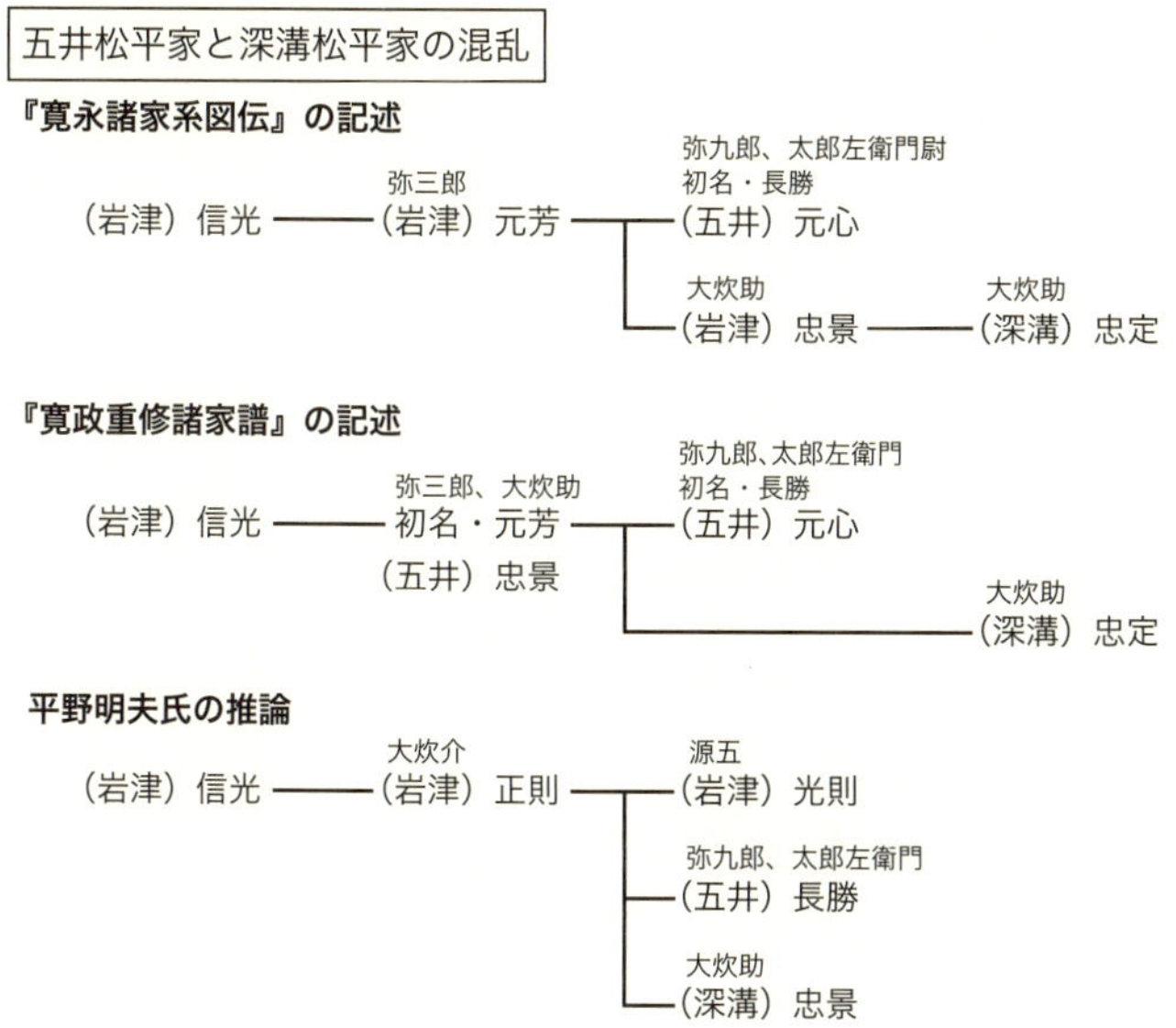

ていない。

　新行紀一氏は「松平郷松平と高月院との関係は非常に遅く七代尚栄がはじめて同院に葬られている。これは常識的に考えて奇妙というべきである。（中略）松平親氏の帰依をうけ、親氏・泰親二代の葬地となったという。しかし現存する古文書で確認できる（中略）松平郷松平と高月院の関係を示す文書はなく伝承も知られない。（中略）

　これらの疑問点に直接答えられるような史料は現存しないが、少なくとも松平宗家と高月院、したがって松平郷との関係はさほど古く遡ることはできないのではないかとも考えられよう。それが松平氏の出自伝承とどう連なるかは重大な問題であるが、この前後に道閲（長忠）は大永七年（一五二七）十二月焼失した『松平一党之氏神』である松平郷宮口の六所神社再興の奉加に応じていることからみても、大永年間は松平宗家と松平郷との関係が強く意識されるようになった時期であることには間違いない」と指摘している（『一向一揆の基礎構造』。カッコ内は引用者註）。

そして、大永年間は清康が西郷松平家を降して西三河の過半を手に入れた時期に当たる。長忠は孫の清康が西三河を制圧したことを契機に、松平家の家系を飾ろう（創業の地の松平郷、菩提寺の高月院を復興させよう）としたのではないか。

ちなみに長忠は、実弟で知恩院住職の超誉存牛（一四六九〜一五四九）が大永七年に辞山して三河に戻ってくると、高月院を復興させている。

この一連の流れの中で、松平郷松平家の再興があったのだろう。

松平郷松平家の初代・信広と子の長勝の年齢差は五二歳もあって実の親子とは思えない。おそらく、信広は子がないまま死去し、跡継ぎもなく放置されていたのだろう。

そこで、長忠は、松平家の事実上の嫡流にあたる岩津松平家の一族から然るべき人物を選び出し、松平郷松平家の家督を継がせたのではないか。それが、岩津松平源五光則の弟・弥九郎長勝だったのだろう。

ちなみに、五井松平家の六代・伊昌は天正一八（一五九〇）年の関東入国で下総国印旛《いんば》郡にて二〇〇〇石を賜り、子孫は五五〇〇石を領した。また、松平郷松平家の七代・尚栄は松平郷四四〇石を賜り、子孫が代々それを受け継いだ。

深溝松平家

深溝松平家は、五井松平家の支流が三河国額田郡深溝（愛知県額田郡幸田町深溝）に分封されたことにはじまるという。

ただし、いつ、誰が深溝城に移ったかは諸説があり、系図も若干の混乱がある。また、文亀元年の「松平一門連判状」に深溝松平家があらわれていないことも疑問視されている。

まず、深溝城を得た人物であるが、『寛政譜』によれば、忠定が「三河国額田郡岩津郷に住し、同郡小美《おい》村の城主米津四郎右衛門某と相戦て城を落とし、小美保母両村を攻とる。長親君忠定が兄太郎左衛門元心《もとむね》におほせて、大場二郎左衛門某が深溝城を攻させ給ひしとき、忠定主将二郎左衛門をうちとる。長親君深溝を元心に賜はるべしとありしに、元心忠定が功に譲りしかば、すなわち命ありて、忠定深溝にうつり、その地をあはせ領す」とある。

ただし、天文二二（一五五三）年成立の「今川記」には、寛正六（一四六五）年の額田郡一揆の際、松平和泉守（信光）と子・大炊介が大庭次郎左衛門を討ち取ったとした記述があるという。

また、『幸田町史』では諸説を掲げ、上記以外の説として「深溝記略は、忠定の小美攻めを大永三年（一五二三）四月、深溝入城を大永四年」との説を紹介している。

深溝松平家の菩提寺・本光寺は忠定が大永三年に祈願所とし、享禄元（一五二八）年の開基と伝わるので、「深溝記略」の説が最も妥当ではないか。

考えるに、信光の子・大炊助（正則）は寛正六年に深溝城主を討ったが、闕所《けっしょ》は守護代の西郷家が没収し、松平家には与えられなかったのだろう。大永年間に清康が西郷松平家を降したことを機に、長忠は五井松平長勝に松平郷松平家を再興させ、父・正則が与えられるはずだった深溝の地を与えようとしたが、長勝は深溝の拝領を辞して、弟の忠景に譲ったのではなかろうか。

その経緯が誤って伝わり、元心・忠定兄弟（実際は長勝・忠景）が深溝城主・大庭次郎左衛門を討って、元心が忠定に深溝を譲ったという話になったのだろう。

つまり、文亀元年の「松平一門連判状」に深溝松平家があらわれないのは、まだ分家していなかったからだ。

なお、『寛政譜』によれば、歴代当主は以下の通り。

・大炊助忠景（法名・源功、　　　～一四八五）初名・元芳？
・大炊助忠定（法名・源参、　　　～一五三一）室は岩津松平親長の女
・大炊助好景（法名・源秀、一五一八～一五六一）室は桜井松平清定の女

・主殿助伊忠《これただ》（法名・源了、一五三七～一五七五）室は鵜殿長持の女
・主殿助家忠（法名・源慶、一五五五～一六〇〇）室は水野忠分の女

ここではいったん『寛永系図』に従って、忠景を初代としておく。

二代・大炊助忠定と子の大炊助好景の年齢差が五五歳で、親子とは思えない（筆者は学生時代に『島原市史』か何かで、好景の実父が安城松平左馬助長家《ながいえ》［親忠の子］だという記述を見た覚えがあるのだが、最近探しても見つからなくて困っている）。

深溝松平家は歴代当主が家康の合戦で戦死を遂げ、あたかも家臣のようである。

三代・大炊助好景は、家康の命で東条吉良義昭と戦い、善明堤の合戦で討ち死に。

四代・主殿助伊忠は長篠の合戦で鳶ヶ巣山にて討ち死に。

五代・主殿助家忠は『家忠日記』を残したことでも名高い。天正一八年の関東入国で武蔵国忍《おし》にて一万石を賜り、関ヶ原の合戦に先だち伏見城で討ち死にした。

ちなみに六代・忠利は慶長六（一六〇一）年に三河国深溝藩に転じた後、三河国吉田藩三万石を賜った。子孫は三河国刈谷藩、丹波国福知山藩などを経て、肥前国島原藩七万石を領した。

竹谷松平家

竹谷松平家は、信光の長男・左京亮守家が三河国宝飯郡竹谷（愛知県蒲郡市竹谷町）に

分封されたことにはじまる。ただし、竹谷松平家が記した「竹谷先祖書草案」によれば、初代・守家は「はじめ（親氏が攻め取ったといわれる）中山七里のうち蓬生《よもぎゅう》（岡崎市蓬生町）にいたが、土地が狭いので、竹谷に出て七百貫の地を買い求め、竹谷松平家を創立したという」（『竹谷松平氏』。カッコ内の註および傍点は引用者）。『寛政譜』によれば、歴代当主は以下の通り。

・左京亮守家（法名・全祐、？　～一五〇三）
・左京亮守親（法名・全孝、一四五九～一五二六）
・玄蕃允親善《ちかよし》（法名・全長、一四八五～一五三一）
・備後守清善（法名・全保、一五〇五～一五八七）室は形原松平家広の女
・備後守清宗（法名・全栄、一五三八～一六〇五）室は深溝松平好景の女
・玄蕃頭家清《いえきよ》（法名・全霜、一五六六～一六一〇）室は家康の異父妹

また、文亀元年の「松平一門連判状」には竹谷弥七郎秀信が署名しており、二代・守親に比定される。

『寛政譜』では玄蕃允親善の項に「守家より親善に至るまで三代の間、親忠君より清康君に歴仕し軍忠を励す」と記されているが、詳細は不明である。

親善の子・備後守清善は、永禄三年五月、桶狭間の合戦時に家康の丸根砦攻めに遊兵として参加。桶狭間の合戦後、家康が今川家から独立しはじめると、今川方についた西郡上

之郷城（蒲郡市）の城主・鵜殿藤太郎長照と対立。清善は四〇〇ばかりの兵を率いて上之郷城を攻め、敵の首七〇余を取ったが、攻防戦では多くの死傷者を出した。ここに至って、永禄五年二月、家康が自ら援兵を率いて上之郷城を攻め、長照は戦死し、城は陥落した。鵜殿長照の子・三郎四郎氏長と孫四郎氏次は生け捕りにされ、駿河に留め置かれていた家康の正室・築山殿と子ども（岡崎信康、亀姫）と人質交換された。鵜殿長照の母は今川義元の妹なので、氏長・氏次兄弟は今川氏真の従兄弟の子にあたる血縁者だったからだ。

ここで面妖なのは、『松平記』や『寛政譜』などで鵜殿長照が清善の異父兄と記されていることだ。この説に従えば、清善も氏真の従兄弟になってしまう。ところが、清善が家康について今川家に叛旗を翻すと、氏真は人質になっていた清善の娘を串刺しという残酷な方法で処刑するのだ。氏真のこの行動を見る限り、清善は今川家の縁者ではない。

しかしながら、『松平記』などは、清善が鵜殿長照と実の兄弟であるにもかかわらず、家康方について骨肉相喰《あいは》む死闘を繰り返したと力説しているので、兄弟であることは間違いなさそうである。

考えられるのは、清善と鵜殿長照が異父兄弟ではなく、異母兄弟である可能性である。つまり、清善は鵜殿家の出身で、竹谷松平家の養子に迎えられたのであろう。

六代・玄蕃頭家清は天正九（一五八一）年に家康の命により家康の異父妹・於きんの方（一五六九〜一五九〇）と結婚した。「当時家康は、三河、遠江を完全に支配し、駿河もほとんど手中におさめて、東海道筋の大名として勢い盛んな時代であった。それゆえ、おきんの方を竹谷の家清へ（嫁がせる）と話が伝えられたとき、（竹谷）松平家では、同族とはいえ今は家格が隔たりすぎるとして、躊躇《ちゅうちょ》した」（『竹谷松平氏』。カッコ内は引用者）。

家康は両親の愛情を知らずに育ったといわれるが、それ以上に兄弟の情を知らない。そのためか、兄弟が家康方と敵方に分かれて戦うと、自分についた方を高く評価するきらいがある。清善が兄の鵜殿長照と戦ったことが高評価に結びついたのではないか。

ちなみに、家清は天正一八年の関東入国で武蔵国児玉郡八幡山にて一万石を賜り、関ヶ原の合戦後の慶長六年に三河国吉田藩三万石に転封したが、家清の子・忠清の代に無嗣廃絶で所領没収され、弟の清昌《きよまさ》の子孫が五〇〇〇石を領した。

長沢松平家

長沢松平家は、信光の長男（もしくは八男）の備中守親則が三河国宝飯郡長沢（愛知県豊川市長沢町）に分封されたことにはじまる。『寛政譜』によれば、歴代当主は以下の通り。

・備中守親則（法名・祥公、一四三七〜一四六一）室は愛知氏の女
・上野介親益（法名・眼宗、〜一四六五）
・備中守親清（法名・浄恩、〜一四九六）
・兵庫頭勝宗《かつむね》（法名・浄心、〜一五〇九）

・上野介一忠《かずただ》（法名・玉心、　　　～一五四三）

・上野介親広（法名・浄賢、　　　～一五七一）室は菅沼定村の女

・上野介政忠（法名・浄珠、　　　～一五六〇）室は清康の女・碓井《うすい》姫

・上野介康忠（法名・源斎、一五四六～一六一八）室は家康の異母妹・矢田《やだ》姫

・源七郎康直（法名・浄安、一五六九～一五九三）室は本多広孝の女

また、文亀元年の「松平一門連判状」には長沢七郎親清《ちかきよ》が署名しており、三代・親清に比定される。

長沢松平家の系図は混乱が見られ、不明な部分が多い。

『寛永系図』では初代（親則に相当）から七代（康直に相当）まですべて「某」（諱《いみな》不明）と記し、親清と勝宗に相当する当主を欠いている。

古文書でその名が記され、歴史上確かに存在したことが確認できるのは、六代・親広（法名・浄賢）からである。七代・政忠は家康の叔母・碓井姫と結婚したが、永禄三年に桶狭間の合戦で討ち死にした。

八代・上野介康忠は家康の異母妹・矢田姫と結婚し、岡崎三郎信康に附けられ、家老となったが、築山事件で蟄居《ちっきょ》を余儀なくされた。その後、赦《ゆる》されて長篠の合戦に従軍。神君伊賀越えに付き従い、小牧・長久手の合戦にも参加した。

九代・康直は天正一八年の関東入国で武蔵国深谷にて一万石を賜ったが、父・康忠に先

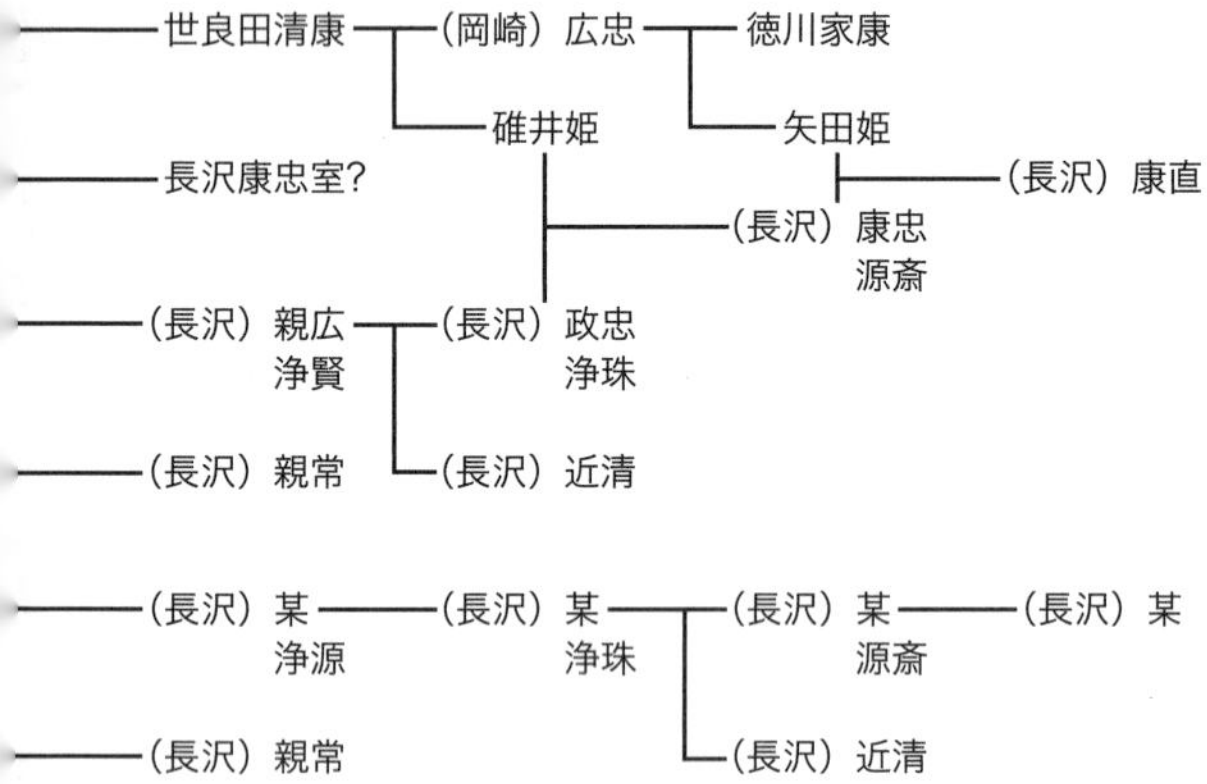

んじて死去し、養子の松平上野介忠輝（家康の六男）は越後国高田藩六〇万石を領したが元和二（一六一六）年に改易されてしまう。

康忠は外孫の市郎右衛門直信を養子として御家再興を図ったが、果たさぬまま死去した。直信の子・市郎右衛門昌興《まさおき》は長沢松平家の嫡流であると幕府に認められ、八代将軍・徳川吉宗に拝謁し、三〇〇石相当の地を与えられて幕臣に列した。

3　安城庶流

大給松平家

大給松平家は、親忠の次男・乗元が三河国加茂郡大給（愛知県豊田市大内町）に分封されたことにはじまるという。『寛政譜』によれば、歴代当主は以下の通り。

・加賀守乗元（法名・宗忠、一四四三〜一五三

長沢松平家系図

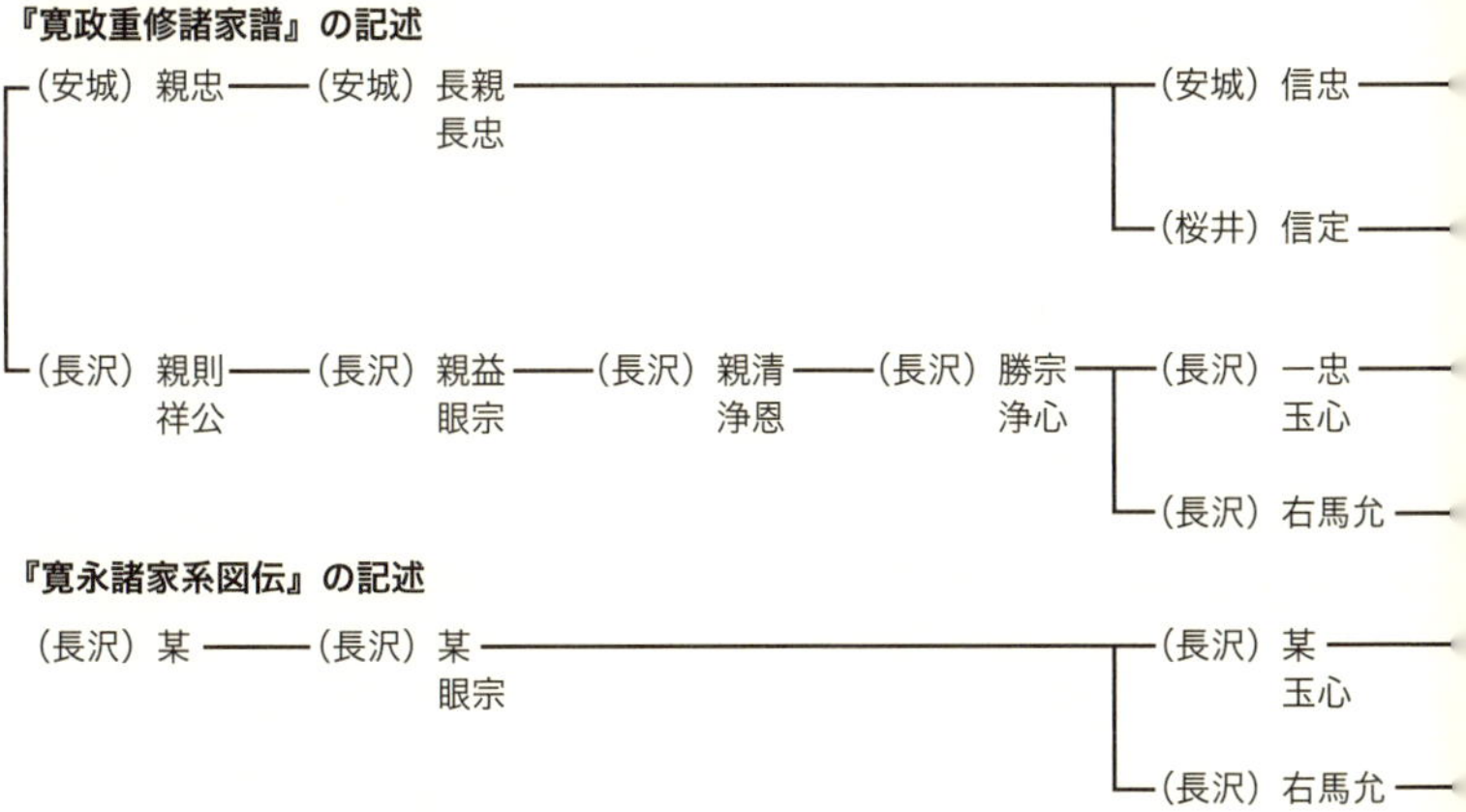

四）

・左近乗正　（法名・成心、一四八二〜一五四二）

・源次郎乗勝（法名・玄香、一四九六〜一五二四）室は清康の養女（実の姉妹）

・左近親乗《ちかのり》（法名・浄正、一五一五〜一五七七）室は桜井松平信定の女

・左近真乗《さねのり》（法名・道翁、一五四六〜一五八二）室は戸田弾正某の女

・和泉守家乗（法名・道見、一五七五〜一六一四）室は石川康通の女

新行紀一氏は「大給（豊田市）滝脇（同）はともに加茂郡の山間に位置し、（中略）岡崎にいたる松平往還を扼《やく》する要地である。（中略）信光嫡子ではない親忠（西忠）が松平本領といえる地域をどの程度分与されたか不明であることから疑問は大きい」（『一向一揆

の基礎構造』）として、親忠の子・乗元が、松平郷に近い大給に分封されたことに疑問を呈している。

これに対して平野明夫氏は、『三河物語』に松平信光が「岩津之城をバ、御総領職（嫡子・親長カ？・）エ渡サせ給ふなり。大給の城をバ、次男源次郎殿に御譲り有」とした記述から、乗元を信光の子であると推定し、「松平一門連判状」に署名している「細川次郎親世は『参陽松平御伝記』に大給松平乗正の別名とある」と、細川松平家＝大給松平家とみている（『三河　松平一族』）。しかし、「奉加帳」に「細河松平　甚平」という人物が記録されていることを考えると、細川松平家と大給松平家は別系であり、両者を同一人物と考えるには無理があるように思われる。

なお、『姓氏家系大辞典』の「大給」の項には、「もと荻生氏にして、物部弓削連季定、頼朝の時加茂郡荻生庄の地頭となる。十一世孫荻生季統、松平信光と戦ひて敗る。孫乗元、親忠の婿となる」という伝承（出典不明）を掲載している。突拍子もないように思われるかもしれないが、こちらの方が事実に近いのではないか。

『寛政譜』によれば、乗元は「大給の城山に葬る」が、その子・乗正と孫の乗勝は「加茂郡足助の宝珠院に葬る」という。元来、本拠地は足助にあったのではないか。

大給家は信光に敗れて山奥の足助に逃れたが、安城松平家が擡頭《たいとう》し、松平郷周辺を押さえようと考えた親忠が、乗元を婿養子に迎えて大給に復権させたのであろう。

したがって、大給松平家は元来、松平一族ではなかった可能性が高い。その上、今川領国下で今川家直属の部隊に再編されていたため、独立心が旺盛で、しばしば近郷を掠《かす》め取ったり、「二度岡崎（家康）へ逆心して駿河（今川）方に成、後に帰参候《そうろう》」（『松平記』）という。

『松平町誌』によれば、天文一〇年代（一五四五年頃）に松平郷松平家の太郎左衛門親長・重長父子が岡崎城に出仕中で不在のおり、大給松平家に攻められ放火された。松平郷松平家は岡崎城の広忠に注進し、広忠は大給松平家の領地・細川村を襲撃して放火し、敵を討ち取ったが、結局、松平郷は大給松平家に押領されたという。

さらに弘治二（一五五六）年には大給親乗が瀧脇城を攻め、瀧脇松平家の祖・乗清、嫡子・乗遠が戦死している。これに対し、天正三年に乗清の孫・乗高が大給城を夜襲。大給松平親乗は一時尾張に逃れ、その子・真乗は細川城に移ったという。

しかし、大給松平家の「兵力は雑兵を入れるとおよそ四〇〇～五〇〇人」（『戦国時代の徳川氏』）と松平一族でもかなり大規模で、三河統一後の家康にとっては、軽視できない存在であったようだ。

ちなみに、六代・家乗は天正一八年の関東入国で上野国那波郡にて一万石を賜り、関ケ原の合戦後の慶長六年に美濃国岩村藩二万石に転封した。

子孫は老中を多く輩出し、遠江国浜松藩、上野国館林藩、下総国佐倉藩、肥前国唐津藩、

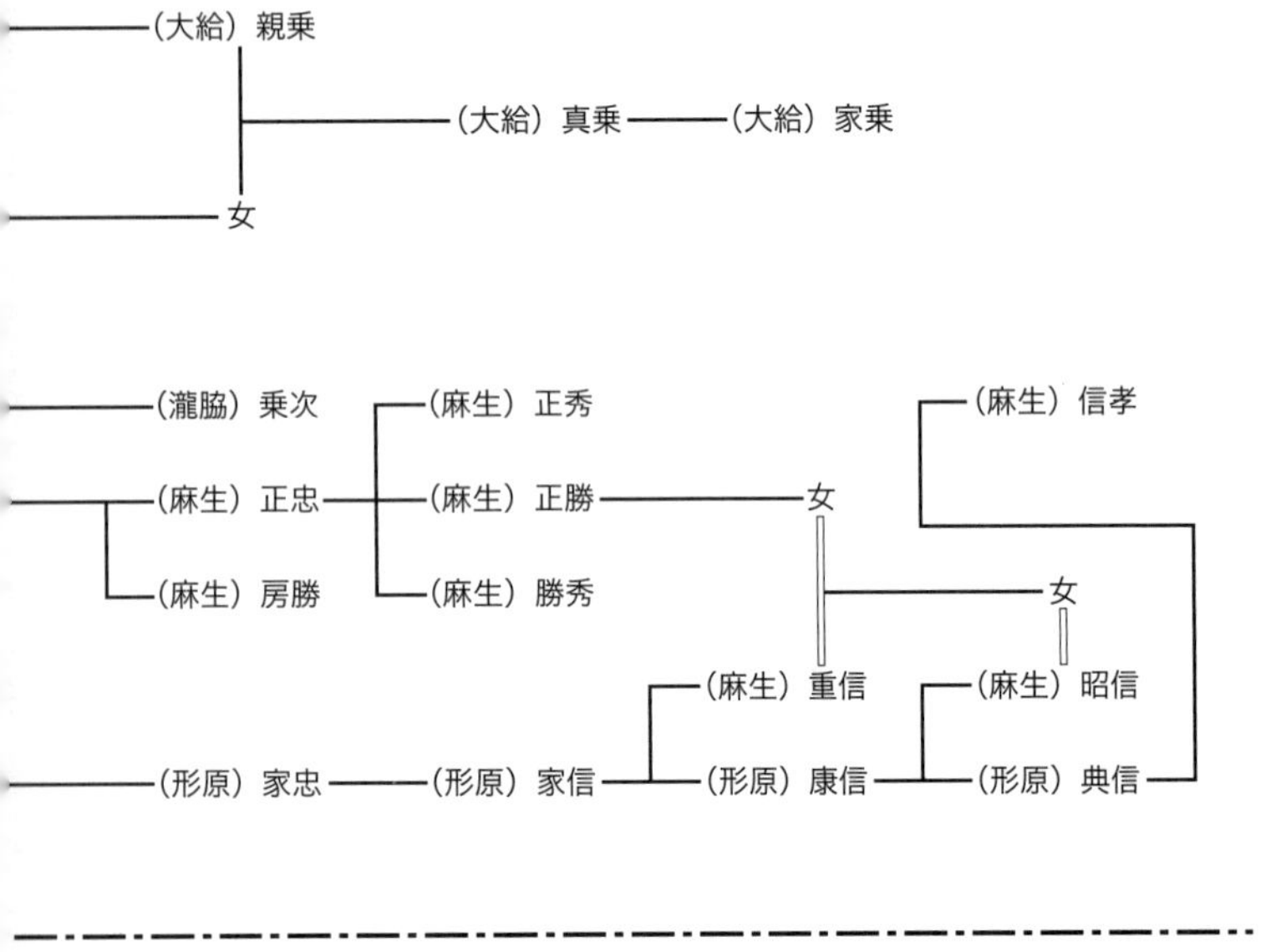
（大給）親乗
（大給）真乗
（大給）家乗
女
（瀧脇）乗次
（麻生）正忠
（麻生）房勝
（麻生）正秀
（麻生）正勝
（麻生）勝秀
女
女
（麻生）信孝
（麻生）重信
（麻生）昭信
（形原）家忠
（形原）家信
（形原）康信
（形原）典信

大給松平家系図

『寛政重修諸家譜』の記述

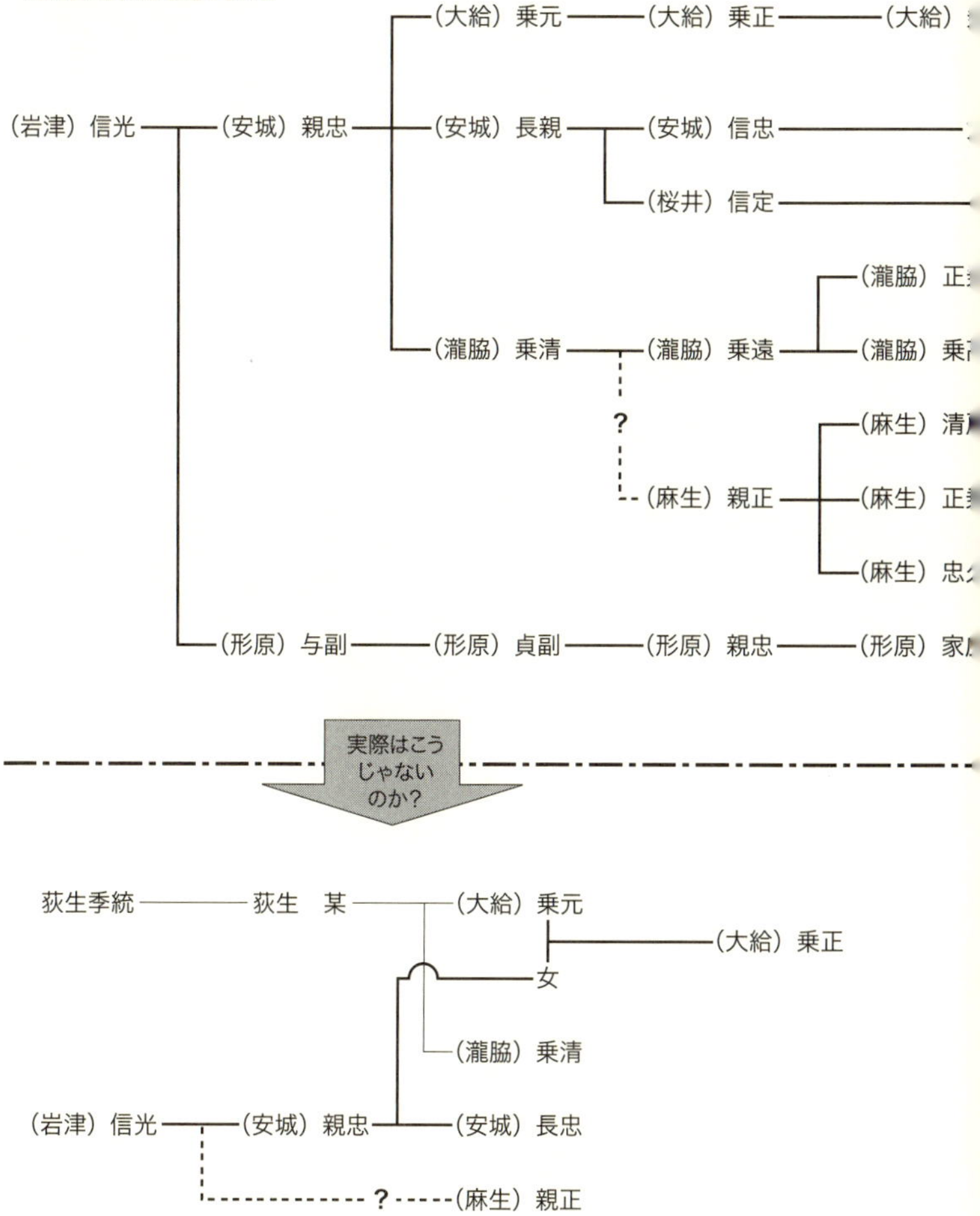

山城国淀《よど》藩など枢要の地を経て、三河国西尾藩六万石を領した。分家に美濃国岩村藩三万石、豊後国府内二万一〇〇〇石、信濃国田野口藩一万六〇〇〇石がある。

瀧脇松平家

瀧脇松平家は、親忠の九男・乗清が三河国加茂郡瀧脇（愛知県豊田市滝脇町）に分封されたことにはじまるという。『寛政譜』によれば、歴代当主は以下の通り。

・源四郎乗清　（法名・常心、～一五五六）
・三郎大夫乗遠（法名・是了、～一五五六）
・出雲守乗高（法名・乗高、～一五九二）室は鈴木某の女、継室は三嶋氏の女
・監物乗次　（法名・善良、生没年不明）

瀧脇松平家の家祖「乗清は親忠君の子にして、大給源次郎乗元が弟なり」、または「親忠君の九男」（＝末子）と『寛政譜』に記述されているが、実際は大給松平家の支流であると考えられる。「わが家の先祖は、誰それの末子でした」といって一族の名を騙《かた》るのは偽系図の常套《じょうとう》手段である。

平野明夫氏は、瀧脇松平家の初代・源四郎乗清を、大給松平家の初代・源次郎乗元の次男と推察している（『三河　松平一族』）。筆者も乗清を乗元の弟、もしくは子と考えている（前述のように、筆者はそもそも乗元が松平家ではないと考えている）。

瀧脇松平家が「十四松平家」の一つに数えられているのは、「瀧脇松平家」と称する松平安房守信孝《のぶなり》が元禄二（一六八九）年に若年寄に抜擢《ばってき》されて駿河小島藩一万石を賜り、大名に列したからである。

ところが、この信孝、実は瀧脇松平家とは関係のない人物と思われる。

信孝の家系はもともと麻生松平家といって、三河国額田郡麻生村に居を構える松平家の支流である。しかし、誰の子から派生した家系か定かでない。そこで麻生松平家は、家祖・松平四郎右衛門某を「親忠君の九男（末子）」と申告し、安城庶流と偽ったのである。

瀧脇松平家、麻生松平家からそれぞれ系図を受け取った江戸幕府は、両家の先祖がともに「親忠君の九男」なので、両家は一族なのかと疑問を抱きつつも、麻生松平家を瀧脇松平家の末流として採録してしまったらしい。

ちなみに、瀧脇松平家の四代・乗次が慶長六年に瀧脇村などに賜った六〇〇石を代々領し、麻生松平家信孝の子孫は駿河国小島藩一万石を領した。

桜井松平家

桜井松平家は、長忠の三男・信定が、叔父・玄蕃助親房《ちかふさ》（随身斎）の遺領である三河国碧海郡桜井（愛知県安城市桜井町）に分封されたことにはじまるという。

『寛政譜』によれば、歴代当主は以下の通り。

・内膳正信定（法名・道見、一四九九？～一五三八）
・内膳正清定（法名・道嘉、？～一五四三）室は織田信定の女
・監物《けんもつ》家次（法名・道観、？～一五六三）
・与一《よいち》忠正（法名・道春、一五四四～一五七七）室は多劫《たけ》君（家康の異父妹）
・与次郎忠吉（法名・道隣、一五五九～一五八二）家次の次男、室は多劫君
・内膳正家広（法名・道曜、一五七七～一六〇二）忠正の子

桜井松平家は安城庶流の筆頭ともいうべき家柄だが、広忠、家康父子に再三叛旗を翻している。

天文四（一五三五）年に「守山崩れ」が起きると、信定は清康の遺児・広忠を追放し、岡崎城に入城。しかし、天文六年に広忠は岡崎城を奪回。信定は岡崎城から退いている。また、信定の孫・家次も、永禄六年に三河一向一揆が勃発すると、一揆側について家康に叛旗を翻している。

『寛政譜』によれば、桜井松平家が呈上した家譜では、家次が三河一向一揆の直前に死去したことになっているが、「疑ふべし」と注釈している。

それ以外にも疑うべき点は少なくない。初代・信定と曾孫の忠正の年齢差は四五歳しかなく、歴代当主が一五歳で男子をもうけないと間に合わない。また、信定と清定の娘たちの配偶者も世代がまちまちであり、系図の混乱がうかがわれる。

さて、三河一向一揆が鎮圧されると、家次は家康との和解に応じ、国衆クラスで唯一赦《ゆる》されている。あくまで推測の域を出ないが、忠正が家康に父・家次の赦免を請うたのだろう。忠正は、家康が初めて人質として駿河に向かった際の一行に加わっており、家康に気に入られていた可能性が高い。家康の異父妹・多劫君（久松俊勝の女）と結婚している。

しかし、忠正は三四歳の若さで死去。遺児・亀千代（のちの家広）が生まれたばかりだったので、忠正の実弟・忠吉が多劫君と再縁して跡を継いだ。ところが、忠吉も二四歳で死去してしまい、亀千代が六歳で跡を継いだ。

家広は天正一八（一五九〇）年の関東入国で武蔵国松山にて一万石を賜るが、疾患により慶長五年（一六〇〇）に異父弟・忠頼（忠吉の次男、一五八二〜一六〇九）が一九歳で家督を継いだ。忠頼は慶長六（一六〇一）年に遠江国浜松藩五万石に転封したが、水野忠胤《ただたね》の江戸邸で酒宴中に口論となり刺殺され、所領を没収されてしまう。つくづくついていない家系である。遺児・忠重は五〇〇〇石を振り出しに遠江国掛川藩四万石まで出世し、子孫は信濃国飯山藩を経て、摂津国尼崎藩四万石を領した。

青野（東条）松平家

東条松平家は、長忠の四男・義春が三河国碧海郡青野（岡崎市上青野町）に分封され、子（実際は孫）の家忠の時、東条（西尾市）に移り住んだ。『寛政譜』によれば、歴代当主は以下の通り。
・右京亮義春（法名・貞巌、?～一五五六?）室は松井松平康親の妹
・甚太郎家忠（法名・雪峯、一五五六～一五八一）室は深溝松平家忠の女
初代・義春は東条吉良家の跡を継いだというが確かではない。

今川領国時代の弘治二年、日近《ひぢか》城主・奥平久兵衛貞友が今川家に叛旗を翻し、幼主・家康の名代として青野松平義春が同城を攻めたが、討ち死にしたという。

近年の研究では「義春―家忠」ではなく、「義春―忠茂―家忠」が正しい。つまり、義春の子・甚太郎忠茂が欠けており、義春と忠茂の事跡が混乱していると指摘されている。つまり、義春は天文年間に死去し、討ち死にしたのは忠茂だということだ。

ちなみに、三代・家忠は天正九年に子がないまま死去したため、前年に生まれた家康の四男・薩摩守忠吉（一五八〇～一六〇七）が跡を継いだ。翌天正一〇（一五八二）年に駿河沼津に四万石を賜り、関ヶ原の合戦では義父・井伊直政とともに先鋒《せんぽう》を務めた。慶長六年に尾張国清洲《きよす》藩五七万二〇〇〇石に転封したが、同一二年に子がないまま死去して無嗣廃絶となり、清洲藩は実弟・徳川義直（尾張徳川家の祖）が継いだ。

東条松平家は家忠が幼かったため、母方の叔父で家老の松井左近忠次が部隊を指揮し、後に松平姓を与えられ、松平周防守康親（一五二一～一五八三）と名乗った。いわゆる松井松平家である。

松井松平家の祖・康親は初名を松井左近忠次といい、今川家の重臣・松井家の一族とも、吉良家の家臣だったとも伝わるが定かでない。妹が東条松平家忠の母親だったことから、東条松平家の家宰を任され、青年期の家康を助けた。

永禄六年の三河一向一揆で東条吉良義昭が一揆側につくと、康親はこれを攻めて一揆の鎮圧に貢献。東条城および五〇〇貫文の地を与えられ、都合三〇〇〇貫文の地を領し、松平姓を与えられた。

家康の遠江侵攻では、康親は積極的な働きを見せ、特に天正三年八月に武田方の拠点・諏訪原城（静岡県島田市）攻めに功績があった。武田方の城・駿河田中城に隣接する激戦地の城ゆえに城主になる者がいなかったが、松井は自ら城主を志願し、家康から諱「康」の字を与えられ、松平周防守康親と改名したという。家康は冷静沈着な政略家にみられがちだが、部下の意気に感じて松平姓や偏諱《へんき》を与えることが少なくなかった。

ちなみに、康親の嫡男・康重（一五六八〜一六四〇）は天正一八年の関東入国で武蔵国私市（騎西）にて二万石を賜り、関ヶ原の合戦後の慶長六年に常陸国笠間《かさま》藩三万石に転封。子孫は石見国浜田藩、下総国古河藩、三河国岡崎藩、陸奥国棚倉藩などを経て、武蔵国川越藩八万四〇〇余石を領した。

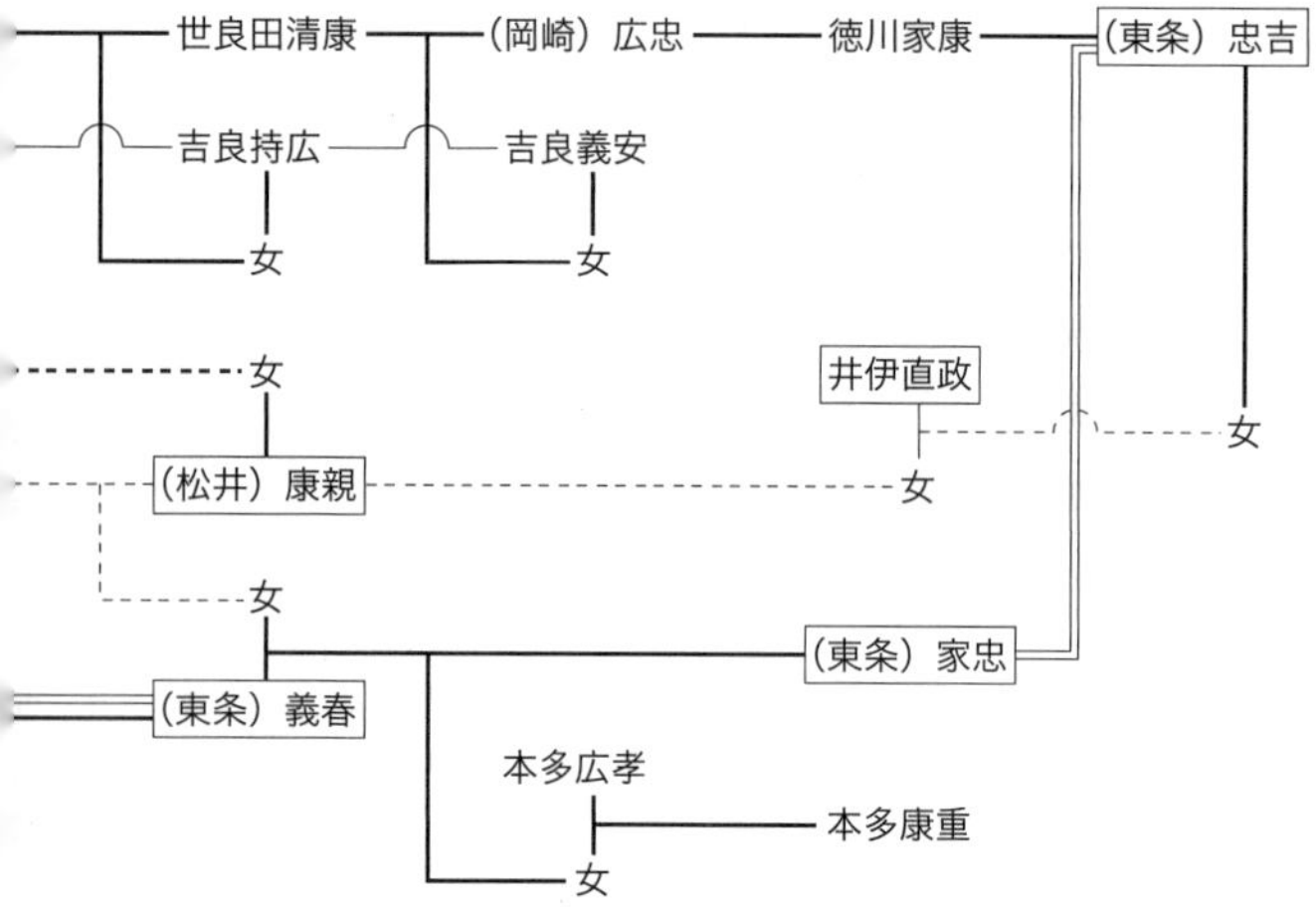

世良田清康
(岡崎) 広忠
徳川家康
(東条) 忠吉
吉良持広
吉良義安
女
女
女
井伊直政
女
(松井) 康親
女
女
(東条) 家忠
(東条) 義春
本多広孝
本多康重
女

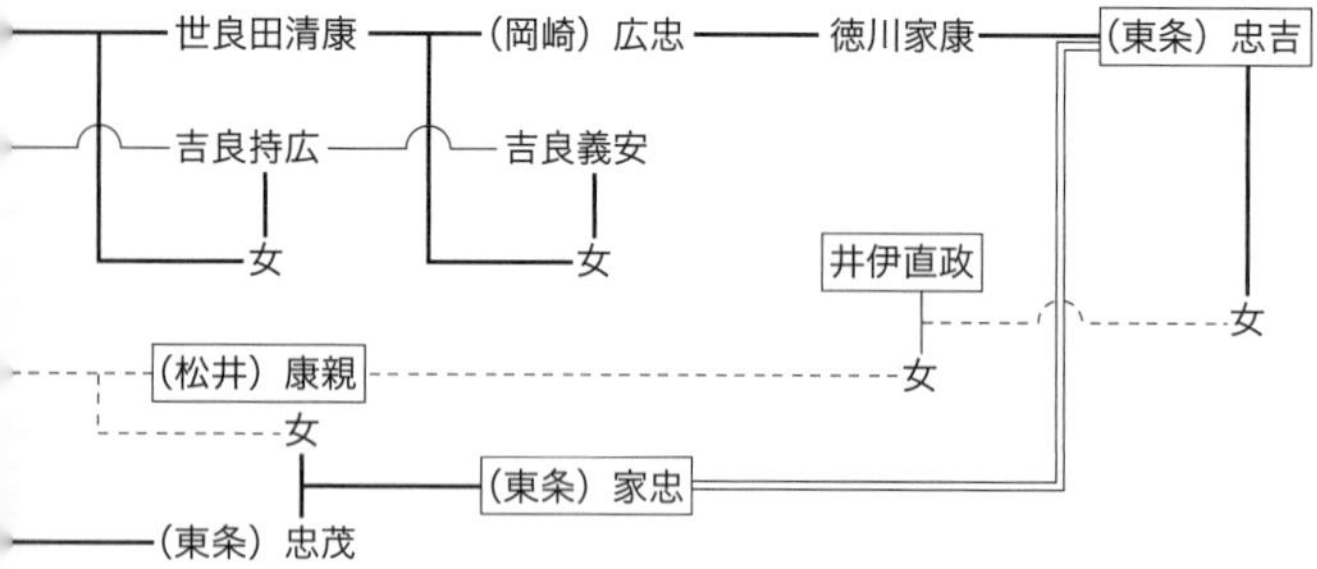

世良田清康
(岡崎) 広忠
徳川家康
(東条) 忠吉
吉良持広
吉良義安
女
女
井伊直政
女
(松井) 康親
女
女
(東条) 家忠
(東条) 忠茂

青野(東条)松平家系図

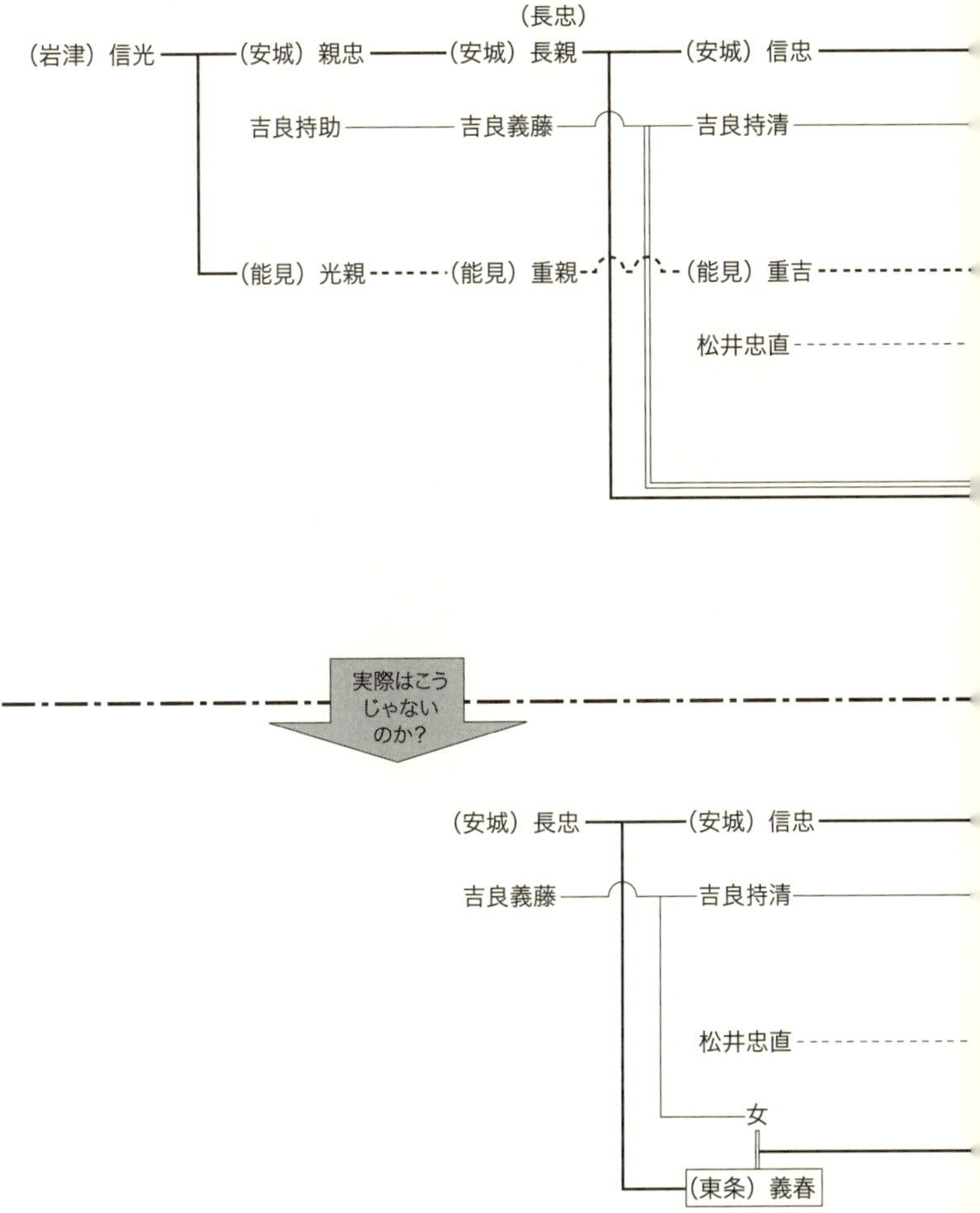
(長忠)
(岩津)信光
(安城)親忠
(安城)長親
(安城)信忠
吉良持助
吉良義藤
吉良持清
(能見)光親
(能見)重親
(能見)重吉
松井忠直
実際はこうじゃないのか?
(安城)長忠
(安城)信忠
吉良義藤
吉良持清
松井忠直
女
(東条)義春

藤井松平家

藤井松平家は、長忠の五男・利長が三河国碧海郡藤井（愛知県安城市藤井町）に分封されたことにはじまるという。『寛政譜』によれば、歴代当主は以下の通り。

・彦四郎利長（法名・樹祥、一五一〇頃～一五六〇）

・伊豆守信一（法名・道雄、一五三九～一六二四）継室は深溝松平好景の女

藤井松平家の出自にはいくつかの小さい疑問がある。

初代・利長の菩提寺は形原の光忠寺で、それから考えると安城庶流ではなく、形原松平家の庶流かもしれない。さらに『寛永系図』では利長を「藤井彦四郎」、信一を「初ハ藤井勘四郎」と記しており、最初は松平姓でなかった可能性がある。また、『三河物語』には、長忠が「松平勘四郎（信一）殿には、藤井をくださり」との記述があるので、藤井村に分封されたのは、二代・信一からとの説もある。

初代・利長は永禄三年の桶狭間の合戦の丸根砦攻めで討ち死に。

二代・信一は翌永禄四年の三河長沢の鳥屋ヶ根城攻め、同一一年三月の遠江堀川城攻めで先鋒となり、同年九月の織田信長の近江侵攻にあたって、信一は援兵二〇〇〇人を率いて参陣している。その戦いぶりは見事で、信長から桐紋をあしらった羽織を与えられ、家紋を桐に改めたという。また、一説には信一という名前も、信長から偏諱を賜って改名したものと伝えられる。

『松平記』巻五の「松平之五人衆・七人衆の次第」では、藤井松平家は松平国衆とはみなされておらず、信一が一個の武将として評価され、抜擢されたと考えるべきであろう。

信一は天正一八年の関東入国で下総国布川にて五〇〇〇石を賜り、関ヶ原の合戦後の慶長六年に常陸国土浦藩三万五〇〇〇石に転封し、大名に列した。信一の男子は早世したため、桜井松平忠吉の長男・伊豆守信吉《のぶよし》を婿養子に迎えた。

孫の信之は老中に進み、播磨《はりま》国明石藩、大和国郡山藩を経て、下総国古河藩九万石に加増されたが、嫡子・忠之が発狂して所領没収され、弟の信通に備中国庭瀬藩三万石が与えられ、子孫は出羽国上山藩三万石を領した。信吉の次男・忠晴を祖とする分家・信濃国上田藩五万三〇〇〇石がある。

福釜松平家と三ツ木松平家

福釜松平家は、長忠の次男・親盛が三河国碧海郡福釜（愛知県安城市福釜町）に分封されたことにはじまり、四代・康親が天正一八年の関東入国で下総国香取郡および武蔵国多摩郡にて「若干の采地《さいち》」を賜り、子孫は一一〇〇石を領した。

三ツ木松平家は、信忠の次男・信孝（一五一一～一五四八）が三河国碧海郡合歓木村（岡崎市合歓木町）に分封され、のちに実弟・康孝の遺領・三ツ木を併合したことにはじまるという。

清康が信忠の子でなければ、信忠の嫡子は信孝である公算が大きい。信忠の通称・蔵人を名乗っているのは、その証であろう。

岡崎次郎三郎広忠は世良田次郎三郎清康の継嗣であって、安城松平左近蔵人信忠の継嗣は蔵人信孝だったのではないか。

第二章で述べた通り、三ツ木松平信孝は甥《おい》・広忠を凌《しの》ぐ勢力になると疑われ、天文一七（一五四八）年殺された。三代・忠清《ただきよ》に子がないまま慶長六年に死去したため、無嗣廃絶となり、弟・忠利《ただとし》（一五八二～一六四九）が新たに家を興して子孫は五〇〇石を領した。

第六章　安城譜代はいつから仕えたのか

1　三御譜代とは

「三御譜代」の具体的な家名

第二章でも取り上げたが、大久保彦左衛門忠教が著した『三河物語』では「お家で、三ご譜代というのは、安城ご譜代・山中ご譜代・岡崎ご譜代のことである。安城ご譜代と申すのは、信光・親忠・信忠・清康・広忠までよりこのかた召しつかわれているご譜代である。山中ご譜代・岡崎ご譜代と申すのは、清康の十四、五の時、攻めしたがわせた土地の衆である」と述べ、帰属した時期によって徳川・松平家の家臣を安城譜代、山中譜代、岡崎譜代の「三御譜代」に分類している。

「三御譜代」の存在は知られていたものの、本書のように、この「三御譜代」の分類が、清康以降の松平家を理解する上でキーポイントになると評価した書籍はなかった。

第二章では「三御譜代」のうち、山中譜代について具体的な家名を列記して考察していった。そこで、安城譜代、岡崎譜代についても分類を試みたいと思う。

旗本・菊池弥門が編纂《へんさん》した『柳営秘鑑』では、「三御譜代」の具体的な家名として、安城譜代の七家（石川、酒井、本多、大久保、阿部、青山、植村）、岡崎譜代の一六家（鳥居、榊原、内藤、安藤、渡辺、大須賀、久世、永井、戸田、水野、井伊、井上、安部、伊丹、屋代、秋元）をあげている。

「駿河譜代」「岩津譜代」もある？

実は、安城譜代、岡崎譜代の具体的な家名を記述した史料は『柳営秘鑑』くらいで、他には見当たらない。

では、『柳営秘鑑』の記述が信用できるかといえば、かなり怪しい。

まず、江戸時代の編纂物なので、家康時代もしくはそれ以前に重要だった家系という視点ではなく、江戸時代に名のある大名家を主体に選んでいる。

さらに『柳営秘鑑』には山中譜代という概念がない（『柳営秘鑑』には「安城譜代に大須賀、榊原、平岩を入れる場合もある」という註記があり、この三家はいずれも山中譜代と考えられる）。代わりに駿河譜代として、岡部、小笠原、諏訪、保科などをあげている。

おそらく「三御譜代」という概念は知られていたが、「山中譜代」に相当する家系が判

石川家の分布

在所	氏名
①碧海郡小川村	石川右近将監(忠成(清兼))
②碧海郡小川村	石川日向守(家成)
③碧海郡小川村	石川伯耆守(康輝(数正))
④碧海郡小川村	石川四郎三郎(信成(春重))
⑤碧海郡小川村	石川孫助(吉成)
⑥碧海郡木戸村	石川式部丞(信実)
⑦碧海郡木戸村	石川伝次郎(一勝)
⑧碧海郡木戸村	石川伝太郎(元成(一政))
⑨碧海郡藤井村	石川太郎五郎
⑩碧海郡在家村	石川八左衛門(重次)
⑪碧海郡三ツ木村	石川半三郎(正俊)
⑫碧海郡古井村	石川惣兵衛
⑬碧海郡大友村	石川三蔵(忠勝)
⑭碧海郡大友村	石川右衛門八
⑮碧海郡大友村	石川三郎左衛門
⑯額田郡土呂村	石川源右衛門
⑰額田郡坂崎村	石川源左衛門(正信?)
⑱額田郡坂崎村	石川十郎左衛門
⑲額田郡坂崎村	石川新九郎
⑳額田郡坂崎村	石川善左衛門
㉑額田郡生田村	石川又四郎
㉒額田郡能見村	石川刑部

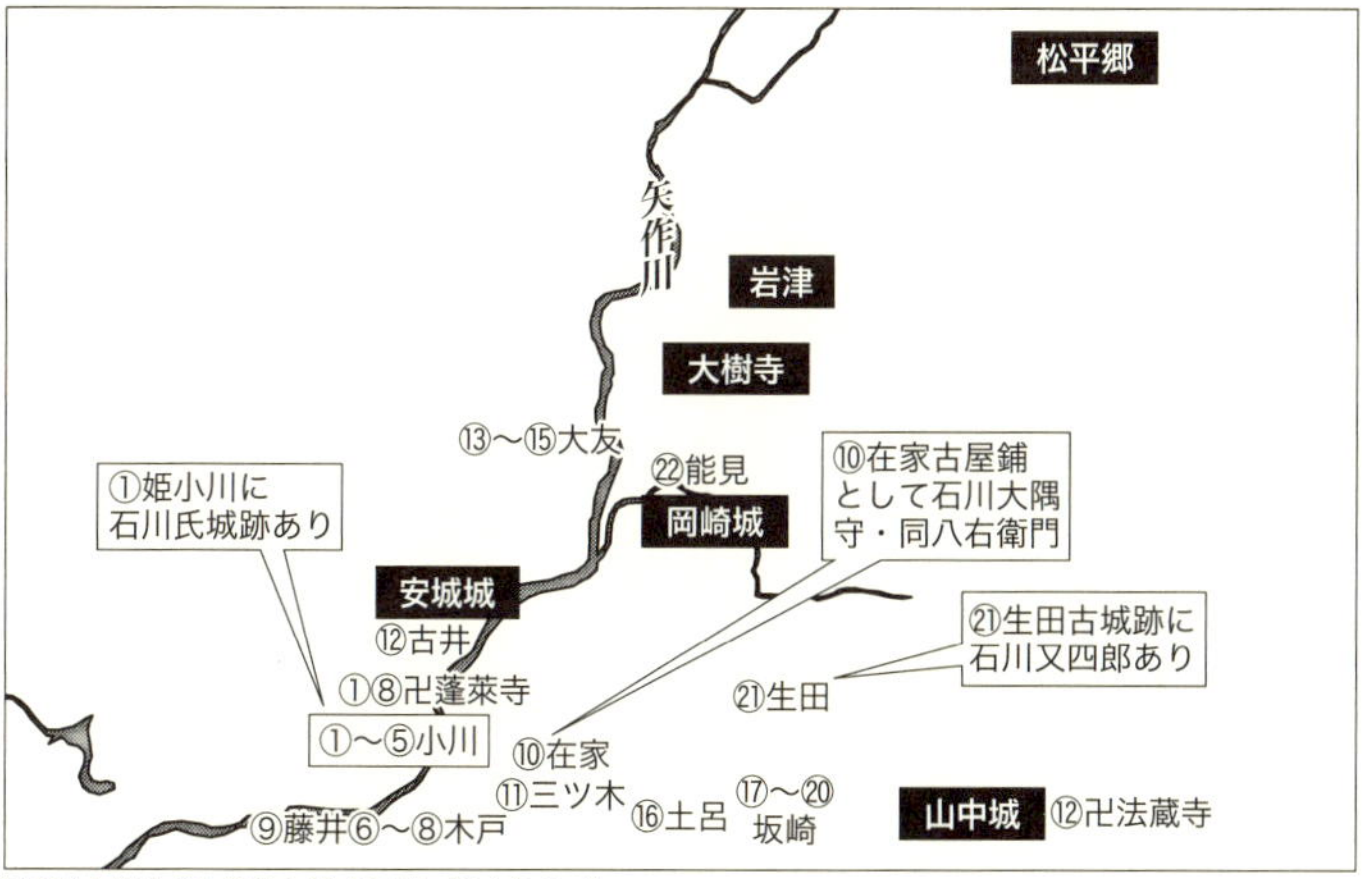

※「諸士出生記」「諸士姓名目録」等より作成。

別できなかったため、駿河譜代という概念を創出したのであろう。

同様の理由で、岩津譜代という概念を用いている場合もある。

尾張藩士で『塩尻』の作者である天野信景によれば、安城譜代より昔から松平家に仕えた家系として「松平三河守泰親主より和泉守信光主に至りて仕ふまつりし旧臣七家あり所謂《いわゆる》、酒井（御一族）、大久保（宇都宮流）、林（小笠原流）、成瀬（二条殿裔）、天野・横内（高力惣領《そうりよう》）松永也」と岩津譜代らしき概念を掲げている。

山中譜代を称する家系がないことから、その代わりに岩津譜代や駿河譜代という概念を持ち出さざるを得なかったのだろう。

系図はウソをつく

三御譜代の分析は、多くの場合、家系図による自己申告に頼らざるを得ない。

しかし、家系図は自家の歴史と伝統を誇るものであり、武家時代においては、それが大きな価値を持つものであったから、嘘で塗り固めたケースが非常に多い。

岡崎家臣団の系図では、家康の家系と自家がいかに古くから深い関係を持っていたかを強調するものであるから、岡崎譜代が安城譜代であると偽り、安城譜代が岩津譜代であると偽ることがままある。

新行紀一氏は成瀬家の事例をあげ、「基直《もとなが》が親氏に従い、政直《まさなお》は泰親・信光に随《したが》って岩津に移り、文明一七（一四八五）年没。直庸《なおつね》は安城の親忠に属して木戸村（安城市）に居館を設け、国平《くにひら》は親忠・長親に仕えて六名《むつな》に住して正義《まさよし》にいたったというのが寛政譜の記事である。

これによれば六名居住は一五世紀末から一六世紀初めのこととなるが、銘文の示すところでは一五世紀中葉には国平はすでに六名の影山を本拠としていた。（中略）

成瀬氏は岡崎松平家成立以後は、その家臣になっていたであろう。六名は岡崎家の本拠地明大寺に近接するし、成瀬家菩提寺《ぼだいじ》安心院は明大寺の岡崎城から二〇〇メートルほどの場所に位置しているからである」と推測し、「成瀬氏の場合も他の譜代諸家と同様に、松平氏とくに安城家との関係をより深いものにしようとする作為があったとみられる」と述べている（『新編　岡崎市史　中世2』）。

そこで、各大名家の公式見解である『寛政譜』を紹介しつつ、地誌などを参考にして、各家の歴史を分析していきたい。この節では、安城譜代の七家について紹介していくが、紙幅の関係から青山家、植村家を割愛することをお許し願いたい。

2　石川家

安城の一向宗有力門徒

石川家は安城譜代の筆頭重臣である。一向宗の有力門徒として、碧海郡小川村（安城市小川町）を中心に発展した。

石川忠輔《ただすけ》（もしくはその子・石川忠成［一般には清兼］）は松平家の家老「五人衆」の一人に数えられ、その孫・石川広成（一般には康正）は広忠亡き後の岡崎城代を務めた。

広成の弟・石川家成は家康の三河統一に従い、数々の合戦で先鋒《せんぽう》に任ぜられ、「三備」の軍制改革で西の旗頭を務めた。家康の遠江攻略で家成が懸川城主になると、広成の子・数正（のち康輝、吉輝）が西の旗頭を引き継ぎ、築山事件以後に岡崎城代となったが、小牧・長久手の合戦の後、徳川家から出奔し、豊臣秀吉についたことでも知られる。

『寛政譜』によれば、石川家の先祖は源陸奥六郎義時《みなもとのむつろくろうよしとき》（八幡太郎義家の弟）の子孫で、義時の子・武蔵守義基が「河内国石川郡を領せしより」石川を称したことに始まるという。

その子孫は下野国小山《おやま》（栃木県小山市）に住み、母方の姓を名乗って小山を称したが、小山下野権守《しもつけごんのかみ》政康《まさやす》は本願寺蓮誉（蓮如《れんによ》の誤りか？）が下野国に浄土真宗をひろめに来た時、その指示を受けて三河国に赴き、三河国碧海郡小川村に移り住み、石川に復姓した。

そして、政康は松平家の四代・親忠に請われ、「政康が男一人をめされて家老となさるべきむね仰せありしにより、三男源三郎某をまいらす」。こうして源三郎親康《ちかやす》が安城松平家の家老となったという。

新行紀一氏は「石川氏は出自はともかく、十五世紀前半の三河守護であった一色《いっしき》氏の被官であったようである。一色分国の丹後守護代に石川氏があり、永享十二年五月、一色義《よし》

安城譜代7家

区分	家名		君主	天正18年			拠点	
		系統		当主	石高(石)	血縁	諸氏出生記など	現住所
安城譜代	石川	与八郎	親忠	石川日向守家成	5,000		碧海郡小川村	安城市小川町
				石川長門守康通	20,000	家成の長男		
				石川伝次郎一勝	210	家成の甥		
		四郎		石川四郎三郎春久	200	(分家)		
		八左衛門	清康	石川八左衛門重次	2,500	(関係不明)	碧海郡在家村	岡崎市在家町
		与次右衛門	清康	石川与次右衛門永正	300	(関係不明)	(不明)	
	酒井	雅楽助		酒井河内守重忠	10,000	正親の次男	(不明)	
				酒井備後守忠利	3,000	正親の三男		
		左衛門尉		酒井左衛門尉家次	30,000	忠次の長男	額田郡井田村	岡崎市井田町
		作右衛門		酒井作右衛門重勝	2,000	(関係不明)	碧海郡艘越村	岡崎市艘越町
	本多	平八郎	泰親	本多中務大輔忠勝	100,000		額田郡洞村	岡崎市洞町
		彦八郎	泰親	本多縫殿助康俊	5,000	忠次の養子	宝飯郡伊奈村	豊川市小坂井町
		作左衛門	信忠	本多作左衛門重次	3,000		額田郡欠村	岡崎市欠町
				本多九蔵秀玄	150	重次の甥	額田郡大平村	岡崎市大平町
		彦三郎	長忠	本多豊後守康重	20,000		碧海郡土井村	岡崎市土井町
		弥八郎	清康	本多佐渡守正信	10,000		碧海郡小川村	安城市小川町
	大久保	五郎右衛門	信光	大久保五郎右衛門康忠	—	忠勝の長男	碧海郡上和田村	岡崎市上和田町
				大久保七郎右衛門忠世	45,000	忠勝の従弟	額田郡羽根村	岡崎市羽根町
				大久保相模守忠隣	20,000	忠世の長男		
				大久保治右衛門忠佐	5,000	忠世の弟	碧海郡上和田村	岡崎市上和田町
				大久保金兵衛忠時	550	忠勝の従弟		
	阿部	善九郎	清康	阿部伊予守正勝	5,000		碧海郡小針村	岡崎市小針町
		新四郎	清康	阿部新四郎重吉	—	(関係不明)		
		大蔵	信忠	阿部四郎五郎忠政	—	(関係不明)		
	青山		親氏	青山播磨守忠成	5,000		額田郡百々村	岡崎市百々町
				青山図書助成重	3,000	忠成の従弟		
	植村	新六郎	長忠	植村新六郎家次	500		碧海郡東本郷村	岡崎市東本郷町
				植村土佐守泰忠	3,000	家次父の従弟		
		庄右衛門	広忠	植村庄右衛門正勝	—	(関係不明)		

※「君主」欄は、『寛政譜』にいつから仕えたかの記述があることを示す。

石川家系図

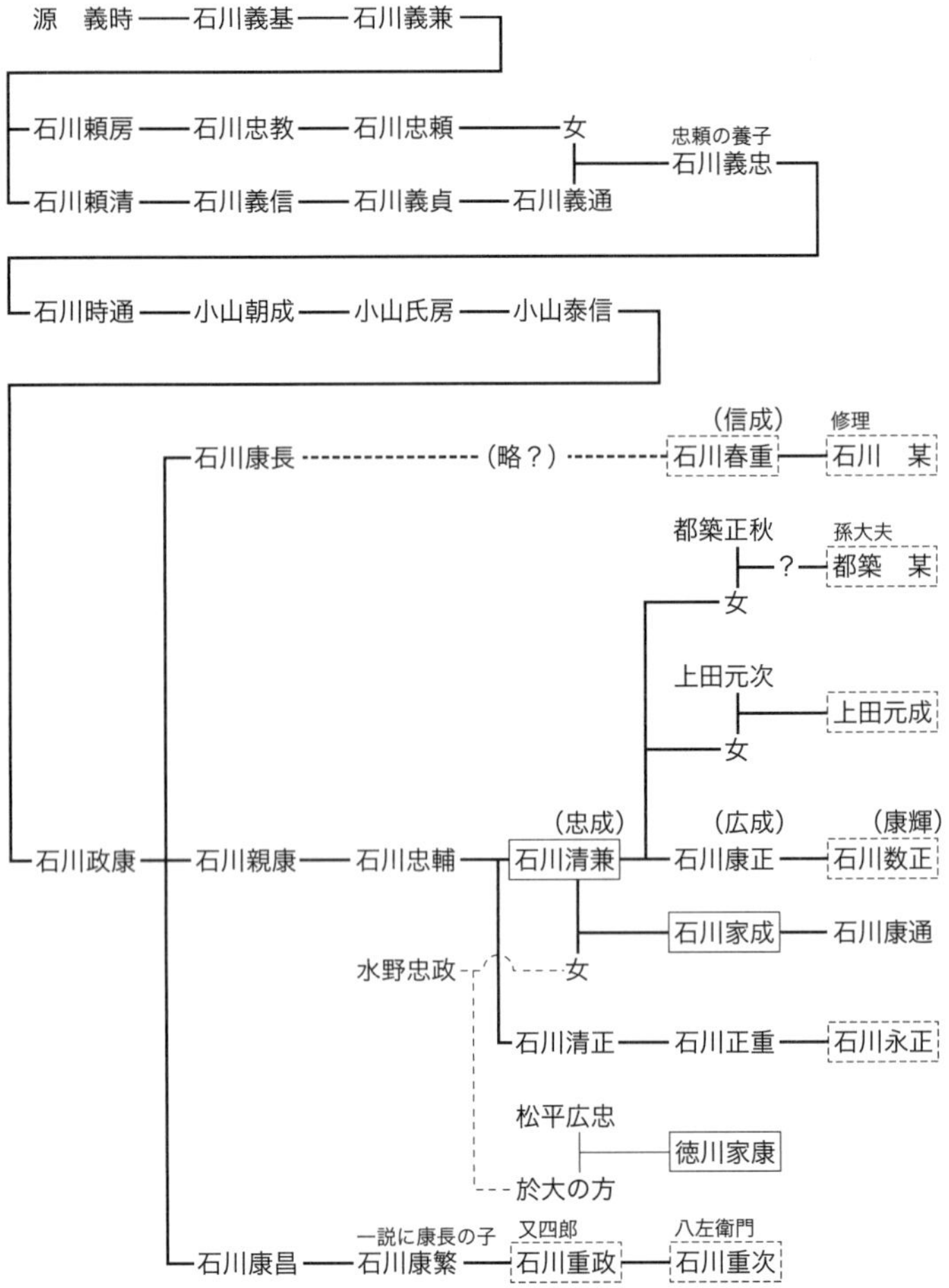

源　義時
石川義基
石川義兼
石川頼房
石川忠教
石川忠頼
女
忠頼の養子
石川義忠
石川頼清
石川義信
石川義貞
石川義通
石川時通
小山朝成
小山氏房
小山泰信
石川康長
（略？）
（信成）
石川春重
修理
石川　某
都築正秋
？
孫大夫
都築　某
女
上田元次
上田元成
女
石川政康
石川親康
石川忠輔
（忠成）
石川清兼
（広成）
石川康正
（康輝）
石川数正
石川家成
石川康通
水野忠政
女
石川清正
石川正重
石川永正
松平広忠
徳川家康
於大の方
石川康昌
一説に康長の子
石川康繁
又四郎
石川重政
八左衛門
石川重次

※『寛政譜』等より作成。

貫《つら》（義範）が将軍義教に誅殺《ちゅうさつ》された後の京都屋敷受渡しをめぐる戦闘の死者に石川氏がある。また『応仁記』にも一色家臣石川氏の存在を伝えている」とまとめている（『一向一揆の基礎構造』）。

松平・徳川家臣団の居住地を記述した地誌に、愛知県立図書館蔵の「諸士出生記」、『参河志』採録の「諸士姓名目録」がある。それらの地誌を見ると、石川家は碧海郡小川村を中心として、木戸村（安城市木戸町）、坂崎村（額田郡幸田町）、大友村（岡崎市東大友町、西大友町）に勢力を拡げていることがわかる。

小川村は安城の南ほぼ八キロメートルにある村で、安城松平の分家がある桜井村、藤井村のほぼ中間にある。地理的にも安城譜代であったことがうかがえる。

ちなみに、石川家は碧海郡野寺村（安城市野寺町）の本証寺との繋《つな》がりが深いが、本証寺は、下野国の小山靭負佐《ゆきえのすけ》兼光が出家して天台僧・性空《しょうくう》となり、のちに親鸞《しんらん》に帰依して慶円と称し同寺を創建したという。石川家が祖先を小山家に求めるのは、本証寺の開祖との結びつきを僭称《せんしょう》してのことかもしれない。

名前の混乱

『寛政譜』によれば、歴代当主は以下の通りである。

・石川下野権守政康（生没年不詳）

・石川左兵衛尉親康（生没年不詳）親忠に仕える。
・石川左近大夫忠輔（生没年不詳）親忠・長忠に仕える。
・石川安芸守清兼（生没年不詳）清康・広忠に仕える。室は水野忠政の女
・石川日向守家成（一五三四〜一六〇九）家康に仕える。室は竹谷松平清善の女
・石川長門守康通（一五五五〜一六〇七）家康に仕える。室は植村家存の女

ただし、『寛政譜』が伝える石川家の人々の名前を当時の古文書と突き合わせると、かなり相違している。

まず、石川安芸守清兼は「初忠成」と記述されているが、終生「忠成」を名乗っていたらしく、「清兼」と名乗った確証がない。

清兼の清の字は、松平清康から偏諱《へんき》を与えられたと考えるべきであるが、『岡崎市史 史料6（古代、中世）』を見る限り、清康の死後も「忠成」という名を引き続き使っており、「清兼」と名乗った古文書は掲載されていない。「清兼」と名乗ったこと自体が怪しまれる。

清兼には三人の男子が掲げられ、長男を康正、次男を一政、三男を家成という。

長男の康正は石川伯耆守数正の父に当たる。この康正について、三河徳川家研究者の煎本増夫氏は永禄六（一五六三）年に勃発した三河一向一揆の首謀者「石川修理広成」こそ、康正のことだと比定している（『戦国時代の徳川氏』）。

また、煎本氏は『寛政譜』の石川清兼の項に「嫡孫伯耆守（数正）」という記述があることに注目し、その父・康正は石川家の嫡男であったが、三河一向一揆の首謀者となったために廃嫡され、三男の家成が家督を相続したのだと推測している。

代々家老を務める

天文年間（一五三二〜一五五五）松平家家老（もしくは奉行衆）に「五人衆」と呼ばれた職掌があったらしい。

『寛政譜』の内藤右京進の項に「右京進及び石川左近大夫忠輔、植村新六某、天野清右衛門貞有、林藤助某等を岡崎の五人衆と称す」と記されており、「岡崎領主古記」には「天文年中五奉行ト云ハ、石川安芸守忠成（清兼）、青木越後守、酒井雅楽助政家（正親）、酒井左衛門尉忠次、天野清右衛門康弘（貞有）ト有《あり》」との記述が見られる。いずれの説にしても、石川忠輔・忠成父子が松平家の重臣を務めていたことが確認できる。

また、家康が生まれた時、蟇目《ひきめ》の役を石川忠成、胞刀《ほうとう》の役を酒井政家が務めており、松平家を代表する重臣であったことがわかる。

『寛政譜』によれば、忠成の長男・修理広成（一般には右近大夫康正）は、広忠が死去した「天文十八（一五四九）年より阿倍《ママ》大蔵某とおなじく岡崎の城代をつとむ」との記述があり、さらに同年、家康が今川家の人質になると、広成の子・助四郎数正が従者に加わっている。

西の旗頭・石川家成

忠成がいつ死去したか明らかではないが、家康の命により末男・石川日向守家成がその跡を継いだ。家成の母・妙西尼は、徳川家康の母・於大の方の姉にあたり、家成は家康より八歳年上の従兄弟にあたる。

家成は永禄元（一五五八）年に家康が寺部城攻めで初陣を果たすとその先鋒を務めた。同三年の桶狭間の合戦で家康が丸根砦を攻める際、家成は酒井忠次とともに全軍を指揮。桶狭間の合戦後、家康が三河統一を進めると、家成は翌四年の長沢城攻略で先鋒を務めた。また、永禄六年の三河一向一揆では、宗旨を改めて家康につき、山中城を守って東三河の今川勢と対峙《たいじ》した。

永禄九年頃の三備改革では、家成は西の旗頭を務めた。東の旗頭である酒井忠次と並ぶ重臣と認められたわけである。

永禄一二年の遠江攻略で徳川家康は懸川城を攻め、和議を結んで開城させると、家成を懸川城主に任じた。

天正八（一五八〇）年に家成は隠居し、嫡男・長門守康通がその跡を継いだ。

康通は同一八年の関東入国で上総国成戸二万石を賜り、慶長五（一六〇〇）年に美濃国大垣五万石に転封されたが、子の安芸守忠義が家康の勘気にふれて蟄居《ちっきょ》したこともあり、家成の外孫で養嗣子の主殿頭忠総《ただふさ》（大久保忠隣の次男）が家督を継いだ。

忠総は下総国佐倉藩七万石から近江国膳所《ぜぜ》に転封し、子孫は山城国淀藩、備中国松山藩を経て、伊勢国亀山藩六万石を領した。分家として常陸国下館藩二万石がある。

豊臣家に奔《はし》った石川数正

永禄一二年に石川家成が懸川城主に就任するにともない、西の旗頭は甥《おい》の石川伯耆守数正（のち康輝、吉輝）に引き継がれた。

数正の生年は不詳。一説に天文二（一五三三）年とあり、叔父・家成と一歳しか違わない。

天文一八年に家康が今川家に人質として送られた時、数正はその従者となった。

永禄四年頃、家康が織田信長と同盟を結んだ際に、その使者として尾張清洲城に派遣されたという説もあるが定かではない。翌五年の鵜殿兄弟と家康の妻子（築山殿と岡崎信康、亀姫）との人質交換では、数正が交渉に赴き、成功に導いている。外交手腕が高かったということだろう。

そして、先述したように、永禄一二年に西の旗頭を引き継ぎ、元亀元（一五七〇）年の姉川の合戦、同三年の三方原の合戦、天正三年の長篠の合戦で先鋒を務めた。

天正七年に築山事件が起こり、三河岡崎城主・岡崎（次郎）三郎信康が自刃させられると、数正が岡崎城代を務めた。ただし、正確な就任時期は不明である。

天正一〇年の本能寺の変で、数正は家康の伊賀越えに従った。

同一二年の小牧・長久手の合戦では小牧山の本陣を守り、合戦後には豊臣秀吉との交渉役となった。外交手腕の高さが評価されての人選であろう。ところが、これが裏目に出る。家康に背いて徳川家から出奔し、豊臣秀吉についてしまうのだ。

この頃、数正は家康から偏諱を受け、石川伯耆守康輝と改名していたが、秀吉から偏諱を受けて吉輝と改名した（本書では紛らわしいので、数正に表記を統一する）。

天正一八年に小田原北条氏が秀吉に降伏すると、石川数正は信濃深志城八万石を与えられ、文禄元（一五九二）年に死去。子の玄蕃頭《げんばのかみ》康長が跡を継いだ。

慶長五年に関ヶ原の合戦が起きると、康長は家康方につき、所領を安堵《あんど》されたが、同一八年に大久保長安の事件に連座し、二人の弟とともに改易され、数正の家系は絶えた。

3　酒井家

二つの酒井家

酒井家の家祖・酒井雅楽助広親は、松平家の初代・親氏の子といわれ、酒井家は譜代筆頭の家柄と伝えられる。

『寛政譜』によれば、初代・酒井「雅楽助広親は親氏君の男にして、母は酒井与右衛門某が女なり。三河国幡豆郡酒井村に生れしより酒井を称し親氏君につかふ」という。

松平家の初代・親氏が松平家に婿入りする前に、三河国幡豆郡酒井村の酒井与右衛門（一説に五郎左衛門）の婿養子となり、一子をもうけたが、妻と死別したため、さらに放浪して松平屋敷に迎えられた。その遺児・広親が、酒井家の家祖だというのだ（名前については、雅楽助広親、小五郎親清、忠広との説もある。また、親氏の義妹の子という説もある）。

無理矢理、松平家との縁故をこしらえたような話で、にわかには信じがたい。なにしろ、幡豆郡には酒井村という地名がなく、家伝というより伝説に近い。

新行紀一氏は、酒井家が松平家臣の中でも「家人的色彩がもっとも濃いとされている」と指摘し、松平家の三代・松平「信光の頃には酒井は松平被官化しており、被官中最も早いものであるために、後世に庶子云々の伝承が形成されたのであろう」と推定している（『一向一揆の基礎構造』）。

これに対し、筆者は第一章で述べたように、「浪合記」の「酒井与四郎忠則、三州鳴瀬ニ住ス。後大浜ノ下宮ニ蟄居。成瀬七郎忠房、太郎左衛門忠親ハ正行寺ニ居ス。此三人ハ兄弟ナリ。新田ノ一族、大舘ノ裔《すえ》、大舘又太郎宗氏子ナリ」という記述を信じ、清康が酒井家から「新田系図」を譲り受けて世良田氏を名乗り、両家が同族と吹聴《ふいちょう》したことが酒井家庶子説のもとになったと推測している。

ちなみに、正行寺（岡崎市島町）は西郷松平家が本拠とする旧岡崎城（明大寺）の北、一キロメートル以内に位置する。「諸士出生記」「諸士姓名目録」などの地誌を見ると、酒井家は井田村（岡崎市井田町）を中心に、その北西に居住していることがわかる。つまり、正行寺から岩津、井田近辺に居住範囲を拡げ、岩津松平家の家人となり、その後に西郷松平家の家臣になったのだろう。

また、岡崎城の南、針崎村（岡崎市針崎町）に忠次の祖父と伝えられる酒井左衛門尉（氏忠？）の「屋敷跡壱丁五反程」があり、成瀬家の先祖・浄勇（成瀬重左衛門政直、法名・浄運のことか）も近隣に住んでいたという。

ちなみに、「諸士出生記」「諸士姓名目録」には三河出身の徳川家臣がほぼ採録されているが、重臣・酒井雅楽頭政家（一般には正親）の名が見えない。筆者は、清康が山中城を攻め落とした時の城主が、政家の父・清秀だと考えている。松平・徳川家最古参の譜代重臣が敵将だったということが憚《はばか》られたため、記録から抹殺されたのであろう。

雅楽助家

酒井家の家祖・広親には二人の子があり、長男の子孫は雅楽助《うたのすけ》を名乗り（雅楽助家）、次男の子孫は代々左衛門尉を名乗った（左衛門尉家）という（長序の列を逆とする説もある）。『寛政譜』によれば、酒井雅楽助家の歴代当主は以下の通りである。

・酒井与四郎広親（?〜一三九二）
・酒井与四郎家忠（?〜一四三八）
・酒井与四郎信親（?〜一四七七）
・酒井与四郎家次（?〜一五一九）長忠に仕える
・酒井与四郎清秀（?〜一五五一）
・酒井雅楽頭正親（一五二一〜一五七六）清康〜家康に仕える。室は石川清兼の女
・酒井河内守重忠（一五四九〜一六一七）家康・秀忠に仕える。室は山田重辰の女

新行紀一氏は、酒井家が松平家と縁戚にあたる譜代筆頭といわれながら、「松平氏との関係が系譜にのせられているのは、長親に仕えた四代家次から」で不審な点が多いと、暗に探られたくない過去を隠蔽していると考え、酒井雅楽助家の菩提寺・龍海院の過去帳にある「『酒井三代与四郎信親公三州岩津城主』（広親孫）は文明九年七月三日没、『酒井四代三州岩津与四郎家次』（信親子）は永正十六年八月十六日没」という記事に注目した。「他書にはこのような所伝はないが、岩津には『長禄三巳年八月十二日酒井与四郎源広親墓』と刻まれた宝篋印塔《ほうきょういんとう》があって、型式上年代に合致し、その所在は岩津城の外堀を隔てた南の台地で、立地条件はまったく境内墓地に適しているという。

とすると、酒井と松平の関係は従来の理解と相当変わってこざるをえない。

松平泰親が岩津城を攻略した時の城主は岩津（または中根）大膳と伝えるが、これは誤

酒井家の分布

在所	氏名
①加茂郡松平村	酒井与四郎(広親?)
②額田郡井田村 ③額田郡生田村	酒井左衛門尉(忠次) 酒井彦四郎
④額田郡針崎村	酒井三十郎
⑤額田郡針崎村	酒井左衛門尉(屋敷)
⑥碧海郡押鴨村	酒井将監(忠尚)
⑦碧海郡北野村	酒井金弥
⑧碧海郡境村	酒井与左衛門
⑨碧海郡舳越村	酒井作右衛門(頼次)
⑩碧海郡安城村	酒井小四郎(信家)

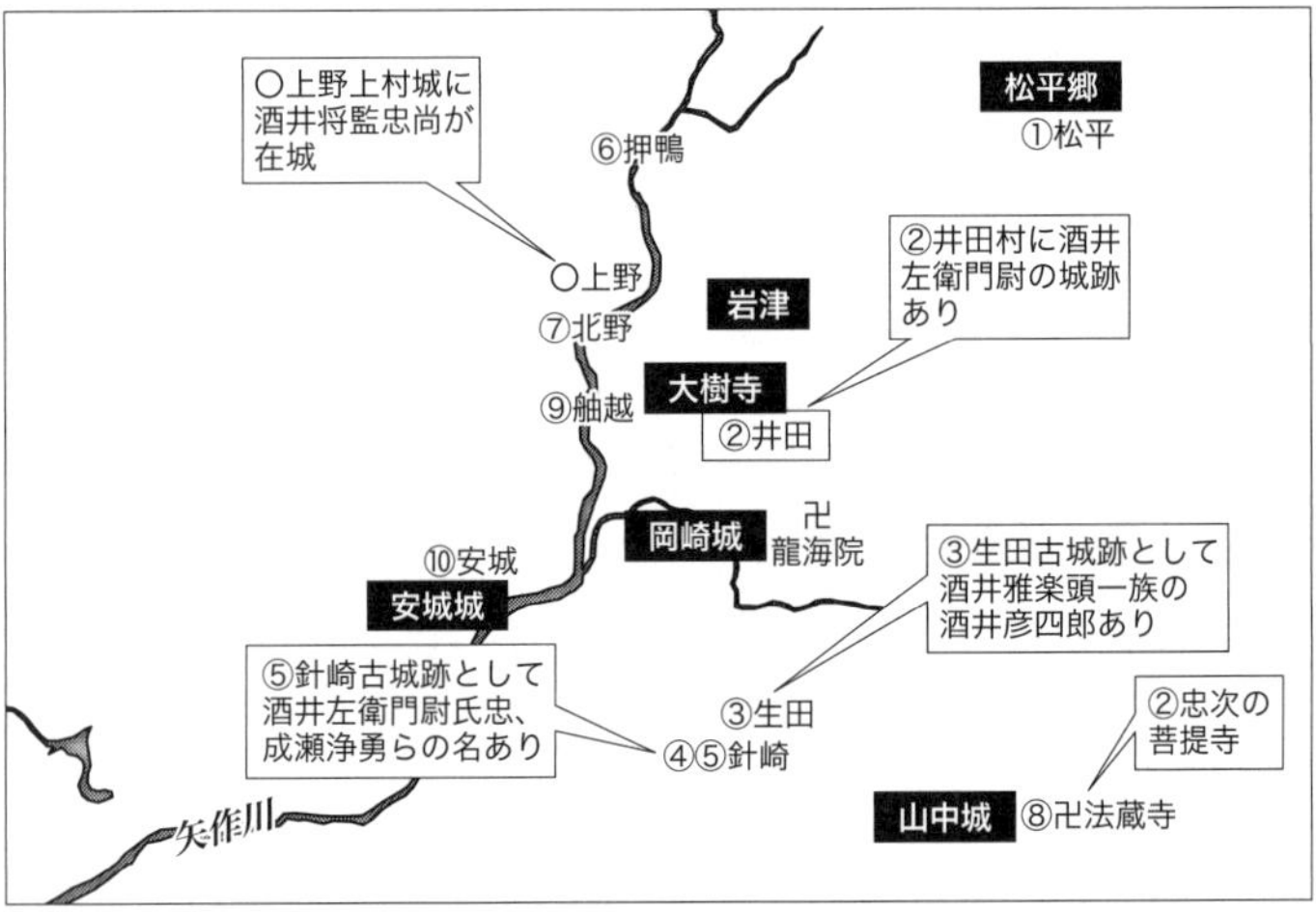

りということになるのだろうか。酒井岩津城主説は他に徴証がないためこれ以上は展開できないが、信光の頃には酒井は松平被官化しており、被官中最も早いものであるために、後世に庶子云々の伝承が形成されたのであろう。

　おそらく松平氏の進出以前から岩津より井田の間に存続していたのではなかろうか。（中略）井田の酒井は左衛門尉系ということになろう。

　所領分与の状況からみて、奉公衆か守護被官かは不明であるが、元来は岩津から井田近辺に本領を有した国人的領主であったことはまちがいあるまい」と指摘している（『一向一揆の基礎構造』。引用者が適宜改行。ちなみに引用文中の長禄三巳年は一四五九年で、『寛政譜』の没年と六七年異なる）。

西尾城主の酒井政家（正親）

　雅楽助家の主要人物に、清康〜家康期に活躍した重臣・酒井雅楽頭政家がいる。『寛政譜』では諱《いみな》を「正親」「初政家《はじめ》」（初名は政家）と記述しているが、発給文書は概ね《おおむ》「政家」（もしくは正家）になっており、実際は「政家」と名乗っていたようだ。

　政家は清康以来の重臣で、広忠の岡崎帰還に功があった。また、家康が今川家の人質になると、従者に加わった。

　政家は永禄元（一五五八）年に家康が寺部城攻めで初陣を果たすとその先鋒を務め、永禄三年の桶狭間の合戦に御馬廻として従った。

桶狭間の合戦後、政家は翌永禄四年の西条城（愛知県西尾市）攻めの主力として活躍。同城が陥落すると、家康は麾下《きか》の士・一二人を与力に附け、政家を城主とした（西条城を西尾城と改称）。永禄六年の三河一向一揆では家康方として、荒川義広らと戦った。

その後、永禄一二年の懸川城攻め、元亀三（一五七二）年の三方原の合戦、天正三（一五七五）年の長篠の合戦に参加した。

天正四年に政家が死去すると、嫡男・河内守重忠が跡を継いだ。

重忠は天正一八年の関東入国で武蔵国川越一万石を賜り、関ヶ原の合戦後の慶長六（一六〇一）年に上野国厩橋藩三万三〇〇〇石に転封され、子孫は播磨国姫路藩一五万石を領した。分家として若狭国小浜藩一〇万三五〇〇石、上野国伊勢崎藩二万石、越前国敦賀《つるが》藩一万石、安房国勝山藩一万二〇〇〇石がある。井伊家と並ぶ譜代の重臣であり、四人の大老を出している。

左衛門尉家

『寛政譜』編纂時（一七九九～一八一二年）に酒井左衛門尉家が江戸幕府に呈上した系譜によれば、家祖・酒井広親に二人の男子があって、長男・小五郎氏忠の子孫が左衛門尉家であり、次男・政親の子孫が雅楽助家だと述べている。ただし、雅楽助家では、広親の子に与四郎家忠しか掲げておらず、この家忠と政親が同一人物なのか不明だという。

そこで、折衷案として、雅楽助家の系図を主として広親の次男に氏忠を載せ、その子孫に左衛門尉家の系図を続けるのが一般的になっている。

『寛政譜』によれば、酒井左衛門尉家の歴代当主は以下の通りである。

・酒井小五郎氏忠　（生没年不明）
・酒井左衛門尉忠勝（　?〜一四七〇）
・酒井左衛門尉康忠（　?〜一五〇二）
・酒井左衛門尉忠親（　?〜一五四二）
・酒井左衛門尉忠次（一五二七〜一五九六）家康に仕える。室は碓井姫（清康の女）
・酒井宮内大輔《くないたゆう》家次（一五六四〜一六一八）家康・秀忠に仕える。室は榊原政吉の女

なお、『参河志』にも酒井家の系図が掲載されているが、『寛政譜』と様相を異にする。『寛政譜』では「広親—家忠—信親—家次—清秀—正親」としているが、『参河志』掲載の系図では「広親—家忠—信親—親重—正親」として、親重の兄に氏忠を載せ、「氏忠—康忠—忠次」と繋げているのだ（つまり、忠次の父と正親が従兄弟になっている）。

しかも、『寛政譜』では忠次の兄・忠善を「法名浄賢愚玉」としているが、『参河志』では忠次の祖父・氏忠の法名を「愚玉浄賢」としている。

また、新井白石が著した『藩翰譜』では、「徳川殿の御先祖源親氏《ちかうじ》と申し奉る。初めて

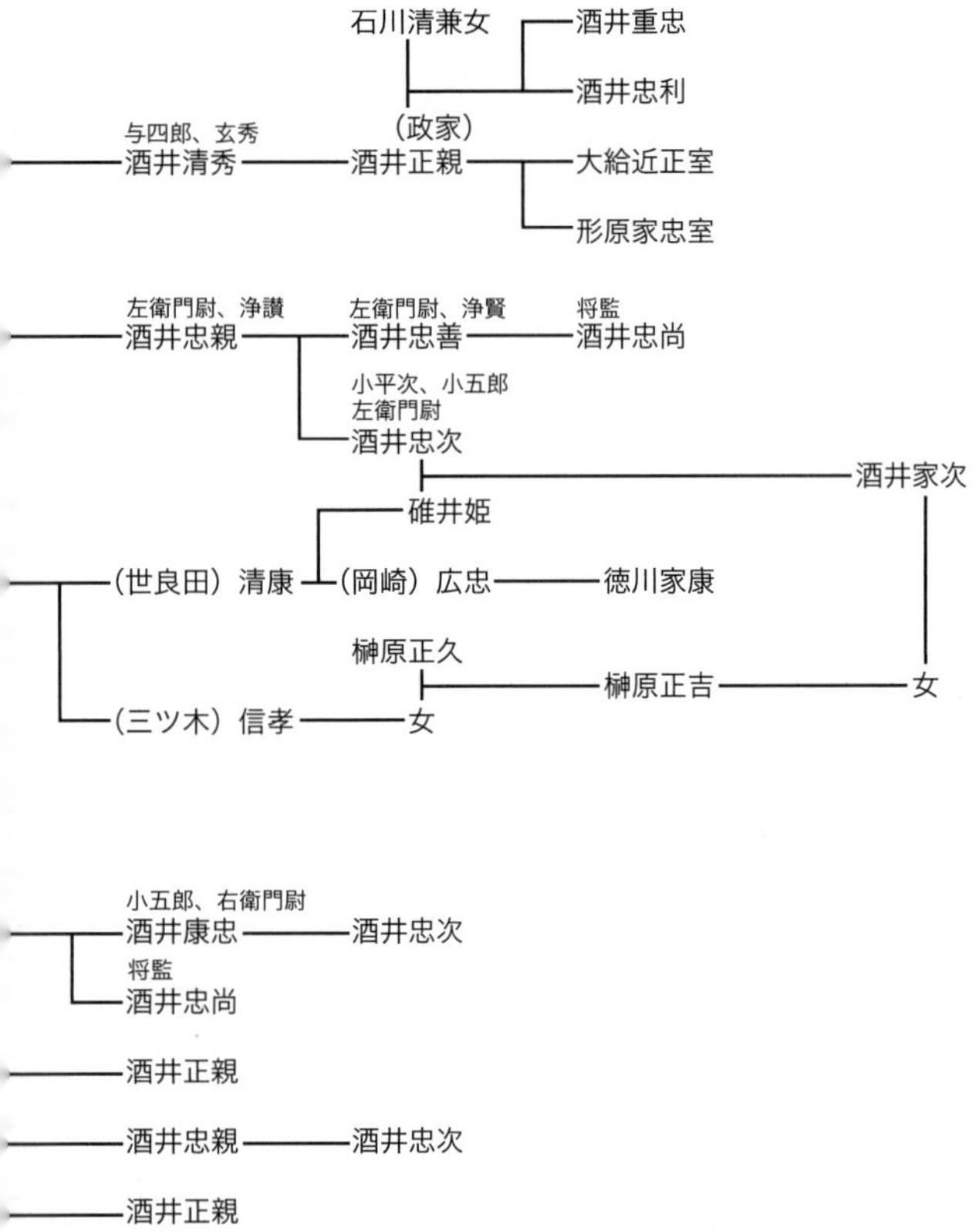
石川清兼女
酒井重忠
酒井忠利
（政家）
与四郎、玄秀
酒井清秀
酒井正親
大給近正室
形原家忠室
左衛門尉、浄讃
酒井忠親
左衛門尉、浄賢
酒井忠善
将監
酒井忠尚
小平次、小五郎
左衛門尉
酒井忠次
酒井家次
碓井姫
（世良田）清康
（岡崎）広忠
徳川家康
榊原正久
榊原正吉
女
（三ツ木）信孝
女
小五郎、右衛門尉
酒井康忠
酒井忠次
将監
酒井忠尚
酒井正親
酒井忠親
酒井忠次
酒井正親

酒井家系図

『寛政譜』の記述

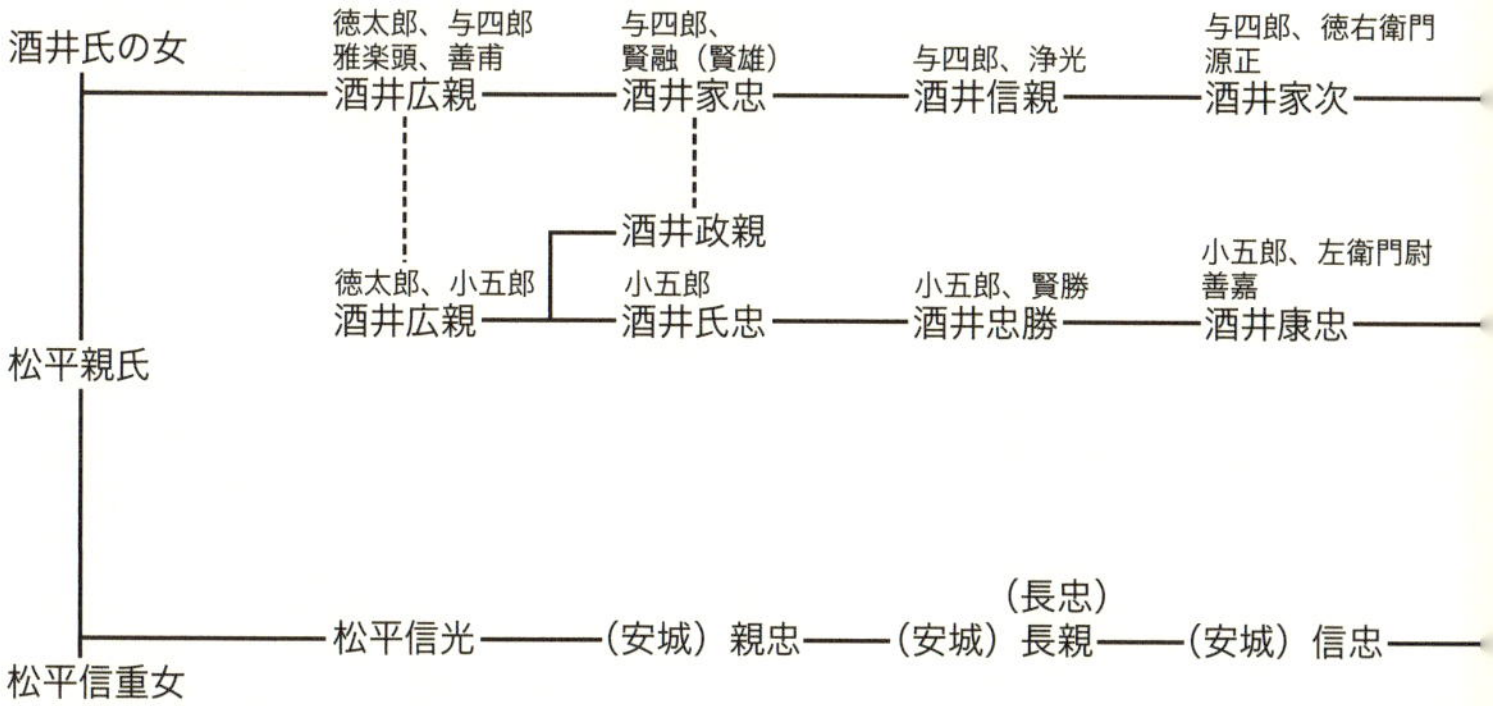

『参河志』の記述

いくつかの説がある。

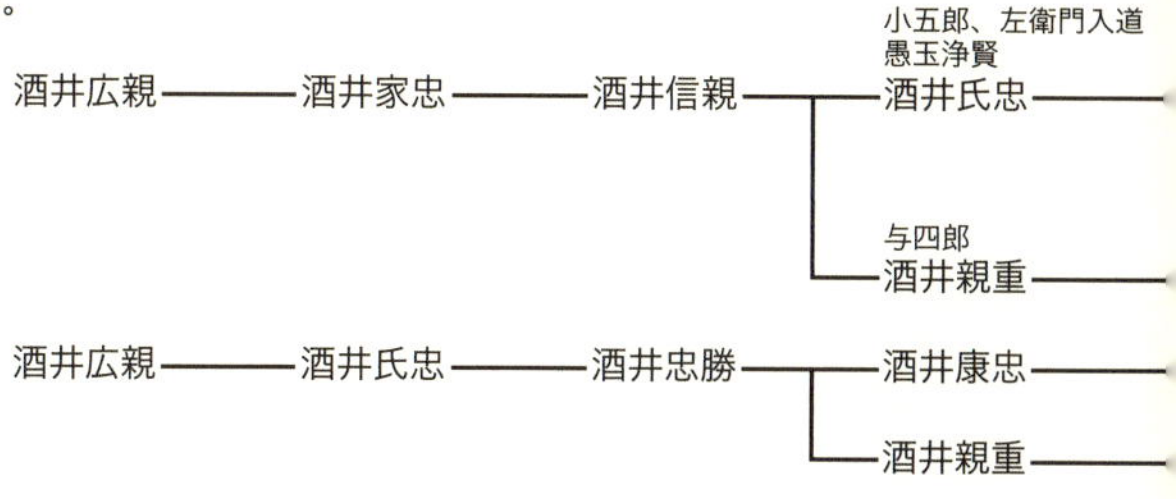

三河国に至り玉ひ、坂井といふ所に留まり、嘉吉元年十二月、御子一人設《もう》けらる。坂井五郎親清といふ。（中略）坂井五郎親清男子二人、兄は小五郎親忠、弟は与四郎親重といふ。（中略）小五郎後に信光の御子親忠と申し奉れば、おのが名乗を改めて坂井左衛門尉氏忠といひ、入道として浄賢と号す。是も男子二人、兄は将監忠尚、弟は左衛門尉忠次といひしなり。与四郎親重は雅楽助正親の父なりと云云《うんぬん》」と記している。

雅楽助家と左衛門尉家は、家祖・広親の二子からそれぞれ分かれた家柄と称しているが、実際はもっと近親だった可能性がある。

筆頭家老・酒井将監忠尚

酒井左衛門尉家の主要人物には将監忠尚、左衛門尉忠次がいる。

将監忠尚は初名を忠賀《ただよし》と伝え、『三河物語』によれば、「筆頭家老だったので、『ご主君様か将監様か』といわれるほどの威勢」を誇っていたのだという。

酒井将監はしばしば家康に対して反抗的な態度を取り、永禄六年頃には上野上村城《かみむら》（豊田市上郷町）に立て籠もっていた。同年に三河一向一揆が起きると、一揆方に与《くみ》して家康に叛旗《はんき》を翻したが、翌永禄七年に上野上村城は落城。忠尚は駿河に去ったという。

『寛政譜』では、酒井将監忠尚を左衛門尉忠次の甥にしている。忠次の兄に左衛門尉忠善を載せ、その忠善の子に忠尚を繋げているのだ。しかし、活動時期から考えると、忠尚の方が忠次より年長と考えられ、忠尚が忠次の甥というのは信憑性《しんぴょうせい》に欠ける。

新行紀一氏は、旗本・酒井半三郎家の系図を掲げて、忠次を忠尚の甥（忠尚の弟に忠善を載せ、その子に忠次を繋げる）とする説を採用している（『新編　岡崎市史　中世2』）。

三河一向一揆後の「三備」改革で忠次が大抜擢《だいばってき》されたことを考えると、筆者は両者が兄弟ではないかと思っている。家康は兄弟の情を知らないためか、兄弟が敵味方に分かれて戦うと、自分についた方を高く評価するきらいがあるからだ（竹谷松平家の項を参照）。

東の旗頭・酒井左衛門尉忠次

酒井左衛門尉忠次は、家康が若かりし頃の筆頭家老ともいうべき重臣で、「徳川四天王」の一人に数えられた。

永禄六年に三河一向一揆が起きると、忠次は近親の酒井将監忠尚が籠もる上野上村城を攻めた。永禄八年に今川家の東三河の拠点・吉田城（愛知県豊橋市今橋）が陥落すると、忠次は吉田城代に抜擢される。

永禄九年頃の軍制改革（三備）で東の旗頭に任じられ、国衆や松平一族を率いた。のみならず「酒井忠次は寺領安堵や不入権《ふにゅうけん》付与という、いわば大名権力に属するような権限」を与えられていた（『徳川権力の形成と発展』）。

元亀元年の姉川の合戦、元亀三年の三方原の合戦、天正三年の長篠の合戦で先鋒を務めた。長篠の合戦では、織田信長に鳶ヶ巣山砦への奇襲を進言、三〇〇〇の兵を率いて奇襲を成功させ、勝利に貢献した。

天正七年に家康の嫡男・岡崎三郎信康に謀反の噂が出た時、信長に呼ばれた忠次は一切弁明しなかったという。後日、忠次が子・家次の禄高《ろくだか》の低さを嘆くと、家康は「お前でも子がかわいいか」と皮肉ったといわれているが、真偽のほどは確かではない。

天正一〇年の本能寺の変で、忠次は家康の伊賀越えに従い、三河に帰国すると、忠次は信濃攻めの先鋒を任され、信濃経略の最高責任者に任じられた。

忠次の正室は、清康の女・碓井姫(?〜一六一二。於久、臼井姫、吉田姫ともいう)で、はじめ長沢松平政忠に嫁いで康忠を産み、永禄三年五月の桶狭間の合戦で政忠が討ち死にすると、酒井忠次に再縁。嫡男・宮内大輔家次をもうけたといわれている。

忠次が天正一六年に隠居すると、家次が跡を継いだ。

家次は天正一八年の関東入国で下総国臼井三万石を賜り、関ヶ原の合戦後の慶長九年に上野国高崎藩五万石、元和元(一六一五)年の大坂夏の陣後に越後国高田藩一〇万石に転封された。子孫は信濃国松代藩を経て、出羽国鶴岡藩(通称・庄内藩)一七万石を領した。分家として出羽国松山藩二万五〇〇〇石がある。

4　本多家

五つの本多家

本多家は、「徳川四天王」の一人・本多平八郎忠勝、家康の側近・本多佐渡守正信、三河三奉行の一人といわれる本多作左衛門重次を出している徳川家臣団屈指の名門家系といえよう。

『寛政譜』によれば、本多家は藤原兼通（道長の伯父）の子・左大臣顕光《あきみつ》の子孫にあたり、「右馬允助秀《すけひで》豊後国本多に住ず。よりて称号とす」とある。

助秀の子・右馬允助定は足利尊氏に従い、建武三（一三三六）年に粟飯原《あいはら》の志村某を討ち取り、その功により翌建武四年に尾張国横根《よこね》（大府市横根町）、粟飯原の二郷を宛《あて》がわれたという。その子孫がいつの頃か三河に拠点を移したものと推測される。

本多家にはいくつかの流れがある。

①洞《ほら》村の平八郎家（本多平八郎忠勝、子孫は三河岡崎藩五万石など）
②伊奈郷の彦八郎家（本多縫殿助忠次、子孫は近江膳所藩六万石）
③大平村の作左衛門家（本多作左衛門重次、子孫は越前丸岡藩四万六三〇〇石）
④土井村の彦三郎家（本多豊後守広孝、子孫は信濃飯山藩二万石）
⑤西城《さいじょう》村の弥八郎家（本多佐渡守正信、子孫は加賀藩藩老）

「諸士出生記」「諸士姓名目録」などの地誌を見ると、本多家は三河国内に広く分布しており、④土井村（岡崎市土井町）を中心として南西部に拡がった家系と、①洞村（岡崎市洞町）、③大平村（岡崎市大平町）近辺を本拠とする家系、②伊奈郷（愛知県豊川市小坂井町）から東北東に拡がった家系に三分類できよう。こうした背景もあって、これらの本多家が同族意識を持って行動していたとは考えにくい。

本多忠勝肖像（東京大学史料編纂所所蔵模写）

また、『寛政譜』などでは仮に忠勝の家系を筆頭に置いているが、実際にはどの家系が本家かも不明である。

家康以前の状況を見ると、伊奈郷の本多家は牧野家や戸田家と同様に国人領主として松平家に服属しておらず、松平家に仕えていた家系で比較的大身だったのは土井村の彦三郎家のようである。その他の家系は、個人の力量で家康に抜擢されたと考えた方がよいだろう。

また、本多家は一般に安城譜代に分類されるが、実際はそれぞれの流れで松平家に仕えた時期が異なるようである。『寛永系図』を見ると、安城譜代に属するのは土井村の彦三郎家だけで、洞村、大平村、西城村の本多家は清康時代から仕えたと記述している。

洞村の平八郎家

本多平八郎忠勝（のち中務《なかつかさ》大輔）を生んだ家系で、岡崎城の東に位置する額田郡洞村を本拠とする（代々洞村に住んでいたとも、もとは蔵前村に住し、忠勝の代に洞村に移り住んだともいう）。『寛政譜』によれば、歴代当主は以下の通りである。

・本多平八郎助時　（生没年不明）　泰親〜親忠に仕える。
・本多平八郎助豊　（生没年不明）　長忠〜清康に仕える。
・本多平八郎忠豊　（　?〜一五四五）清康に仕える。

本多家の分布

在所	氏名
①額田郡洞村	本多平八郎(忠勝)
②額田郡欠村	本多肥後守(忠真)
③額田郡大平村	本多孫左衛門(重富)
④額田郡大平村	本多作左衛門(重次)
⑤額田郡大平村	本多九蔵(重玄)
⑥額田郡大平村	本多次郎九郎(重正)
⑦額田郡大平村	本多藤平(重定)
⑧額田郡坂崎村	本多甚七
⑨碧海郡土井村	本多豊後守(広孝)
⑩碧海郡土井村	本多彦四郎
⑪碧海郡中ノ郷村	本多刑部
⑫碧海郡安城村	本多市郎兵衛尉
⑬碧海郡姫小川村	本多三弥(正重)
⑭碧海郡西城村	本多弥八郎(正信)
⑮碧海郡野寺村	本多伴四郎(信光)
⑯碧海郡梯崎村	本多金左衛門
⑰幡豆郡永良村	本多嘉蔵

在所	氏名
⑱幡豆郡寄住村	本多新一郎(秀貞)
⑲幡豆郡寄住村	本多新左衛門尉(秀家)
⑳宝飯郡一宮村	本多百助(信俊)
㉑宝飯郡大崎村	本多四郎左衛門(貞近)
㉒宝飯郡伊奈村	本多助大夫(忠俊)
㉓宝飯郡伊奈村	本多彦八郎(忠次)

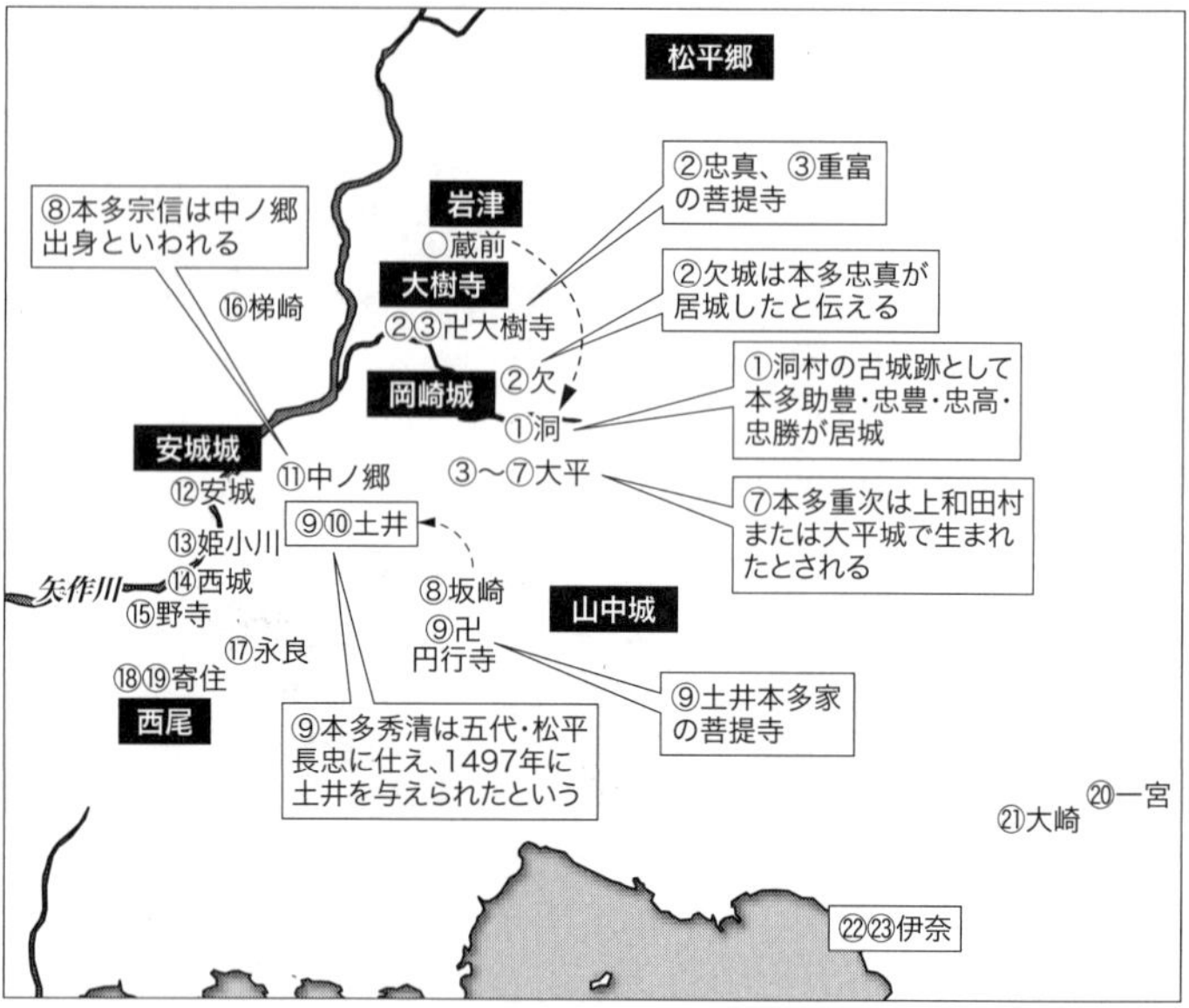

・本多平八郎忠高　（一五二八〜一五四九）広忠に仕える。室は植村氏義の女
・本多中務大輔忠勝（一五四八〜一六一〇）家康に仕える。室は阿知波玄銕の女

『寛政譜』によれば、助定の五代の孫・平八郎助時が「かつてより三河国に住し、泰親君に従ひたてまつり」、松平家の三代・信光の安城城攻めに従って親忠に仕えたとの記述があるが定かでない。また、二代（助時を初代と数えて）の平八郎助豊は永正の井田野合戦に従ったのだという。

三代・平八郎忠豊は清康に仕え、享禄三（一五三〇）年の宇利城攻めに参加。天文一四（一五四五）年に広忠が織田方に奪われた安城城を奪還すべく、安城《あんじょう》清畷《せいなわて》で合戦に及ぶとその先鋒を承った。広忠が敵に挟撃され、窮地に陥ったのを見て、忠豊は広忠の馬印《うまじるし》を奪い取って敵を欺き討ち死にしたという。

四代・平八郎忠高は、天文一八年の安城城攻撃（一説に小豆坂の合戦）で討ち死にし、その弟・肥後守忠真《ただざね》は三方原の合戦で討ち死にした。

五代・本多平八郎忠勝は「徳川四天王」の一人に数えられた猛将である。幼少時に父を失い、永禄三年の桶狭間の合戦で大高城の兵糧入れに一三歳で初陣を飾り、以後五十数度の合戦に従い、一つも傷を負わなかったといわれている。

翌永禄四年、忠勝は長沢城攻略に参加。叔父・忠真が敵兵を突き倒して、忠勝に首を取るように促すと、「我なんぞ人の力を借りて、武功をたてんや、とてすなわち敵軍に馳入

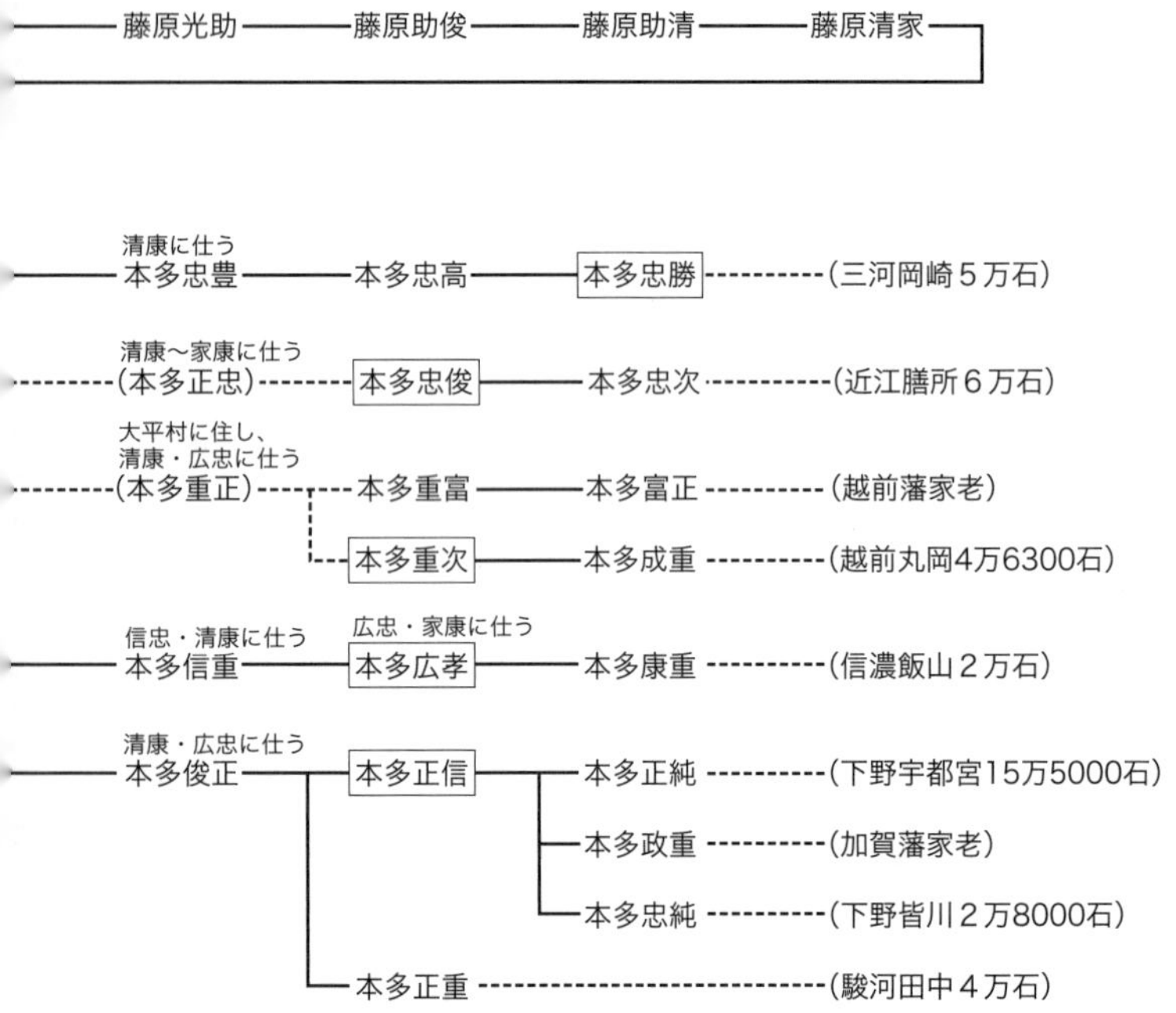
藤原光助
藤原助俊
藤原助清
藤原清家
清康に仕う
本多忠豊
本多忠高
本多忠勝
(三河岡崎５万石)
清康〜家康に仕う
(本多正忠)
本多忠俊
本多忠次
(近江膳所６万石)
大平村に住し、
清康・広忠に仕う
(本多重正)
本多重富
本多富正
(越前藩家老)
本多重次
本多成重
(越前丸岡4万6300石)
信忠・清康に仕う
本多信重
広忠・家康に仕う
本多広孝
本多康重
(信濃飯山２万石)
清康・広忠に仕う
本多俊正
本多正信
本多正純
(下野宇都宮15万5000石)
本多政重
(加賀藩家老)
本多忠純
(下野皆川２万8000石)
本多正重
(駿河田中４万石)

本多家系図

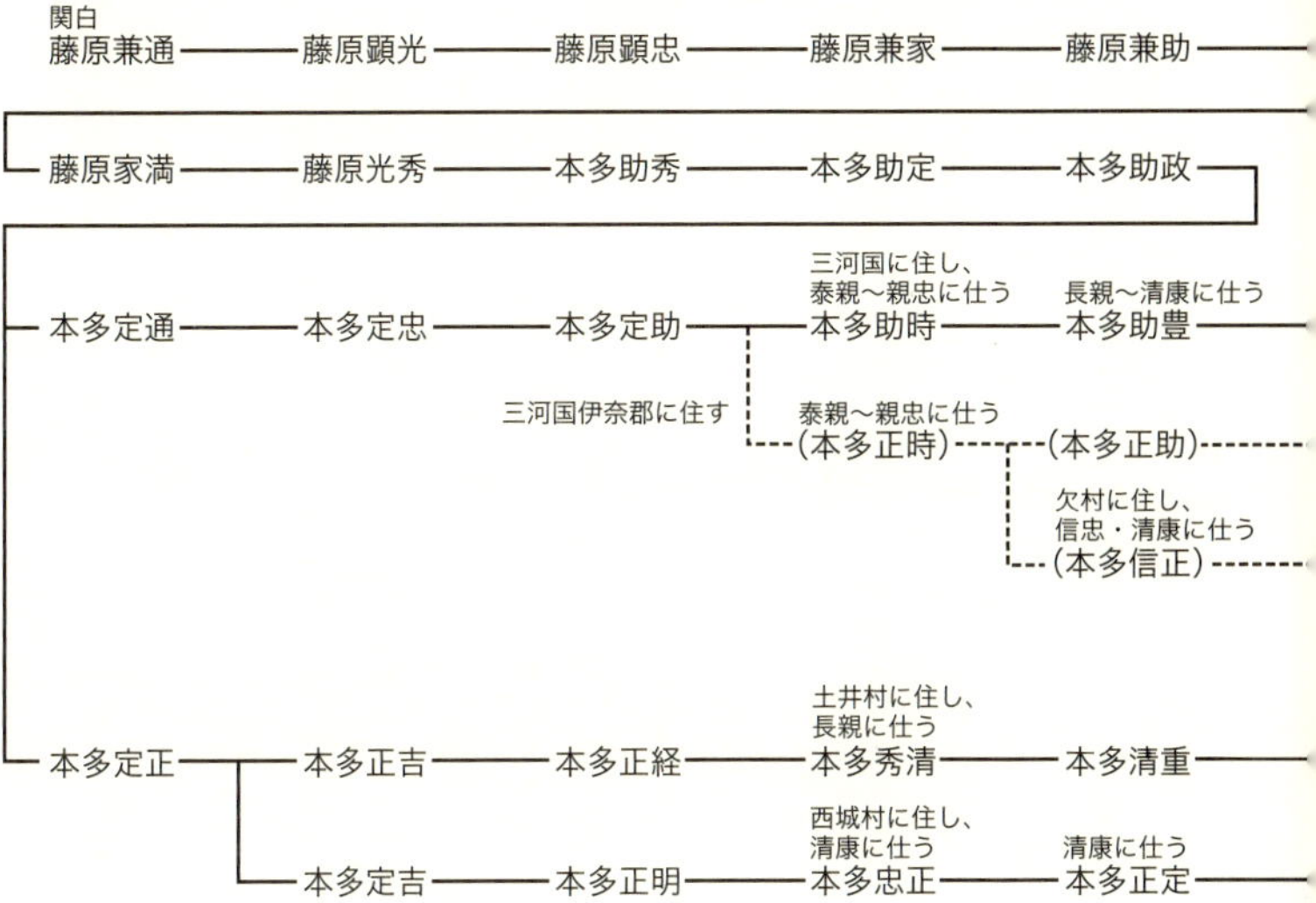

※カッコ書きの人物は『寛永系図』に記述がなく、『寛政譜』編纂時に追記された人物。

り」首を取ったと伝えられる。この逸話は、忠勝の勇猛果敢さを物語るとともに、当時本多家が指揮官クラスではなく、まだ一兵卒にすぎなかったことを示唆している。

家康が「三備」軍制改革を行うと、永禄九年に忠勝は一九歳で旗本「一手役」の将に抜擢され、五五騎の与力を付けられ、一端《いっぱし》の部将となった。

元亀三年に武田軍と遠江国袋井（静岡県袋井市）で合戦に及んだ際、忠勝は形勢不利を悟って家康に退却を勧め、自ら殿《しんがり》を務めた。その鮮やかな進退ぶりに、武田軍から「家康に過ぎたるものが二つあり、唐の頭（高価な兜《かぶと》の飾り）と本多平八」と謳《うた》われた。

忠勝は天正一八年の関東入国で上総国大多喜《おおたき》一〇万石を賜り、関ヶ原の合戦では軍監として家康本隊に参加。慶長六年に伊勢国桑名藩に転封された。

嫡男・美濃守忠政は家康の孫娘（岡崎三郎信康の女）を正室に迎え、播磨国姫路藩一五万石を領した。子孫は大和国郡山藩、陸奥国福島藩、播磨国姫路藩、越後国村上藩へ転じた。

しかし、忠勝から数えて七代目の吉十郎忠孝《ただたか》が一二歳で死去し、無嗣廃絶となるところ、分家から監物忠良《ただよし》を迎え、五万石に減封することで存続を許された。忠良は老中に登用され、三河国刈谷藩に転封。子孫は石見国浜田藩を経て、三河国岡崎藩五万石を領した。分家として、播磨国山崎藩一万石、陸奥国泉藩二万石がある。

伊奈郷の彦八郎家

東三河の宝飯郡伊奈の国人領主であり、他の本多家と比べ、群を抜いて所領や兵力で勝っていたと考えられる。松平家の二代・泰親から仕えていたと称するが、地理的に無理がある。清康の東三河制圧時に正忠・忠俊父子が従ったと見るのが自然であろう。

『寛政譜』によれば、右馬允定助が「三河国宝飯郡伊奈郷をうちとりて城郭を構へ、のち代々居住す」と伝える。その子・隼人正時は「泰親君、信光君、親忠君に御味方して所々のたゝかひに功あり」との記述があるが、定かでない（なお、平八郎家の祖・助時は、正時と兄弟だという）。『寛政譜』によれば、歴代当主は以下の通りである。

・本多隼人正時　（生没年不明）　泰親～親忠に仕える。
・本多修理正助　（生没年不明）
・本多縫殿助正忠（生没年不明）　清康～家康に仕える。
・本多助大夫忠俊（　？～一五六四）家康に仕える。
・本多縫殿助忠次（一五四八～一六一二）家康に仕える。室は菅沼定村の女
・本多縫殿助康俊（一五六九～一六二一）家康・秀忠に仕える。実は酒井忠次の次男

四代・忠俊は、弘治二（一五五六）年の日近合戦に今川方として従い、桶狭間の合戦後は家康につき、石ヶ瀬の合戦に参加したと伝えられる。

五代・忠次は永禄七年の吉田城攻めに従い、酒井忠次が吉田城の城代として東三河の旗

頭になると、その麾下に組み入れられ、姉川の合戦、長篠の合戦に従った。忠次には子がなかったので、酒井忠次の次男・康俊を養子に迎えた。

六代・康俊は天正一八年の関東入国で下総国小篠五〇〇〇石を賜り、関ヶ原の合戦では家康本隊の後詰めとなり、慶長六年に三河国西尾藩二万石、のち近江国膳所藩に転封された。子孫は三河国西尾藩、伊勢国亀山藩を経て、再び近江国膳所藩に移り、六万石を領した。分家として、伊勢国神戸《かんべ》藩一万五〇〇〇石、三河国西端藩一万五〇〇〇石がある。

大平村の作左衛門家

俗に「三河三奉行」の一人で「鬼作左《おにさくざ》」と呼ばれた本多作左衛門重次の家系である。『寛政譜』によれば、伊奈郷の本多隼人正時の次男・作左衛門信正を家祖と伝える。歴代当主は以下の通りである。

・本多作左衛門信正（生没年不明）　信忠・清康に仕える。
・本多次郎大夫重正（　?〜一五七二）清康・広忠に仕える。
・本多作左衛門重次（一五二九〜一五九六）清康〜家康に仕える。室は鳥居忠吉の女
・本多飛驒守成重《なりしげ》（一五七二〜一六四七）家康〜家光に仕える。室は土岐定政の女

初代・信正が欠《かけ》村（岡崎市欠町）に住し、二代・重正が額田郡大平《おおひら》村（岡崎市大平町）に移り住んだという。

三代・重次は寺部城攻め、長沢城攻め、遠江攻略に従い、永禄八年に「三河三奉行」の一人に選ばれたといわれている。

「三河三奉行」は俗に「仏高力《ほとけこうりき》、鬼作左、彼是偏無《どちへん》しの天野三兵」と呼ばれ、仏のような高力清長、鬼のような本多作左衛門重次、公平無私な天野三郎兵衛康景というバランスの取れた人事が評判を呼んだとされるが、三奉行といわれるものの、実は三人でなかったという説が有力である。

また、重次が妻にあてた「一筆啓上《いつぴつけいじよう》、火の用心、お仙（嫡男の仙千代）泣かすな、馬肥やせ」という手紙は、短文ながら要点を押さえた名文として名高い。

小牧・長久手の合戦後、家康が秀吉と和議を結び、家康の上洛《じようらく》と引き替えに、秀吉が母・大政所を岡崎城へ人質に差し出すと、重次は大政所の居所の周囲に薪を積み上げ、家康にまさかのことがあれば、焼き殺す算段を練っていたという。この話が秀吉の耳に入り、重次は隠居を余儀なくされ、天正一八年の関東入国では上総国古井戸に三〇〇〇石の隠居料を賜った。

子の飛驒守成重は関ヶ原の合戦後の慶長六年に三〇〇〇石を加増され、越前松平家（結城秀康の嫡男・忠直）の附家老となり、越前国丸岡藩四万石に封ぜられた。しかし、忠直が改易されると、将軍家の直臣に帰参した。曾孫・飛驒守重益が不行状のため改易され、子孫は二〇〇〇石の旗本、交代寄合に列した。

家康の次男・結城秀康（越前松平家の祖）は重次宅で出生したといわれ、一族には越前松平家の重臣に登用された者が多い。重次の甥・富正《とみまさ》も結城秀康に付けられ、子孫は越前松平家の筆頭家老として二万石を領した。

土井村の彦三郎家

『寛政譜』によれば、助定の孫・定正の代に平八郎家から分かれた家系と伝わる。

豊後守秀清は「長親君につかへ、明応六年三河国碧海郡土井の郷をたまふ」と記すが定かでない。二代・修理大夫清重は「坂崎村の円行寺《えんぎょうじ》に葬る」と伝えられ、もともとは坂崎村近辺の出身であった公算が大きい。

なお、土井城跡は東西五〇メートル、南北八〇メートルと伝えられ、酒井忠次の居城・井田城跡（東西三〇メートル、南北五〇メートル）の倍以上の規模を誇り、安城松平家臣の中でも群を抜いて大身だったと考えられる。

歴代当主は以下の通りである。

・本多豊後守秀清　（？～一四九八）長忠に仕える。
・本多修理大夫清重（？～一五一六）
・本多彦三郎信重（一五〇七～一五二九）信忠・清康に仕える。
・本多豊後守広孝（一五二七～一五九六）広忠・家康に仕える。室は東条松平義春の女

・本多豊後守康重　（一五五四～一六一一）家康・秀忠に仕える。室は石川家成の女
三代・彦三郎信重は、享禄二（一五二九）年の清康の吉田城攻めに従い、御油《ごゆ》で討ち死にした。

四代・本多豊後守広孝は、永禄四（一五六一）年の東条城攻めの先鋒を務めるなど、初期の家康を大いに助けた。また、永禄六年の三河一向一揆では、土井城が一揆側の主要拠点である三か寺（野寺の本証寺、佐々木の上宮寺、針崎の勝鬘寺）に囲まれた場所にあり、苦戦を強いられた。永禄七年の三河田原城攻めで功績を挙げ、田原城を与えられた。元亀元年の姉川の合戦でも家康麾下の旗本で先鋒を務めている。

その子・康重は天正一八年の関東入国で上野国白井二万石を賜り、関ヶ原の合戦後の慶長六年に三河国岡崎藩五万石に転封された。康重の曾孫・越前守利長《としなが》は遠江国横須賀藩五万石に転じたが、治政が悪く改易され、出羽国村山郡で一万石を与えられた。子孫は越後国糸魚川《いといがわ》藩を経て、信濃国飯山藩二万石を領した。

西城村の弥八郎家

稀代《きたい》の謀臣として知られる本多佐渡守正信の家系である。『寛政譜』によれば、土井村の彦三郎家から分かれた家系で、弥八郎忠正は「清康君に仕へたてまつり、三河国西城に住し」と伝えられる。西城は碧海《あおみ》郡小川村（安城市小川町）近辺を指すらしい。小川村は

安城譜代の重臣・石川家の本拠地でもあり、この家も安城譜代と推察される。
歴代当主は以下の通りである。
・本多弥八郎忠正　（生没年不明）　清康に仕える。
・本多弥八郎正定　（生没年不明）　清康に仕える。
・本多佐渡守俊正　（生没年不明）　清康・広忠に仕える。
・本多佐渡守正信　（一五三八～一六一六）家康に仕える。
・本多上野介正純　（一五六五～一六三七）家康～家光に仕える。室は酒井重忠の女
四代・弥八郎正信（のち佐渡守）は永禄六（一五六三）年の三河一向一揆で一揆側につ
いて、三河から追放されたが、のちに赦《ゆる》されて帰参した。正信は天正一八年の関東入国で
相模国玉縄《たまなわ》一万石を賜り、関ヶ原の合戦には秀忠軍に参加した。
慶長一〇年に秀忠に将軍職を譲る際、家康は正信を秀忠に附け、自らの側近には正信の
嫡男・上野介正純を置いた。父子で幕府権力の中枢を占め、のちに正信は大久保忠隣と対
立し、政争に発展。忠隣が重用した金山奉行・大久保長安に不正があったとして、慶長一
九年に忠隣を失脚させる。
正純は下野国小山藩三万三〇〇〇石を賜り、元和五年に下野国宇都宮藩一五万五〇〇〇
石に転封したが、元和八（一六二二）年に失脚した。
なお、正信の次男・安房守政重は、はじめ上杉家の筆頭家老・直江《なおえ》山城守兼続《かねつぐ》の婿養子

となり、のちに加賀藩前田家に仕え、執政役（年寄）として五万石を領した。

また、正信の弟・三弥左衛門正重は三河一向一揆で追放された後に帰参し、姉川の合戦、三方原の合戦に従った。長篠の合戦後、徳川家から離れ、諸国を渡り歩き、瀧川一益や前田利家、蒲生氏郷に仕えたが、慶長元年に再び徳川家に帰参した。

兄に似て知謀に長《た》け、大坂冬の陣、夏の陣で軍略を働かせた功で元和二年に下総国相馬一万石を賜った。子孫はいったん八〇〇〇石の旗本となったが、曾孫・伯耆守正永《まさなが》が老中に登用された。上野国沼田藩四万石に出世し、子孫は駿河国田中藩四万石を領した。

5　大久保家

急成長した一族

大久保家は俗に「大久保党」とも呼ばれ、一族から勇猛果敢な武将を多く出した。しかし、その一族の拡がりは、清康に仕えた宇津左衛門五郎忠茂の子孫が大久保姓を名乗ったもので、それ以前に分かれた一族はほとんどない。

「諸士出生記」「諸士姓名目録」などの地誌を見ても、大久保家はわずかに上和田村と羽《は》根《ね》村近辺に居住するのみで、拡がりを見せていない。

また、家康以前の時代に宇津・大久保家が発給した古文書がないのは、宇津・大久保家が寺社に寄進するような財力がなく、奉行職などに就いていなかったことを示す。

酒井、石川、本多家といった家系は代を重ねていくごとに、近辺の村々に分家を拡げていったが、大久保家はそのような動きを見せていない。清康から家康の時代にかけて急成長した家系なのである。

『寛政譜』によれば、大久保家は「はじめ宇都宮と称す。泰道がときより宇津(今の呈譜、宇都《うつ》に作り。忠茂がとき宇津にあらたむといふ)と名のり、忠俊が代に大久保にあらたむ」という。

鎌倉時代中期に下野国(栃木県)の宇都宮《うつのみや》左衛門尉泰宗《やすむね》の孫・左近将監泰藤《やすふじ》(〜一三五二)が三河国上和田妙国寺の前に住し、その孫・左衛門左泰道が宇津と改姓。その子・宇津弾正左衛門泰昌《やすまさ》(一四二〇〜一四九二)が「三河国松平郷に来り、信光君につかふ」(泰昌という諱は、法名・道昌《どうしょう》から創った系図上の名前だと思われる)のが松平家に仕えはじめた由縁という。

泰昌を初代として、『寛政譜』により歴代当主を掲げると以下の通りである。

・宇津弾正左衛門泰昌 (一四二〇〜一四九二) 信光に仕える。
・宇津八郎右衛門昌忠 (一四六一〜一五〇〇) 信光に仕える。
・宇津三郎右衛門忠与《ただとも》 (一四八五〜一五二二) 長忠〜清康に仕える。
・宇津左衛門五郎忠茂《ただしげ》 (一四七六〜一五四七) 清康に仕える。室は阿部大蔵の叔母
・大久保平右衛門忠員《ただかず》 (一五一〇〜一五八二) 広忠・家康に仕え、室は三条西公条《さんじょうにしきんえだ》の女

大久保家の分布

在所	氏名
①碧海郡六ツ名村	宇津左衛門五郎(忠茂)
②碧海郡上和田村	大久保常源(忠俊)
③碧海郡上和田村	大久保平右衛門(忠員)
④碧海郡上和田村	大久保八郎右衛門(忠重)
⑤碧海郡上和田村	大久保左衛門次郎(忠次)
⑥碧海郡上和田村	大久保五郎右衛門(忠勝)
⑦碧海郡上和田村	大久保助左衛門(忠益)
⑧碧海郡上和田村	大久保彦左衛門(忠教)
⑨碧海郡上和田村	大久保三郎右衛門(忠久)
⑩碧海郡上和田村	大久保治右衛門(忠佐)
⑪碧海郡上和田村	大久保勘助
⑫碧海郡上和田村	大久保新蔵
⑬額田郡羽根村	大久保七郎右衛門(忠世)
⑭額田郡羽根村	大久保甚九郎(忠長)
⑮額田郡羽根村	大久保七郎右衛門(正次)
⑯碧海郡卜部村	大久保荒之助(忠直)

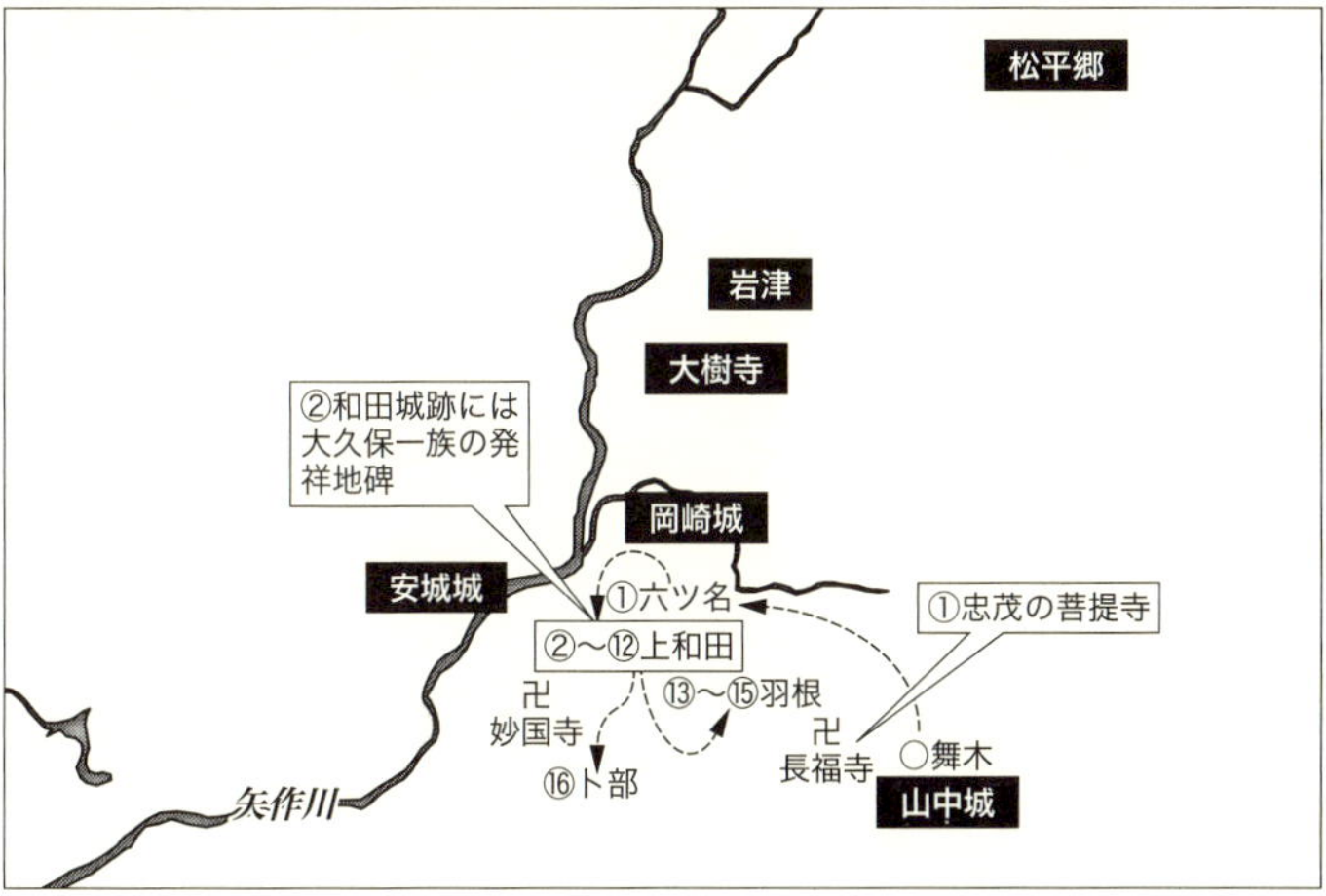

・大久保七郎右衛門忠世（一五三二〜一五九四）家康に仕える。室は近藤幸正の女
・大久保相模守忠隣　（一五五三〜一六二八）家康・秀忠に仕える。室は石川家成の女

二代・昌忠は「はじめ父にしたがひて三河国伊賀野に狩す。ときに信光君もまたこゝに放鷹せらる。（中略）やがて君臣の約をなし、父子したがひたてまつりて、岩津郷にいたる。これを岩津譜代といふ」と、自らを松平家創業時期からの旧臣であると記している。

三代・忠与（俗に忠興《ただおき》）は長忠、信忠に仕え、永正三（一五〇六）年の井田野合戦に功績があった。信忠と弟・桜井松平信定の家督相続争いがあった際、一部家臣が信定を支持したが、信忠の嫡男・清康の擁立を進言したと記している。

四代・忠茂は清康に仕え、山中城調略を進言し、成功に導いたとされる。大久保彦左衛門忠教（一五六〇〜一六三九）は忠茂の孫にあたり、その著『三河物語』で忠茂の功績を大々的に取り上げている。

忠茂は五男二女に恵まれ、家督は次男・五郎右衛門忠俊（一四九九〜一五八一）が継いだ。この忠俊の代から一族は大久保姓を名乗ったらしい。

その由来について『寛政譜』は「曾《かつ》て越前の人大窪藤五郎某武者修行して三河国に来り、我名字を残すべきものは忠俊なり。名乗べきやといふ。忠俊その言をもつて清康君につけ申のところ、かの藤五郎はきこゆる驍勇《ぎょうゆう》の士なり、渠《かれ》が望《のぞみ》にしたがふべしとありしかば、これより忠俊兄弟みな大窪と名のり、後大久保にあらたむ」と記している。

大久保家系図

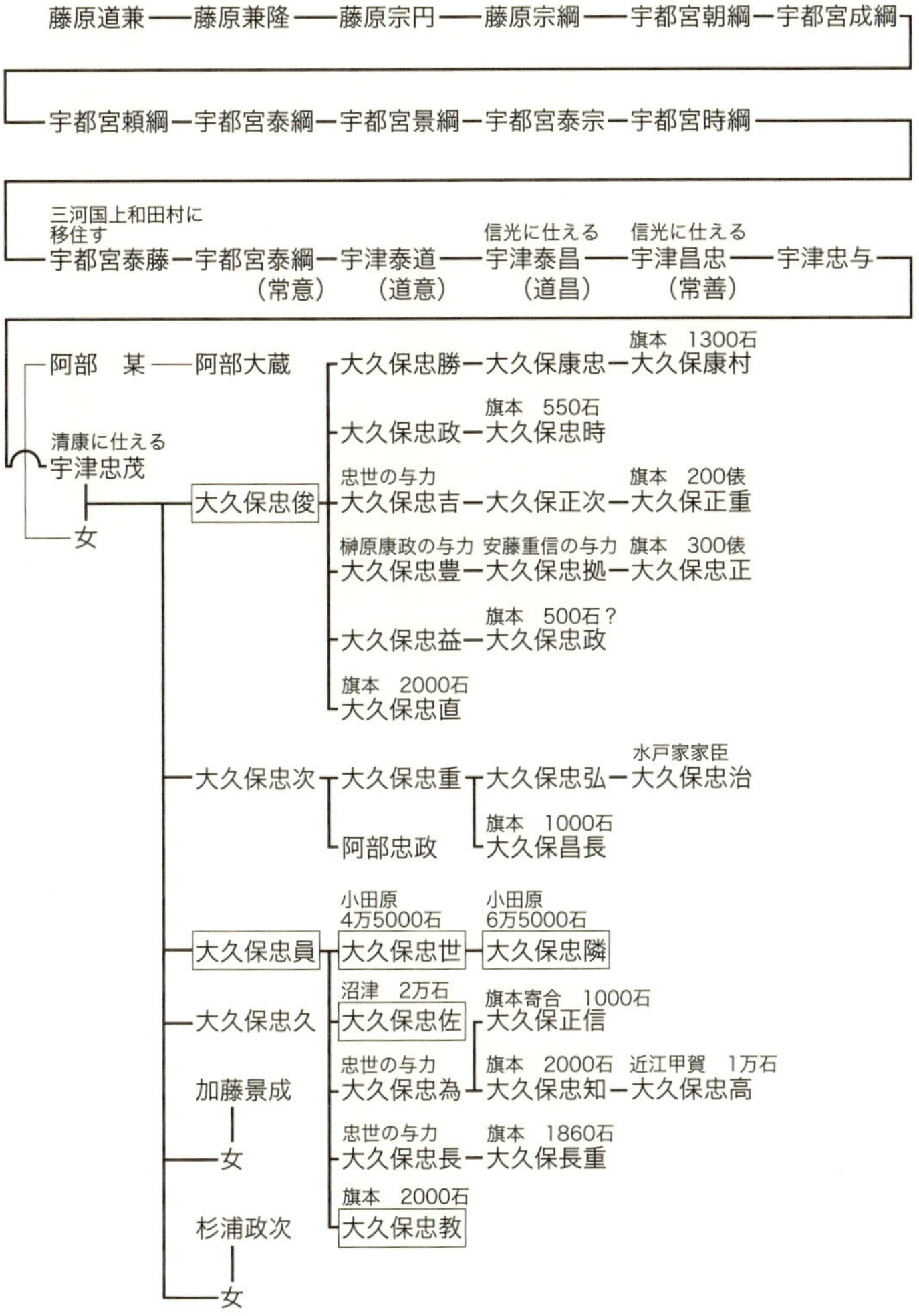

藤原道兼
藤原兼隆
藤原宗円
藤原宗綱
宇都宮朝綱
宇都宮成綱
宇都宮頼綱
宇都宮泰綱
宇都宮景綱
宇都宮泰宗
宇都宮時綱
三河国上和田村に移住す
宇都宮泰藤
宇都宮泰綱（常意）
宇津泰道（道意）
信光に仕える
宇津泰昌（道昌）
信光に仕える
宇津昌忠（常善）
宇津忠与
阿部　某
阿部大蔵
清康に仕える
宇津忠茂
女
大久保忠俊
大久保忠勝
大久保康忠
旗本　1300石
大久保康村
大久保忠政
旗本　550石
大久保忠時
忠世の与力
大久保忠吉
大久保正次
旗本　200俵
大久保正重
榊原康政の与力
大久保忠豊
安藤重信の与力
大久保忠抛
旗本　300俵
大久保忠正
大久保忠益
旗本　500石？
大久保忠政
旗本　2000石
大久保忠直
大久保忠次
大久保忠重
大久保忠弘
水戸家家臣
大久保忠治
旗本　1000石
大久保昌長
阿部忠政
大久保忠員
小田原
4万5000石
大久保忠世
小田原
6万5000石
大久保忠隣
大久保忠久
沼津　2万石
大久保忠佐
旗本寄合　1000石
大久保正信
加藤景成
女
忠世の与力
大久保忠為
旗本　2000石
大久保忠知
近江甲賀　1万石
大久保忠高
忠世の与力
大久保忠長
旗本　1860石
大久保長重
杉浦政次
女
旗本　2000石
大久保忠教

武者修行で三河を訪れた武士から名字をもらうという逸話は、マンガチックでにわかには信じがたい。そもそも宇都宮氏の子孫を名乗っているのは、旧姓・宇津が宇都宮に似ているからだと容易に想像がつく。

新行紀一氏は『姓氏家系大辞典』を引用し、「おそらく大久保はもとは宇津で、後に宇都宮庶流に大久保氏があるのを知って、宇津を宇都宮と解して、宇都宮→宇津としたものであろうとする。（中略）ただし、宇津氏の出自は不明で、駿河出身の和邇《わに》部姓宇津（宇都）ともいうが容易に信じられない」と記している（『新編　岡崎市史　中世2』）。

なお、広忠が岡崎城を追われ、阿部大蔵定吉に連れられて放浪していた時、大久保忠俊は岡崎城内にあって広忠帰還を支援していたといわれている。

意外に知られていないが、忠俊の母は阿部大蔵の叔母なのだ。

『三河物語』によれば、桜井松平信定は「次郎三郎（広忠）殿を岡崎にいれようというのはほかのものではない。大久保だ。それなら起請文《きしょうもん》を書かせよ」と考え、忠俊に伊賀八幡宮の前で「広忠を岡崎へもどさない」と七枚起請を書かせたという。

これは大久保家の忠誠心が他者からも認められていたことを示す逸話のようになっているが、忠俊が阿部大蔵の従兄弟であり、岡崎帰還を手引きするのにこれ以上ない人物だったからにすぎない。

実は山中譜代？

歴代当主の生没年を列記すると、忠茂（一四七六年生まれ）が父・忠与（一四八五年生まれ）より年長であることに気づく。

大久保彦左衛門は『三河物語』で忠茂の功績を称《たた》えているが、それ以前の先祖については触れていない。大久保家で確かな先祖は忠茂から始まり、それ以前の系図や歴史は捏造《ねつぞう》されたものと考えてよさそうだ。

たとえば、大久保家の先祖が、松平家の三代・信光に仕えた岩津譜代であり、五代・長忠とともに永正の井田野合戦に軍功があったのなら、大久保彦左衛門は『三河物語』に誇らしげに語ったであろう。それが記述されていないということは、松平家に仕えた時期が意外に遅かったことを示唆しているのではないか。

大久保家の拠点・上和田村は岡崎城から南に二、三キロメートルしか離れていない土地で、すぐ北に隣接する六名村には、鳥居家、成瀬家など岡崎譜代（旧西郷松平家臣）が住んでいた。ここに安城松平家の家臣が住んでいたとは考えがたい。

「浪合記」では大久保家の先祖について「宇津十郎忠照、三州前木ニ住ス。桐山和田ノ大久保ノ祖也。元ハ駿河国富士郡住人、宇津越中守二男也。宇津宮甚四郎忠成、同国大久保に住ス」。つまり、桐山村と和田村の大久保家の先祖は、前木に住んでいた宇津十郎忠照だという異説を載せている。

『愛知県の地名』によれば、三河に「前木」という地名はなく、似た地名として二つの「舞木村」がある。一つは加茂郡舞木《まいき》村（豊田市舞木町）、もう一つは額田郡舞木《まいぎ》村（岡崎市舞木町）である。宇津忠茂の菩提寺・長福寺が、後者近くの額田郡尾尻村（岡崎市竜泉寺町）にあるため、宇津・大久保家ははじめ舞木村に住んでいたと考えられる。

注目すべきは、舞木村が山中城（岡崎市舞木町）にきわめて近接した土地であることだ。忠茂は山中城に土地勘があったから、山中城調略を進言することができたのであろう。

おそらく、忠茂は舞木村に住む旧西郷松平家臣だったが、安城松平家に寝返って、清康に山中城調略を献策したのであろう。つまり、「山中譜代」だったと思われる。

宇津家が上和田村に移住したのは、清康が岡崎城に入ってからではないか。

ちなみに、「諸士出生記」では、宇津左衛門五郎（忠茂）を六ツ名村（岡崎市上六名町近辺）在住とし、その子孫を上和田村在住としている。その記述を信じれば、まず忠茂が六名村に移住し、子の代になって和田村を与えられたか、もしくは和田村に住む大久保家（そんな家系が実在したかは定かではないが）の養子になったと考えるのが無難だろう。

なお、六名村は「松平清康が安祥城（現安城市）から岡崎に入った後は、岡崎城の南の守りと矢作川渡河点の備えのために、六名には松平宗家の中下級家臣が集住した」（『愛知県の地名』）といわれた土地である。忠茂もまた清康に従って六ツ名村に移住したのであろう。

四天王に次ぐ大久保忠世

大久保家は事実上、清康家臣の宇津左衛門五郎忠茂から歴史がはじまった。しかし、それからの興隆が凄《すさ》まじかった。大久保家は子だくさんで、武威に優れた男子が多かったからである。

系図の上では、忠茂の長男・忠俊の子孫が大久保家の嫡流なのだが、忠俊の嫡男・大久保五郎右衛門忠勝が天正三（一五七五）年の駿河小山城攻めで家康の指揮に従わずに蟄居し、その子・康忠も病気により蟄居したこともあり、振るわなかった。

一番出世したのは、忠茂の三男・平右衛門忠員の子孫である。

忠員には一〇男二女があり、天正一八年の関東入国で、嫡男・七郎右衛門忠世が相模国小田原四万五〇〇〇石、次男・治右衛門忠佐《じうえもんただすけ》が上総国茂原に五〇〇〇石（のち駿河国沼津二万石）、忠世の嫡男・相模守忠隣が武蔵国羽生二万石を賜った。徳川一族以外で、これほどの采地を賜った一族は他にない。

俗に「徳川四天王」とは、酒井忠次、本多忠勝、榊原康政、井伊直政をいうが、酒井忠次を除いて大久保忠世を加える場合もある。

忠世は家康より一〇歳年長で、一五歳で初陣におよび、永禄九（一五六六）年頃の軍制改革（三備）で旗本の「一手役之衆」に選ばれた。永禄一二年の遠江攻略で武功を挙げ、元亀元（一五七〇）年の姉川の合戦、元亀三年の三方原の合戦、天正三年の長篠の合戦に従った。

長篠の合戦では、忠世・忠佐兄弟は、信長から「さて家康殿はよい者を配下にもっている。かれらは膏薬《こうやく》のように、敵にべったりとくっついて離れぬ」と褒められた。

長篠の合戦後、武田方の二俣城（静岡県浜松市天竜区）攻めを任され、同天正三年に落城すると、その城主となった。また、天正一〇年の本能寺の変後、忠世は酒井忠次らとともに信濃攻略に加わり、佐久郡の支配を任された。

先述した通り、天正一八年の関東入国で忠世は相模国小田原四万五〇〇〇石、嫡男・相模守忠隣は武蔵国羽生二万石を賜った。

大久保忠隣、忠佐、忠教

文禄三年に忠世が死去すると、忠隣が父の遺領を継ぎ、羽生二万石を合わせて相模国小田原六万五〇〇〇石を領した。

忠隣は執務能力が高く文武に秀で、人望も厚かった。江戸幕府の老中に就任。しかし、徐々に本多佐渡守正信と対立するようになり、忠隣が金山奉行に抜擢した大久保長安の不正蓄財が発覚すると、慶長一九（一六一四）年に改易され、近江国での蟄居を命じられた。正信の讒言《ざんげん》だといわれている。

忠隣の嫡孫・加賀守忠職《ただもと》は祖父に連座して蟄居したが、のちに赦されて武蔵国私市《きさい》（騎西）藩二万石を継ぎ、美濃国加納藩五万石に転封した。子孫は播磨国明石藩七万石、肥前国唐津藩八万三〇〇〇石、下総国佐倉藩九万三〇〇〇石を経て、相模国小田原藩一〇万三〇〇〇石を領した。分家として下野国烏山《からすやま》藩三万石がある。また、忠員の弟・大久保三郎右衛門忠久の子孫に、幕末の外国奉行として有名な忠寛《ただひろ》（一翁《いちおう》）がいる。

忠世の弟・治右衛門忠佐（一五三七〜一六一三）は、天正一八年の関東入国で上総国茂原に五〇〇〇石を賜り、関ヶ原の合戦では甥の忠隣らと秀忠に従い、慶長六年に駿河国沼津藩二万石に転封された。

忠佐は嫡男・因幡守忠兼《いなばのかみただかね》（一五九九〜一六一三）に先立たれたため、弟・彦左衛門忠教を養子に迎えようとしたが、「他人の武功で得た知行を受け取る気はない」と断られ、無嗣廃絶となった。

忠教は忠員の八男に生まれ、一六歳で家康に仕え、遠江国犬居城攻めで初陣を飾る。関ヶ原の合戦では甥の忠隣らと秀忠に従い、忠隣の領地のうち武蔵国埼玉郡に二〇〇〇石を知行する（＝忠隣の家臣に組み込まれる）。

慶長一九年に忠隣が改易されると、直参として三河国額田郡一〇〇〇石を賜り、御槍奉行として大坂冬の陣、夏の陣に従った。寛永九（一六三二）年に御旗奉行に転じ、翌一〇年に一〇〇〇石を加増され、都合二〇〇〇石を領した。

元和八（一六二二）年頃から子孫への訓戒として『三河物語』を書き始め、大久保一族の武勲を誇る一方、現在の不遇を嘆き、官吏化する旗本・御家人の姿を痛烈に批判した。講談では「天下のご意見番」と呼ばれる。

6　阿部家

三つの阿部家

阿部家といえば、幕末の開明派老中として有名な阿部伊勢守正弘の祖先にあたる阿部善九郎正勝、また、三河が今川家に占領された時代に松平家臣団のトップとして政務に携わった阿部大蔵定吉（正就、正澄ともいう）が有名である。

『寛政譜』によれば、阿部氏は「もとは藤原氏にして道兼の流八田権頭宗綱《はったごんのかみむねつな》が二男小田筑後守知家が末流なり。のち姓を安倍《ママ》にあらため、家号もまた阿部を称す。しかれども其《その》由来を詳《つまびらか》にせずといふ」とある。

阿部家には三つの流れがある。

①善九郎家　（阿部善九郎正勝、子孫は備後福山藩一〇万石など）
②新四郎家　（阿部新四郎重吉、子孫は旗本五七〇石）
③大蔵家　（阿部大蔵定吉、弟の子孫は旗本一〇〇〇石）

これらの阿部家は一族と推測されるが、具体的な血縁関係は不明である。『寛政譜』掲載の阿部家系図はいずれも一五～一六世紀くらいから始まっていて、その先祖も明らかでないのだ。

代々老中を出した善九郎家

『寛政譜』によれば、歴代当主は以下の通りである。
・阿部善九郎正俊（生没年不明）　清康に仕える。
・阿部甚五郎正宣（生没年不明）
・阿部伊予守正勝（一五四一～一六〇〇）家康に仕える。室は江原定次の女
・阿部備中守正次（一五六九～一六四七）家康～家綱に仕える。室は佐原義成の女

阿部善九郎正勝の祖父・善九郎正俊は、『寛政譜』に「累代御家につかへ、三河国あこたを領す」と記されているが、「あこた」という地名がどこを指すか不明である。

一方、『愛知県の地名』の小針城跡（岡崎市小針町）の項によれば、地誌「『三河堤』などに三河阿部氏の祖阿部忠正《ただまさ》の居城とある。字的場《あざまとば》の小針神社の裏には堀跡、東に墳墓碑がある。『三河国二葉松』には、阿部氏は文明三年（一四七一）松平三代信光の西三河攻略の際臣従し、一子正重《まさしげ》を安祥城（現安城市）城主四代親忠に出仕させた。大永四年（一五二四）七代清康の岡崎入城の際廃城となり、六名に移ったという」説がある（忠正とは、『寛政譜』でいう善九郎正俊のことを指すらしい。蔵人正重が甚五郎正宣のことを指しているかは不明である）。

『三河国二葉松』の説が正しければ、『寛政譜』にも阿部家が文明年間に松平家の四代・親忠の頃から松平家に臣従したことを採録していてもよさそうなものであるが、そうした記述は見当たらない。なぜだろうか。

明応二（一四九三）年に親忠が井田野合戦で戦ったのは、上野城主・阿部満五郎だった。上野城（豊田市上郷町）は小針村の北北東に三キロメートルしか離れておらず、満五郎が阿部家の先祖である可能が高い。阿部家の系譜が正勝の祖父からはじまり、阿部大蔵との血縁関係を明らかにしないのは、松平家の敵将だった過去、および清康を暗殺した阿部弥七郎（大蔵の子）との関係を隠蔽しようとしたのかもしれない。

では、阿部家はいつ頃から松平家に臣従したのだろうか。

『寛政譜』には、正勝の父・甚五郎正宣の項で「清康君につかふ。大永六年三河岡崎の城主松平弾正左衛門昌安が籠れる山中の城をせめたまふのとき、正宣搦手《からめて》にむかひて急にこれを撃、戦功あり」と記述している。

筆者は、『寛政譜』に清康の山中城攻略に従った記事を載せている家系を、大久保家と阿部家の他に見た覚えがない。

清康に山中城調略を献策した宇津忠茂（大久保家の先祖）の妻は、阿部大蔵の叔母だった。正勝の家系と大蔵の血縁関係を記したものはないが、両者は一族と考えられる。忠茂に加勢する形で、正勝の父・正宣が清康に従ったのだろう。

阿部家の分布

在所	氏名
①碧海郡小針村	阿部善九郎(正勝)
②碧海郡小針村	阿部善八(正広)
③碧海郡小針村	阿部新四郎(重吉)
④碧海郡小針村	阿部四郎五郎(忠政)
⑤碧海郡小針村	阿部九郎右衛門
⑥碧海郡小針村	阿部孫四郎
⑦碧海郡小針村	阿部与五右衛門
⑧碧海郡下和田村	阿部善八郎(正次)
⑨碧海郡宗定村	阿部四郎兵衛(定次)
⑩額田郡六ツ名村	阿部大蔵(定吉)
⑪額田郡岡崎	阿部孫大夫(政次)

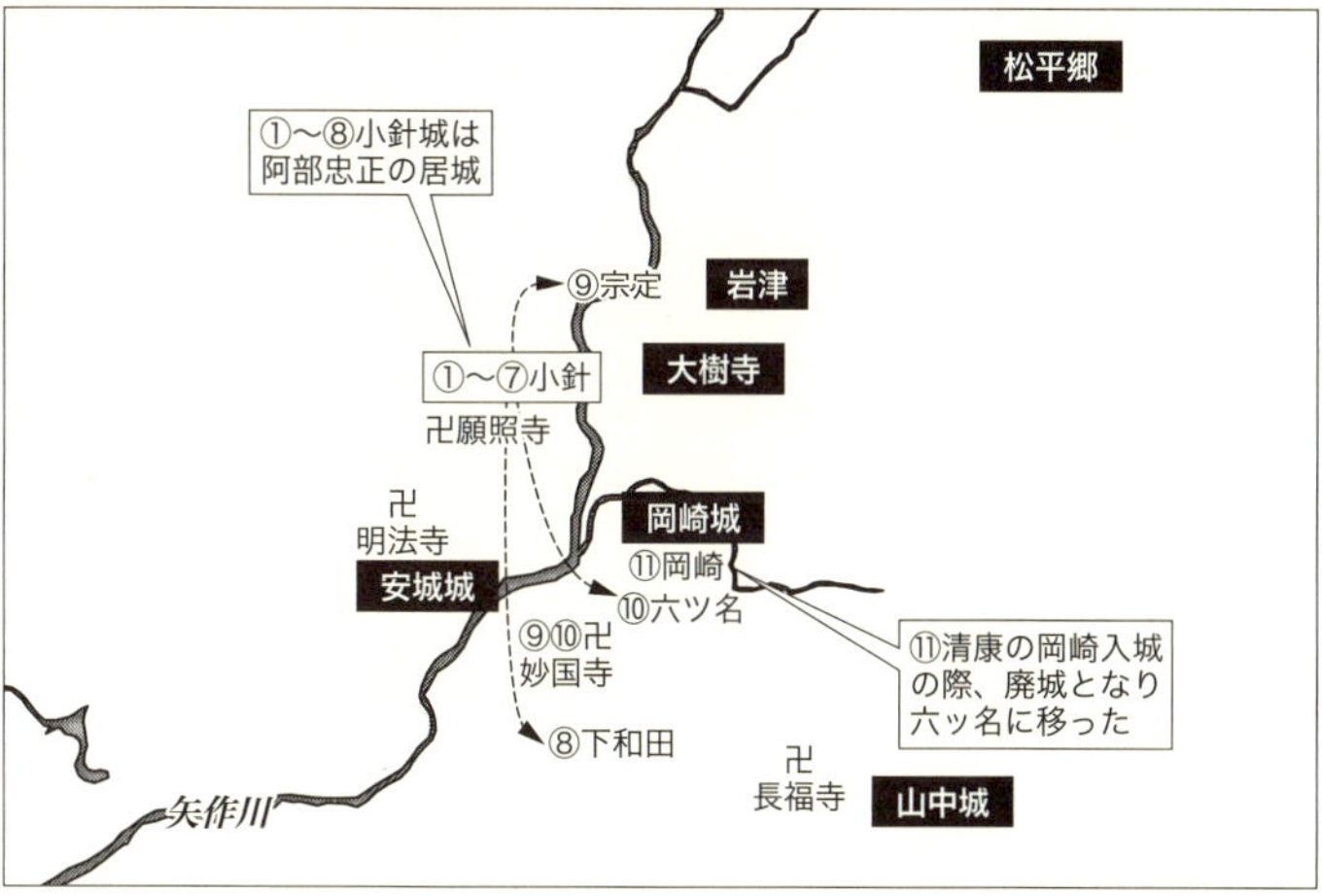

阿部大蔵家

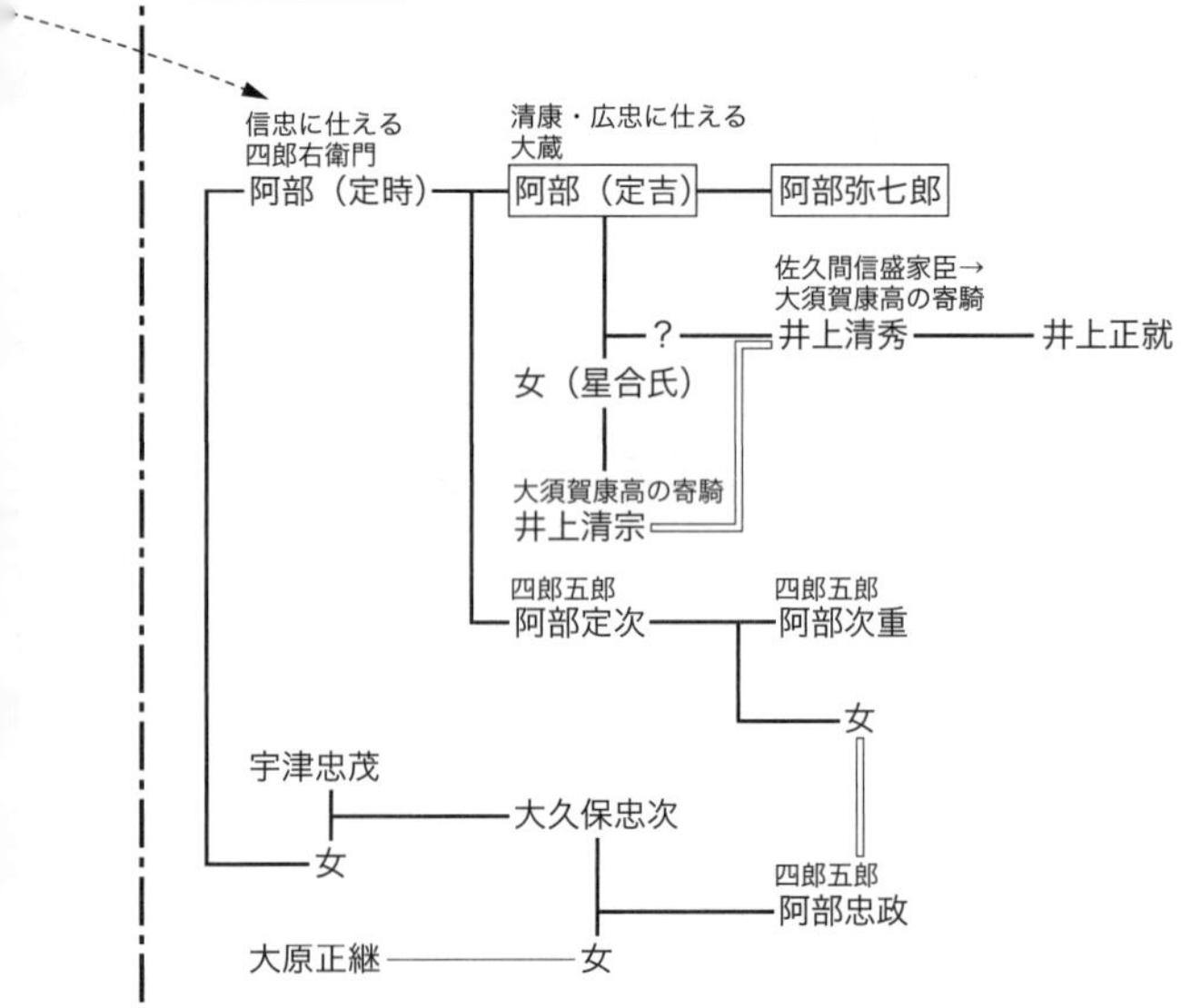
信忠に仕える
四郎右衛門
阿部（定時）
清康・広忠に仕える
大蔵
阿部（定吉）
阿部弥七郎
佐久間信盛家臣→
大須賀康高の寄騎
井上清秀
井上正就
？
女（星合氏）
大須賀康高の寄騎
井上清宗
四郎五郎
阿部定次
四郎五郎
阿部次重
女
宇津忠茂
大久保忠次
女
四郎五郎
阿部忠政
大原正継
女

阿部家系図

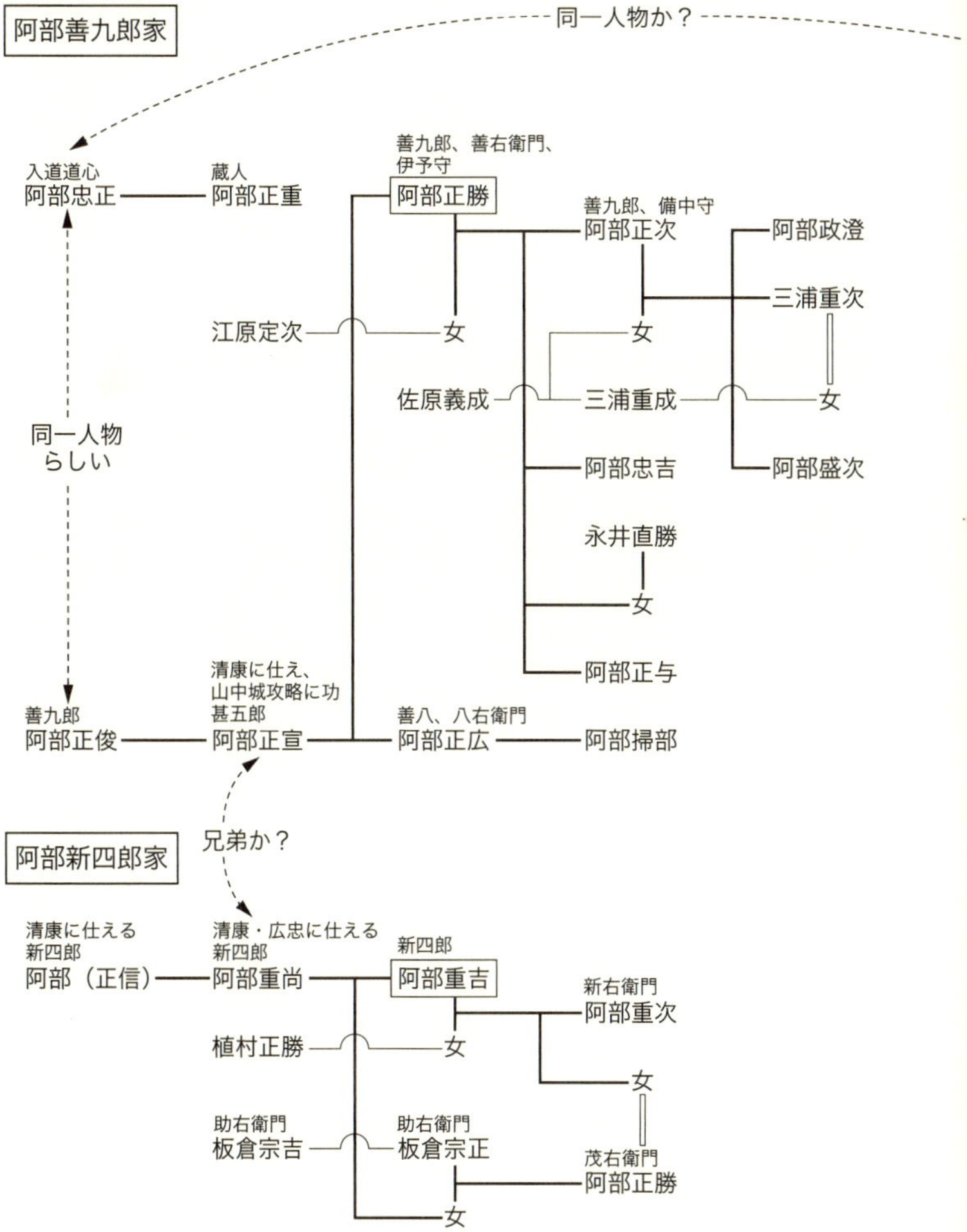
阿部善九郎家
同一人物か？
入道道心
阿部忠正
蔵人
阿部正重
善九郎、善右衛門、
伊予守
阿部正勝
善九郎、備中守
阿部正次
阿部政澄
三浦重次
江原定次
女
女
佐原義成
三浦重成
女
阿部忠吉
阿部盛次
同一人物
らしい
永井直勝
女
阿部正与
清康に仕え、
山中城攻略に功
甚五郎
善九郎
阿部正俊
阿部正宣
善八、八右衛門
阿部正広
阿部掃部
兄弟か？
阿部新四郎家
清康に仕える
新四郎
阿部（正信）
清康・広忠に仕える
新四郎
阿部重尚
新四郎
阿部重吉
新右衛門
阿部重次
植村正勝
女
女
助右衛門
板倉宗吉
助右衛門
板倉宗正
茂右衛門
阿部正勝
女

したがって、阿部善九郎家は山中譜代の可能性が高い。ただし、阿部大蔵家、新四郎家が山中譜代だった確証はなく、岡崎譜代である可能性がある。

阿部善九郎正勝（のち伊予守）は家康より一歳年長で、天文一六（一五四七）年以降、家康が織田家・今川家の人質になると、数少ない従者の一人して側近く仕えた。今川義元にも気に入られ、今川家家臣・江原三右衛門定次の女と結婚する。

永禄元（一五五八）年の家康の初陣に従うが、その後の戦歴は天正元（一五七三）年の天竜川での武田軍との合戦、天正三年の長篠の合戦に従ったくらいで詳細は不明。武将としての能力が低かったのかもしれない。そのためか、天正一八年の関東入国で正勝が賜ったのは、武蔵国足立郡鳩ヶ谷《はとや》などわずか五〇〇〇石だった。

正勝の長男・備中守正次は関ヶ原の合戦で家康本隊に従い、慶長五（一六〇〇）年に五〇〇〇石を加増されて一万石を領した。大坂夏の陣の戦功で七〇〇〇石を加増され、その後も出世を重ね、上総国大多喜藩三万石、相模国小田原藩五万石、武蔵国岩槻藩八万六〇〇〇石に転封された。子孫は丹後国宮津藩、下野国宇都宮藩を経て、備後国福山藩一〇万石を領した。分家として上総国佐貫藩一万六〇〇〇石がある。

五人の老中を生んだ名門で、幕末に老中となった伊勢守正弘（一八一九～一八五七）は有名である。正弘は二七歳の若さで老中首座となり、わずか三九歳で死去してしまうが、養子・正教（正弘の甥）も相次いで死去。慶応三（一八六七）年一一月、養孫・主計頭正《まさ》方《かた》（正教の実弟）が嗣子なきまま死去し、福山藩阿部家は無嗣廃絶の危機に直面してしまう。明治新政府は隣藩の安芸広島藩浅野家から養子を取ることで存続を許した。

正次の甥・阿部豊後守忠秋は、三代将軍・家光の近習《きんじゅ》として仕え、寛永一〇（一六三三）年に老中に列し、以後三十一年間、老中を務める。下野国壬生《みぶ》藩二万五〇〇〇石、武蔵国忍藩八万石を領した。子孫は陸奥国白河藩を経て、陸奥国棚倉藩一〇万石を領している。

なぜか評価されなかった新四郎家

阿部新四郎重吉の家系は、祖父・新四郎正信からはじまるが、その先祖は不明である。『寛政譜』によれば、歴代当主は以下の通りである。

・阿部新四郎正信　（?〜一五二五）清康に仕える。
・阿部新四郎重尚　（一五〇一〜一五三八）清康・広忠に仕える。
・阿部新四郎重吉　（一五三〇〜一六一二）広忠・家康に仕える。室は植村正勝の女

『寛政譜』の祖父・正信の項には「三河安城にをいて清康君につかへ、大永五年二月二日戦死す」。父・重尚は、広忠が上野城を攻めた折に従い、討ち死にしたと伝える（ただし、討ち死にした年を『寛永系図』編纂時に天文七年と申告したものの、『寛政譜』では天文九年に修正しているという）。

重吉は家康の一回り年上で、家康の出生時から小姓として仕え、駿河の人質時代をともに過ごした。しかし、『寛政譜』には禄高の記載がない。その子・新右衛門重次（一五八三〜一六四五）が寛永二年に武蔵国豊嶋郡、下総国印旛郡で五七〇石を賜ったと記すのみである。おそらく、家康にはあまり好かれていなかったのだろう。

権勢を握った大蔵家

阿部大蔵定吉の家系は、父・四郎右衛門定時からはじまり、その先祖は不明である。『寛政譜』には、定時は「三河国に住し、信忠君につかふ」とあるが、実のところは不明である。

『寛政譜』によれば、歴代当主は以下の通りである。

・阿部四郎右衛門定時（？〜一五三五）信忠に仕える。
・阿部大蔵定吉（？〜一五四九）清康・広忠に仕える。
・阿部弥七郎（？〜一五三五）

阿部大蔵定吉の子・弥七郎は、清康を暗殺した「守山崩れ」の一方の主役として名高い。そもそもの契機は父の大蔵が清康から疎んじられ、謀反の噂が囁《ささや》かれてしまったことにあったらしい。大蔵はかねて子の弥七郎に自分が無実の罪で処罰された場合、「父は主君を裏切ろうなどとゆめゆめ思っておりません。このごろ世間ではそんな噂が流れているのは内々承知していますが、決してそんなことはありません」と宣言した後に切腹せよと命じていた。

天文四年一二月、尾張守山（名古屋市守山区）の戦陣で馬が逃げ騒ぎになっていることを、弥七郎は父が処罰されたと勘違いして、清康を刺殺してしまう。そして、弥七郎はその場で植村新六郎に斬殺された。

守山崩れの後、清康の遺児・広忠は、大叔父・桜井松平信定によって岡崎城を追放されてしまう。大蔵は広忠を連れて伊勢、遠江、三河と逃避行を重ね、天文六年に岡崎城に帰参することができた。

平野明夫氏は「阿部大蔵は、広忠期に奉行人筆頭の地位にあって、絶大な権限を行使していた」と指摘している（『徳川権力の形成と発展』）。その証左として、大蔵が天文一二年に酒井与四郎政家（一般には正親）と連署で松平家の家臣（中根弥太郎、大竹源六）に宛行《あてがい》状《じょう》を発給していることがあげられる。

宛行状とは家臣に対して所領や所職（権利）を与える書状で、主従関係を明確にあらわす文書である。当主・広忠が健在であるにもかかわらず、大蔵が松平家臣に宛行状を発給しているのは、「広忠の支配権を侵害している」というのである。

こうした大蔵の立場は、天文一八年に広忠が暗殺された後も継承された。平野氏は、弘治二（一五五六）年に大蔵が今川義元から知行を宛行《あてが》われ、今川家の直臣として、竹千代

（家康）の権限を代行したと指摘している。しかし、家康が元服して松平家の当主となると、大蔵は代行の地位を辞したといわれている。

『寛政譜』では、大蔵は天文一八年一一月二七日に死去したことになっているが誤りで、実際にいつ没したかは明らかでない。

ちなみに大蔵の側室・星合《ほしあい》氏が妊婦のまま、井上半右衛門清宗（一五〇九〜一五九六）に再縁し、生まれたのが井上半右衛門清秀（一五三三〜一六〇四）で、清秀の三男・主計頭正就《まさなり》は老中となり、子孫は遠江国浜松藩六万石を領した。ただし、清秀は大蔵定吉の生前に生まれており、生まれは遠江国らしい。

大蔵の実弟・四郎五郎定次（?〜一五八二）は、嫡男・四郎五郎次重が天文一六（一五四七）年の上野城攻めで戦死したため、大久保左衛門次郎忠次の次男・四郎五郎忠政（一五三〇〜一六〇七）を婿養子に迎えた。子孫は一〇〇〇石の旗本になっている。

第七章　岡崎譜代はいつから仕えたのか

1　岡崎譜代一六家

『三河物語』と異なる概念

『柳営秘鑑』では、岡崎譜代を代表する家系として、鳥居、榊原、内藤、安藤、久世《くぜ》、渡辺、大須賀、永井、戸田、水野、井伊、井上、安部《あんべ》、伊丹、屋代、秋元の一六家をあげている。

ただし、『柳営秘鑑』でいう岡崎譜代は、『三河物語』でいう岡崎譜代と等しい概念ではない。『三河物語』でいう岡崎譜代とは、松平広忠（家康の父）までに松平家に仕えはじめた家系であるが、『柳営秘鑑』の岡崎譜代は家康が取り立てた新参の家系も含めている。

たとえば、今川家の旧臣・安部家、伊丹家、信濃の国人領主・屋代家などである。これらの家系を清康時代から仕えてきた榊原家や鳥居家と同列に扱うことには違和感がある。

本書では『三河物語』の説を採り入れ、岡崎譜代とは清康・広忠父子の時代に松平家に仕えた家系とする。したがって、本書では、鳥居、榊原、内藤、安藤、久世、渡辺、大須賀、永井の八家をいったん岡崎譜代の候補としている。

そこで、以下では『寛政譜』を紹介しつつも、地誌などを参考にして、各家の歴史を分析し、紹介していくが、紙幅の関係から安藤、久世、渡辺、大須賀、永井、戸田、水野、井上、安部、伊丹、屋代、秋元家を割愛することをお許し願いたい。

2 鳥居家

先祖は熊野鈴木氏？

『寛政譜』によれば、鳥居家の「先祖は穂積氏にして紀伊国熊野権現の臣農見大臣重高《しげたか》の苗裔鈴木某が末葉なり、世々神職の業を嗣《つ》ぐ。道観重氏《しげうじ》が時にいたりて法眼《ほうげん》に叙す。よりて重氏、熊野山に一の鳥居を建、これより世人呼《せじんよん》で鳥居法眼と称す」という。

新行紀一氏は「鳥居忠吉は忠氏の一六代目にあたるが、そこにいたる系図は具体的記事は皆無で、渡《わたり》における社会的地位等もまったく不明である。（中略）おそらく忠景の代に矢作宿へ来住したのであり、熊野の鳥居云々は後世の付会とみるべきであろう。付会をなすにあたって、一五世紀に広く流布していた熊野信仰をふまえて、熊野鳥居氏に結びつけたのではなかろうか」と推測している（『新編　岡崎市史　中世2』）。

「諸士出生記」「諸士姓名目録」などの地誌を見ると、鳥居家はほぼ渡村（岡崎市渡）に居住するのみで、さほど栄えた家柄でなかったことがわかる。

老臣・忠吉

『寛政譜』によれば、歴代当主は以下の通りである。

・鳥居伊賀守忠吉　（一四九〇頃〜一五七二）清康〜家康に仕える。
・鳥居彦右衛門元忠（一五三九　〜一六〇〇）家康に仕える。室は形原松平家広の女
・鳥居左京亮忠政　（一五六六　〜一六二八）家康〜家光に仕える。室は瀧川雄利の女

『寛政譜』の鳥居伊賀守忠吉の項に「先祖より代々譜代の御家人たり」と記されているが、忠吉の時に清康に従い、それ以前は西郷松平家に仕えていたと思われる。

天文一八（一五四九）年の安城城攻めで織田信広（信長の庶兄）を生け捕りするのに功績があった。

今川領国下では岡崎城代（阿部大蔵、石川広成）の下で、能見松平重吉とともに惣奉行を務めた。

鳥居家は「いわゆる商人的な武士で財力があった」ため、今川家の人質となった家康に衣類などを送って支援したという（『徳川家康家臣団事典』）。また、弘治二（一五五六）年、家康が一時的に岡崎に帰還した際、蔵に蓄えた米銭を見せ、「岡崎城主になられた折には、

これで多くの将兵を集め、威名を全国に知らしめてほしい」と二人で涙したと伝えられる。永禄三（一五六〇）年の桶狭間の合戦に家康の御馬廻として参加。永禄六年の三河一向一揆では岡崎城に籠もって、一族とともに家康方として戦った。

忠吉の長男・源七郎忠宗は天文一六年の合戦で討ち死にし、次男は出家したため、三男の彦右衛門元忠が家督を継いだ。

股肱の忠臣・元忠

元忠は家康より三歳年長で、一三歳の時に駿河で人質となっている家康の従者となった。永禄元年の寺部城攻めで家康とともに初陣を果たし、永禄三年の桶狭間の合戦に御馬廻として参加した。

永禄九年頃の軍制改革（三備）で旗本「一手役」の将に抜擢《ばってき》され、永禄一二年の懸川城攻め、元亀元（一五七〇）年の姉川の合戦、元亀三年の三方原の合戦、天正三（一五七五）年の長篠の合戦で武勲を挙げた。同天正三年の遠江諏訪原城（静岡県島田市）攻めで先鋒

現住所
崎市渡町
崎市羽栗町
田市上郷町
田市上郷町
城市姫小川町
尾市上羽角町、下羽角町
田郡幸田町芦谷
崎市大和町
崎市美合町
崎市国正町
崎市国正町
崎市国正町
崎市赤渋町
田郡幸田町野場
田市上郷町
南市棚尾本町

岡崎譜代の主要な家系

区分	家名	系統	君主	天正18年			
				当主	石高(石)	血縁	諸氏出生記な
岡崎譜代	鳥居		清康	鳥居彦右衛門元忠	40,000		碧海郡渡村
				鳥居又右衛門吉次	−	(分家)	
				鳥居又右衛門重正	−	(分家)	
	榊原	孫七郎	親氏	榊原摂津守忠政	2,500		額田郡羽栗村
				榊原九右衛門正吉	200	忠政の従弟	(不明)
		七郎右衛門	広忠	榊原式部大輔康政	100,000		碧海郡上野村
	内藤	弥次右衛門	信忠	内藤弥次右衛門家長	20,000		碧海郡上野村
				内藤豊前守信成	10,000	家長の養弟	碧海郡姫小川
		甚五左衛門		内藤四郎左衛門正成	5,000		幡豆郡羽角村
				内藤修理亮清成	5,000	正成の甥	(不明)
		新右衛門		内藤与左衛門重政	−	(分家)	額田郡芦谷村
		与三兵衛	清康	内藤与三兵衛正次	−	(関係不明)	(不明)
		太郎左衛門	広忠	内藤主馬重次	−	(関係不明)	(不明)
		十右衛門	家康	内藤半左衛門正勝	−	(関係不明)	(不明)
	安藤		広忠	安藤帯刀直次	1,000		碧海郡桑子村
				安藤次右衛門正次	400	直次の甥	額田郡平地村
	渡辺		長忠	渡辺忠右衛門守綱	5,000		碧海郡国正村
				渡辺新左衛門政綱	400	守綱の弟	碧海郡国正村
				渡辺六左衛門生綱	200	守綱の又従弟	額田郡浦辺村
				渡辺加平雅綱	−	(分家)	碧海郡赤渋村
	大須賀		家康	大須賀出羽守忠政	30,000		額田郡野場村
	久世		清康	久世三左衛門広宣	300		碧海郡上野村
	永井		広忠	永井右近大夫直勝	5,000		碧海郡大浜村
				長田喜六郎忠勝	200	直勝の従弟	(不明)
				長田理助吉久	200	(分家)	(不明)

※「君主」欄は、『寛政譜』にいつから仕えたかの記述があることを示す。

鳥居家の分布

在所	氏名
①碧海郡渡村	鳥居伊賀守(忠吉)
②碧海郡渡村	鳥居鶴之助(元忠)
③碧海郡渡村	鳥居橘次郎(信家)
④碧海郡渡村	鳥居源七郎(忠資)
⑤碧海郡渡村	鳥居次郎右衛門尉(親重)
⑥碧海郡渡村	鳥居四郎左衛門(忠広)
⑦碧海郡渡村	鳥居弥平次(信茂(吉清))
⑧碧海郡渡村	鳥居又右衛門(重正)
⑨碧海郡渡村	鳥居又兵衛
⑩碧海郡渡村	鳥居久兵衛
⑪碧海郡渡村	鳥居中務
⑫碧海郡渡村	鳥居彦右衛門
⑬碧海郡筒針村	鳥居甚右衛門
⑭碧海郡上野村	鳥居金五郎

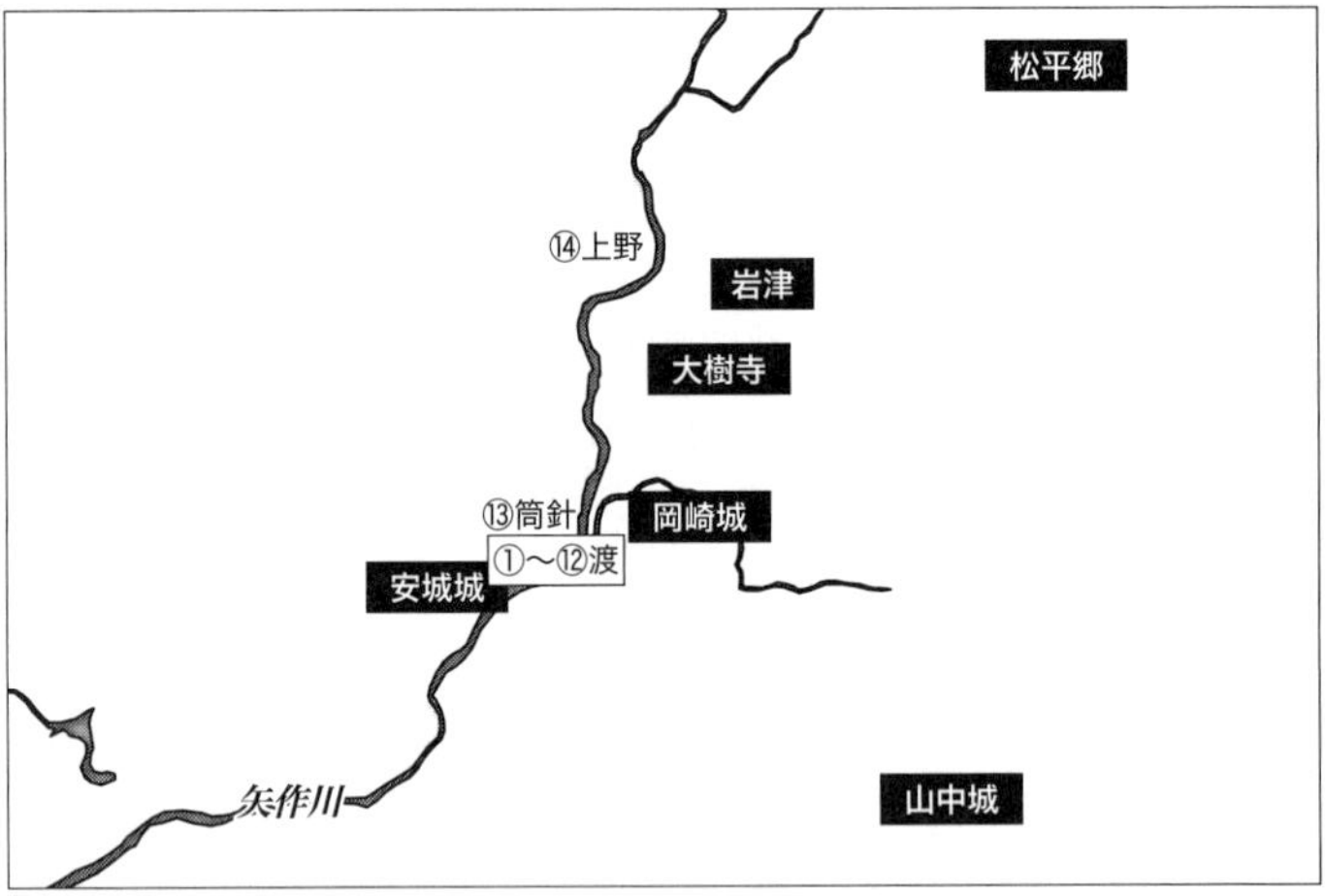

鳥居家系図

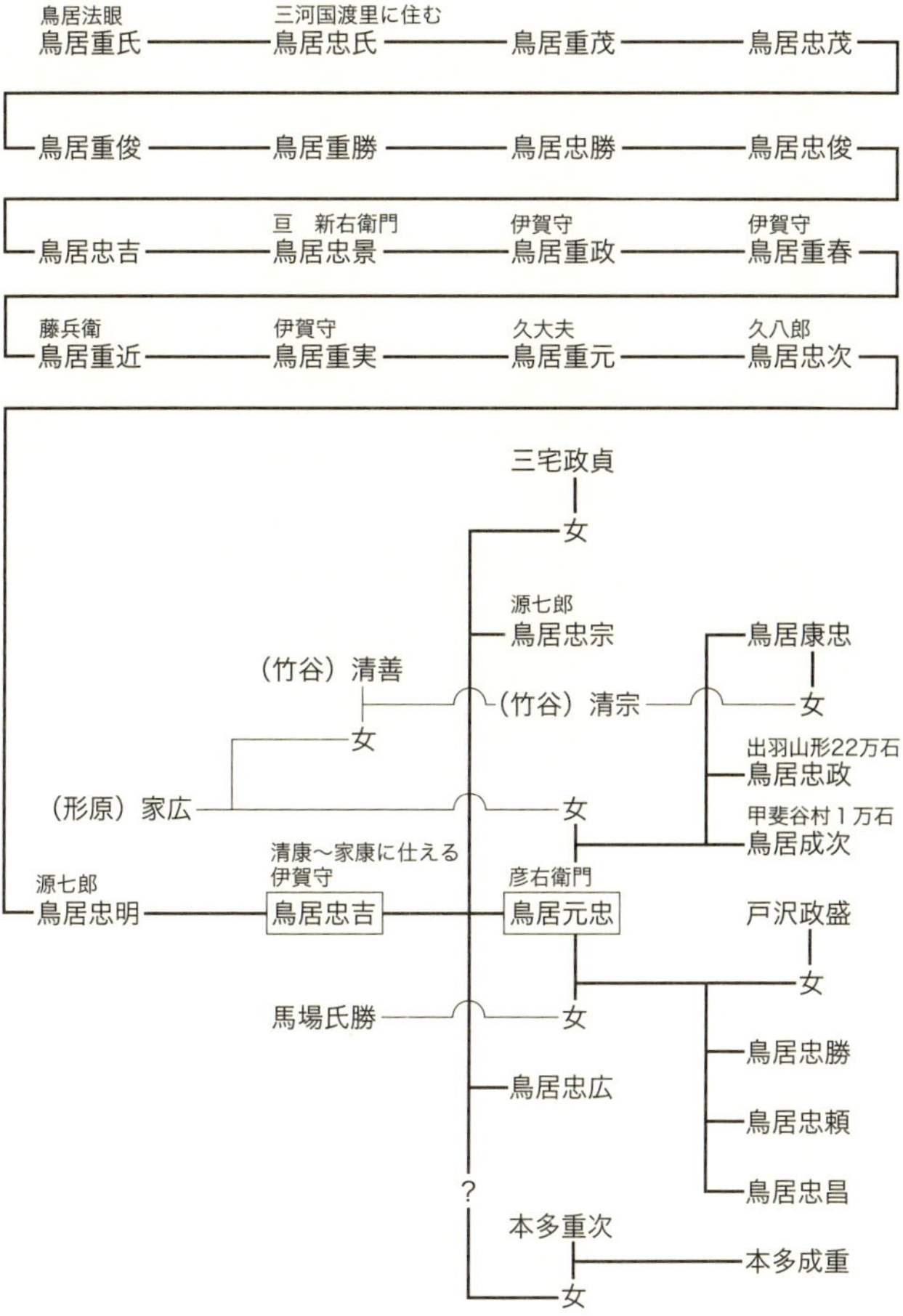
鳥居法眼
鳥居重氏
三河国渡里に住む
鳥居忠氏
鳥居重茂
鳥居忠茂
鳥居重俊
鳥居重勝
鳥居忠勝
鳥居忠俊
鳥居忠吉
亘　新右衛門
鳥居忠景
伊賀守
鳥居重政
伊賀守
鳥居重春
藤兵衛
鳥居重近
伊賀守
鳥居重実
久大夫
鳥居重元
久八郎
鳥居忠次
三宅政貞
女
源七郎
鳥居忠宗
鳥居康忠
（竹谷）清善
（竹谷）清宗
女
女
出羽山形22万石
鳥居忠政
（形原）家広
女
甲斐谷村１万石
鳥居成次
清康～家康に仕える
伊賀守
源七郎
鳥居忠明
鳥居忠吉
彦右衛門
鳥居元忠
戸沢政盛
女
馬場氏勝
女
鳥居忠勝
鳥居忠広
鳥居忠頼
鳥居忠昌
?
本多重次
本多成重
女

を務めたが、鉄砲で左の股を撃ち抜かれ、左足が不自由となる。そのため、家康の前でも正座することはなかったという。

天正一〇年、本能寺の変後に家康が甲斐・信濃を攻略すると、甲斐国郡内地方（山梨県都留《つる》郡）を与えられ、天正一八年の関東入国で下総国矢作四万石を賜った。徳川四天王や大久保忠世に次ぐ高禄《こうろく》で、家康の信頼が厚かったことがうかがわれる。

慶長五（一六〇〇）年、関ヶ原の合戦の前哨戦《ぜんしょうせん》として、西軍・石田三成ら一〇万余りの軍勢が、徳川方一八〇〇人の籠もる伏見城を総攻撃して落城させた。元忠は内藤家長、深溝松平家忠、大給松平近正らと伏見城を守り、激戦の末、討ち死にした。

嫡子・左京亮忠政は父の死を受けて六万石を加増され、慶長七年に陸奥国磐城平《いわきたいら》藩一〇万石に転封され、その後も加増されて出羽国山形藩二二万石を領した。

一説によれば、幕府は前例主義なので、仮想敵国である仙台藩伊達《だて》家の近くに鳥居家、薩摩藩島津家の近くに内藤家を置いたという。ともに先祖が伏見城で討ち死にしたので、「同じように敵を足止めして討ち死にしろ」ということらしい。

まったくもってひどい話だが、前例主義にはメリットもあった。それだけの名家ともなると、幕府首脳も簡単には潰すに潰せない。通常ならば、バッサリ改易される場合でも敗者復活がゆるされるのだ。

忠政の子・左京亮忠恒が病で錯乱して改易されると、改めて弟・主膳正忠春が信濃国高遠藩三万二〇〇〇石を賜った。しかし、今度は忠春の嫡男・左京亮忠則が不行状で再び改易され、忠則の長男・伊賀守忠英《ただてる》が能登国で一万石を賜った。忠英はその後、近江国水口藩二万石を経て若年寄に出世し、下野国壬生藩三万石まで回復。子孫は同地を領した。

3　内藤家

三つの内藤家

内藤家は藤原秀郷の末裔《まつえい》で、鎌倉幕府に仕えていた御家人の子孫が、応仁の頃に三河国に移住したのだという。内藤家には三つの流れがあるが、いずれも内藤右京進義清を家祖としている。

①上野村の弥次右衛門《やじうえもん》家（内藤弥次右衛門家長、子孫は日向国延岡藩七万石など）
②姫小川村の三左衛門《さんざえもん》家（内藤豊前守信成、子孫は越後国村上藩五万石）
③芦谷村の甚五左衛門《じんござえもん》家（内藤甚五左衛門、子孫は信濃国高遠藩三万三〇〇〇石など）

「諸士出生記」「諸士姓名目録」などの地誌を見ると、内藤家は碧海郡姫小川村（安城市姫小川町）、額田郡上野村（豊田市上郷町）、額田郡芦谷村（額田郡幸田町）を中心として、それぞれ碧海郡野畑村（岡崎市野畑町）、幡豆郡羽角《はすみ》村（西尾市上羽角町、下羽角町）、幡豆郡野場《のば》村（額田郡幸田町）などに勢力を拡げていることがわかる。

内藤家の分布

在所	氏名
①碧海郡姫小川村	内藤右京進(義清)
②碧海郡姫小川村	内藤弥次右衛門(清長)
③碧海郡姫小川村	内藤弥十郎
④碧海郡姫小川村	内藤三左衛門(信成)
⑤碧海郡姫小川村	内藤平左衛門
⑥碧海郡上野村	内藤弥次右衛門(家長)
⑦碧海郡野畑村	内藤半右衛門
⑧額田郡芦谷村	内藤佐七(政俊)
⑨額田郡芦谷村	内藤左平(政勝)
⑩額田郡芦谷村	内藤新右衛門尉(勝重)
⑪額田郡芦谷村	内藤与左衛門尉(重政)
⑫額田郡蔵前村	内藤弥次右衛門(家長)
⑬幡豆郡野場村	内藤甚五左衛門(忠郷)
⑭幡豆郡羽角村	内藤四郎左衛門(正成)
⑮幡豆郡貝福村	内藤孫十郎
⑯加茂郡松平村	内藤三左衛門

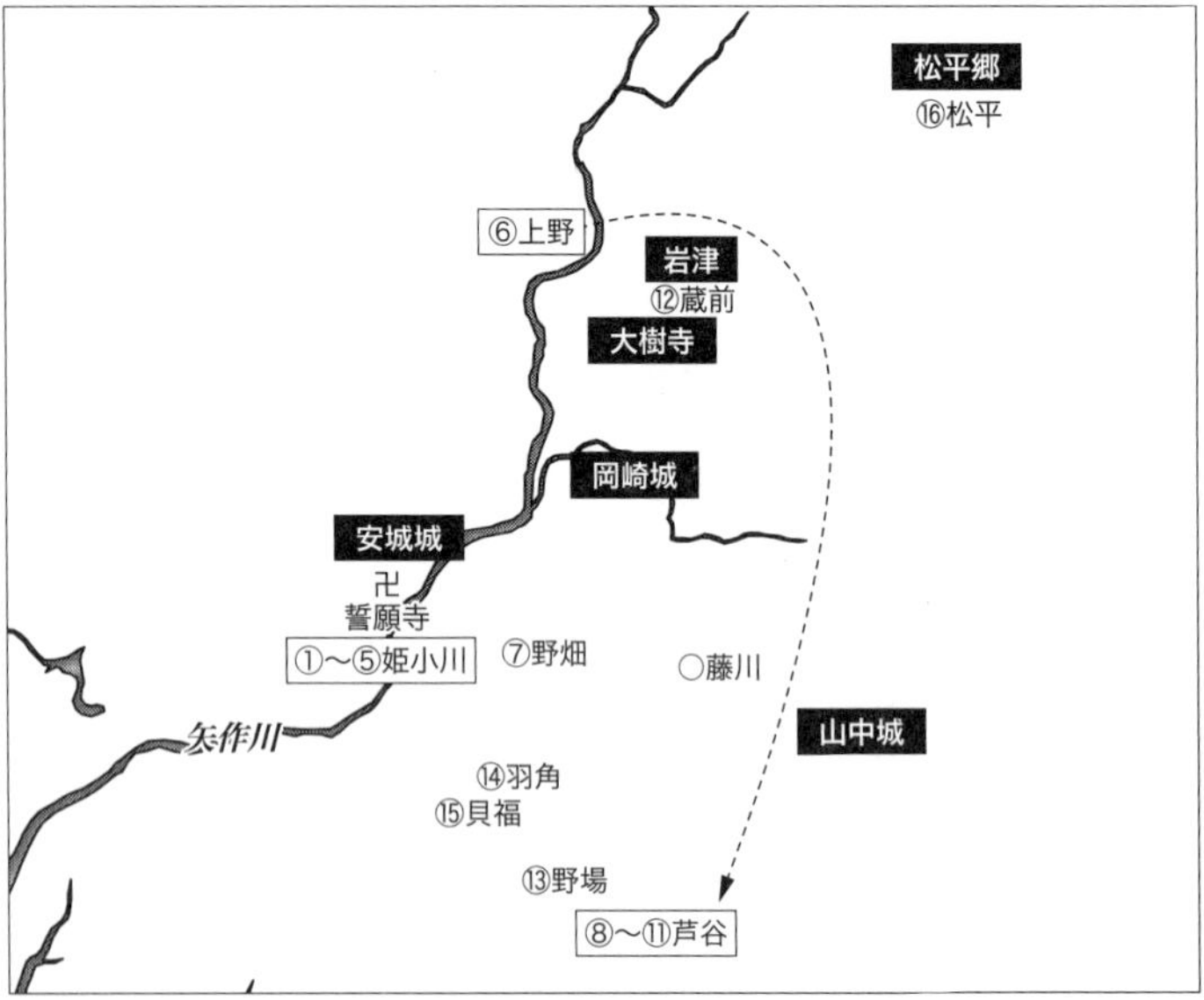

上野村の弥次右衛門家

『寛政譜』などによれば、歴代当主は以下の通りである。

・内藤重清　　　　（　?～一五二三）親忠に仕える。
・内藤右京進義清　（　?～一五三七）信忠・清康に仕える。
・内藤弥次右衛門清長（　?～一五六四）清康～家康に仕える。室は松平某の女
・内藤弥次右衛門家長（一五四六～一六〇〇）家康に仕える。室は松平忠長の女
・内藤左馬助政長　（一五六八～一六三四）家康～家光に仕える。室は三宅康貞の女

『寛政譜』は内藤右京進義清を家祖とし、「信忠君及び清康君に奉仕し、三河国上野城をたまふ」としているが、戦国時代では足利将軍家から偏諱《へんき》を賜らないと諱《いみな》に「義」の字を付けることができないので、「義清」という諱は後世に付会したものと考えられる。そこで、本書では「内藤右京進」と表記する。

右京進の父・重清が姫小川村に住み、親忠に仕えていたという伝承がある。つまり、安城城近くの姫小川村を居城とした安城譜代が、上野城（正確には上野下村城）に居を移したというストーリーにしているのだ。

それを裏付けるように、初代・重清、三代・清長の菩提寺《ぼだいじ》は「桜井村の誓願寺」（浄土真宗：安城市姫小川町）といわれている。

ところが、誓願寺の「内藤清長の墓と、寺伝ではその祖父という重清の墓と伝えられる

宝篋印塔があり、それぞれ永禄七年（一五六四）八月十二日と大永三年（一五二三）という年代が刻まれている。しかしこの陰刻文字は、金石文に関する専門的知識に照らしてさまざまな所見からその当時のものではなく、後代に刻まれたものであることが判明している」（『新編　安城市史　Ⅰ　通史編　原始・古代・中世』）。

つまり、後世につくられたものだというのだ。

上野城近くにも誓願寺（浄土宗）があったというから、上野村の誓願寺と桜井村の誓願寺を混同して、子孫が桜井村に墓碑を建てた可能性はないだろうか。

ちなみに二代・右京進の菩提寺は「井田野の西光寺」（浄土宗：岡崎市鴨田町）であり、これも上野城にほど近い。筆者は内藤家が姫小川村から上野村に移住したのではなく、その逆ではないかと考えている。

『寛政譜』の内藤右京進の項に「右京進及び石川左近大夫忠輔、植村新六某、天野清右衛門貞有、林藤助某等を岡崎の五人衆と称す」との記述があり、松平家の重臣を務めていたらしい。

三代・弥次右衛門清長は、先述の墓碑によると永禄七年八月十二日に死去しているはずだが、『寛政譜』では「数年遠江国二俣城を守衛し、武田が兵と挑み戦ふ事しばしばなり。某年八月十二日かの地にをいて死す」と、少なくとも永禄一一年くらいまで生きていたように記されている。

その子・弥次右衛門家長は家康より四歳年少で、膂力《りょりょく》にすぐれ、弓矢の達人として知られた。従兄弟の四郎左衛門正成《まさなり》も弓に秀でており、いわば一族の御家芸といったところだろう。

家長は永禄九年頃の「三備改革」で石川家成《いえなり》附属となり、永禄一二年の懸川城攻め、元亀元（一五七〇）年の姉川の合戦、天正三（一五七五）年の長篠の合戦に従い、弓矢の腕を褒賞される。

天正七年に築山事件が起こると、岡崎三郎信康に附けられた家臣のうち二五人を家長の与力とするように命じられた（うち五人はそれを不服として逐電したという）。さらに小牧・長久手の合戦後、天正一三年に石川伯耆守数正が徳川家を出奔すると、数正の兵八〇騎を与力に加えた。

家長は天正一八年の関東入国で上総国佐貫二万石を賜り、関ヶ原の合戦に先だつ伏見城の籠城戦で討ち死にした。

嫡男・左馬助政長は父の死を受けて一万石を加増され、さらに度々の加増を受け、元和八（一六二二）年に陸奥国磐城平藩七万石に転封、子孫は日向国延岡藩七万石を領した。分家として陸奥国湯長谷《ゆながや》藩一万五〇〇〇石、三河国挙母藩二万石がある。

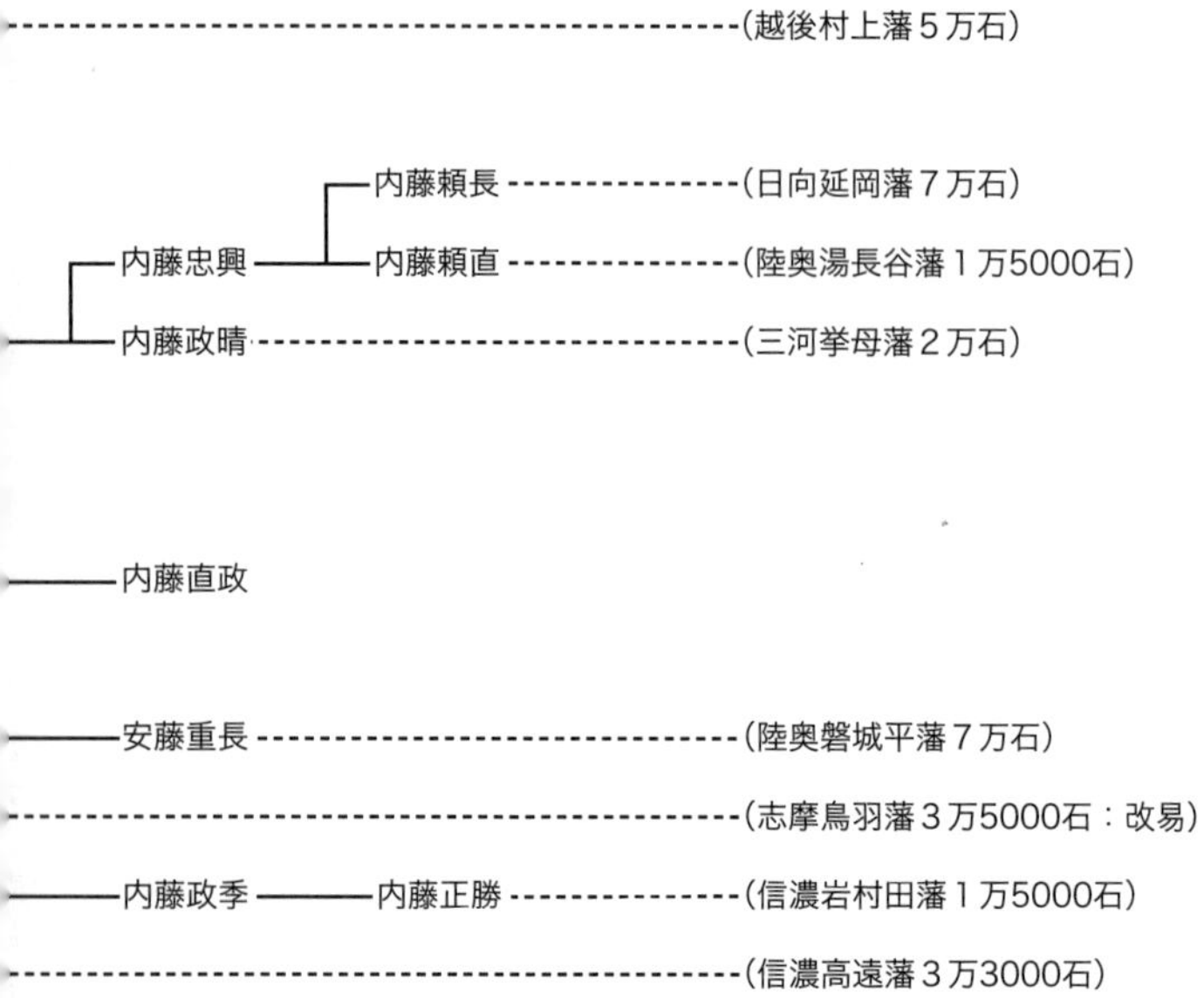
(越後村上藩５万石)
内藤頼長
(日向延岡藩７万石)
内藤忠興
内藤頼直
(陸奥湯長谷藩１万5000石)
内藤政晴
(三河挙母藩２万石)
内藤直政
安藤重長
(陸奥磐城平藩７万石)
(志摩鳥羽藩３万5000石：改易)
内藤政季
内藤正勝
(信濃岩村田藩１万5000石)
(信濃高遠藩３万3000石)

内藤家系図

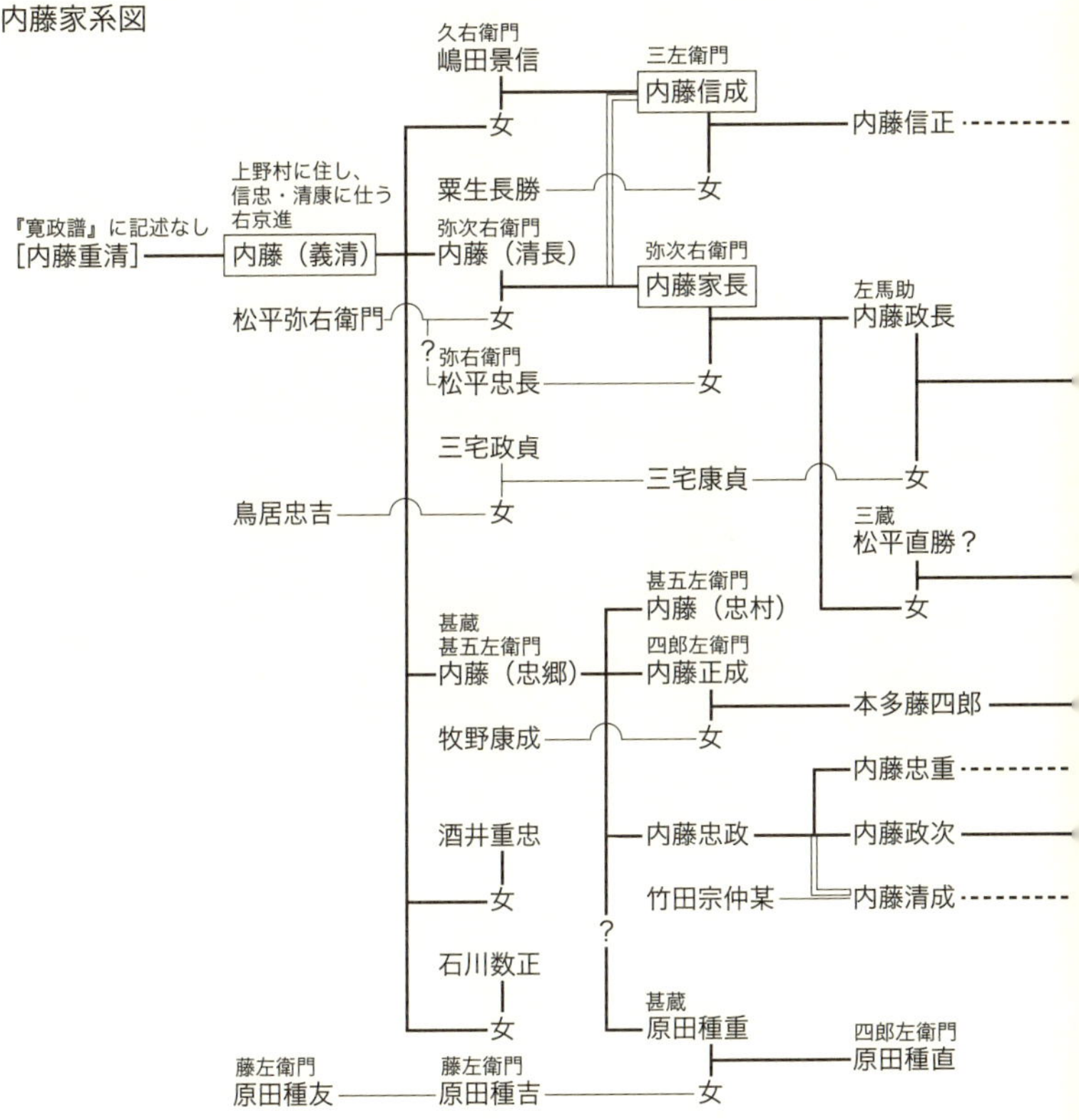
『寛政譜』に記述なし
[内藤重清]
上野村に住し、
信忠・清康に仕う
右京進
内藤（義清）
久右衛門
嶋田景信
女
粟生長勝
弥次右衛門
内藤（清長）
松平弥右衛門
女
?
弥右衛門
松平忠長
三宅政貞
鳥居忠吉
女
甚蔵
甚五左衛門
内藤（忠郷）
牧野康成
酒井重忠
女
石川数正
女
藤左衛門
原田種友
藤左衛門
原田種吉
三左衛門
内藤信成
女
弥次右衛門
内藤家長
女
三宅康貞
甚五左衛門
内藤（忠村）
四郎左衛門
内藤正成
女
内藤忠政
竹田宗仲某
?
甚蔵
原田種重
女
内藤信正
左馬助
内藤政長
女
三蔵
松平直勝？
女
本多藤四郎
内藤忠重
内藤政次
内藤清成
四郎左衛門
原田種直

姫小川村の三左衛門家

三左衛門家の祖・内藤豊前守信成（初名・三左衛門）は、嶋田久右衛門景信《かげのぶ》と内藤右京進の女の間に生まれ、内藤弥次右衛門家長の養子になるが、家長に実子が生まれたため、分家を興したと伝えられる。

ただし、信成は家長より年上であることから、内藤弥次右衛門清長の養子となったが、翌年清長に実子・家長が生まれたので、別家を興したのではないかといわれている。また、信成は広忠の落胤《らくいん》で、家康の異母弟という噂がある。

『寛政譜』によれば、歴代当主は以下の通りである。

・内藤豊前守信成　（一五四五～一六一二）家康に仕える。室は栗生長勝の女

・内藤紀伊守信正　（一五六八～一六二六）家康～家光に仕える。室は石川康通の女

内藤豊前守信成は一三歳にして家康（当時は松平元信）に拝謁を許され、一字を賜って信成と称した（ちなみに従兄弟の家長も家康から偏諱を賜っている）。

信成は永禄元年の広瀬城攻めに従い、永禄三年の桶狭間の合戦の丸根城攻めに御馬廻として参加。永禄六年の三河一向一揆では酒井将監が籠もる上野上村城攻めに功績があり、三河国中嶋に所領を賜ったという。

永禄一二年の懸川城攻め、元亀元年の姉川の合戦、元亀三年の三方原の合戦、天正三年の長篠の合戦に参加した。

長篠の合戦での戦上手ぶりを信長から「誠に先駆の猛将、奇異の勇士なり」として面頬《めんぼお》を脱がせて顔が見たいと激賞された。その場にいた家康も「（武功を褒《ほ》め称《たた》えた）感状を与えるべきであるが、信成の武勇はいつものことなので、今さら必要ない」と賞賛した。

信成は天正一八年の関東入国で伊豆国韮山《にらやま》一万石を賜り、関ヶ原の合戦後の慶長六（一六〇一）年に駿河国府中藩四万石、次いで近江国長浜藩に転封された。子孫は摂津国高槻藩、陸奥国棚倉藩、駿河国田中藩を経て、越後国村上藩五万石を領した。

芦谷村の甚五左衛門家

芦谷村の内藤家は、上野村の内藤家から分かれたと伝えられるが、情報が錯綜《さくそう》しており、詳細は明らかでない。

『愛知県の地名』（額田郡幸田町芦谷村の項）によれば、内藤右京進の三男・新右衛門尉勝重が、永正一五（一五一八）年には芦谷に居を構え、享禄（一五二八〜一五三二）の頃に芦谷の荒地を開墾したと伝えられる。

しかし、『寛永系図』では内藤新右衛門尉勝重（一五二一〜一五九六）の父の記載はなく、しかも、没年・享年から逆算すると勝重は一五二一年生まれで辻褄《つじつま》が合わない。おそらく、右京進の弟が芦谷村に移り住み、勝重はその子だと推察される。

また、右京進の次男・甚五左衛門忠郷《ただささと》（一五一一〜一五八〇）が天文一二（一五四三）年に広忠から高落村および野場村を本領安堵《あんど》されており、それ以前から両村が忠郷の領地であったことを示している。

忠郷には四男があり、長男・甚五左衛門忠村《ただむら》の子孫は紀伊徳川家の家臣となった。

次男・四郎左衛門正成（一五二七〜一六〇二）は羽角村（西尾市上羽角町、下羽角町）出身で、「徳川十六神将」の一人に数えられる。弓の名手で、鞍《くら》の前輪から後輪を射抜いたとか、盾越しに伏兵を射殺したといわれている。六本の矢で六人の敵を射止めたなど逸話には事欠かない。織田信長が生前、諸国で名の知られた武士をかき集めさせ、武功ある者に墨点を加えたが、正成もその「点のかかった覚えの人」だった。故に、秀吉は家康と和睦が成ると正成との対面を望んだが、正成は老齢を理由に固辞したという。天正一八年の関東入国で武蔵国埼玉郡五〇〇〇石を賜ったが、孫の図書助忠俊が不行跡により改易された。

四男・仁兵衛忠政《ただまさ》（一五三二〜一六〇六）には四男があり、長男（実は竹田宗仲の子）の修理亮清成《きよなり》（一五五五〜一六〇八）は秀忠の傅役《もりやく》となり、天正一八年の関東入国で相模国東郡五〇〇〇石を賜り、関ヶ原の合戦後の慶長六年に二万一〇〇〇石を賜り、子孫は信濃国高遠藩三万三〇〇〇石を領した。

忠政の次男・志摩守忠重《ただしげ》は秀忠に仕え、家光の傅役となり、元和八（一六二二）年に一〇〇〇〇石を賜る。寛永二（一六二五）年に常陸国真壁郡に加増されて一万石を領し、志摩国鳥羽藩三万五〇〇〇石に転封されるが、孫の和泉守忠勝が乱心して刃傷事件を起こし、改易される。

忠政の四男・式部少輔《しきぶのしょうゆう》政次《まさつぐ》は家光に仕え、武蔵国などで五〇〇〇石を賜り、養子の上野介正勝が摂津国内に加増されて一万六〇〇〇石を賜り、子孫は信濃国岩村田藩一万五〇〇〇石を領した。

4　榊原家

二つの榊原家

榊原家といえば、「徳川四天王」の一人・榊原式部大輔康政が有名である。

祖父・清長が伊勢国（三重県）から碧海郡上野村（豊田市上郷町）に移り住んだ比較的新参の家系で、代々通称を孫十郎、七郎右衛門と称した。

これとは別に、第二章で紹介した羽栗村（岡崎市羽栗町）の榊原家がある。

この榊原家も南北朝時代に伊勢国から移り住んだ家系で、松平家の初代・親氏に仕えたというが疑わしい。代々孫七郎、平七郎と称し、官途は主計頭、摂津守と称した。

康政の家系は清和源氏仁木流、忠次の家系は藤原氏佐藤流を称するが、家紋は同じ「源氏車」を使い、同族と思われる（忠次の子孫は、康政の父・長政が忠次の従兄弟だと申告している）。

榊原家の分布

在所	氏名
①額田郡羽栗村	榊原隼之助(忠政)
②額田郡羽栗村	榊原甲之助
③額田郡羽栗村	榊原三郎左衛門
④額田郡羽栗村	榊原三右衛門
⑤額田郡羽栗村	榊原七右衛門
⑥額田郡羽栗村	榊原孫大夫
⑦碧海郡上野村	榊原七郎右衛門(清政)
⑧碧海郡上野村	榊原七郎右衛門(長政)
⑨碧海郡上野村	榊原五郎右衛門(一徳)
⑩額田郡丸山村	榊原式部少輔(康政)
⑪額田郡岡崎	榊原与三左衛門(広康)
⑫幡豆郡市子村	榊原主計助(久重)
⑬幡豆郡市子村	榊原宗八郎(正信)

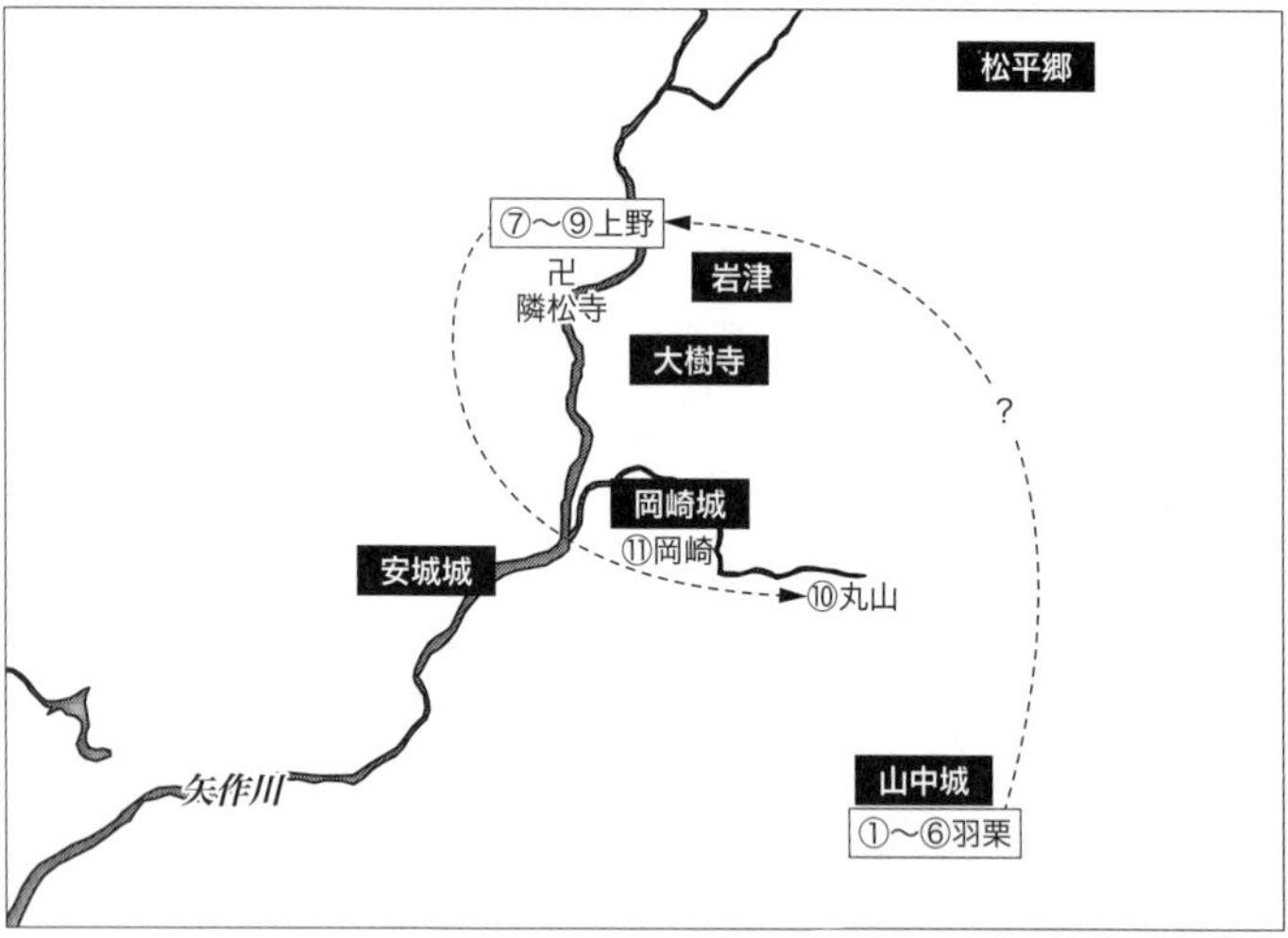

上野村の七郎右衛門系

『寛政譜』によれば、「仁木義長が後胤《こういん》、勢州壱志郡榊原の里に住す。のち三州にうつりて居住す。（中略）義長が六代の孫次郎七郎利長《としなが》伊勢国壱志郡榊原村に住せしより、家号とす。清長は利長が三世の孫なり」という。

仁木義長は足利家庶流の南北朝時代の武将で、三河国加茂郡仁木村（岡崎市仁木町）を本貫地とする。ただし、榊原家の先祖が本当に仁木義長かといえば、甚だ疑問である。

まず、榊原康政が生まれた三河国碧海郡上野下村《しもむら》は、仁木村の西隣に位置しており、距離的にも極めて近い。そのため、仁木家の子孫を僭称《せんしょう》したのではないか。

『寛政譜』によれば、歴代当主は以下の通りである。

・榊原七郎右衛門清長（?～一五四五）広忠に仕える。
・榊原七郎右衛門長政（?～一五六二）家康に仕える。室は道家氏の女
・榊原式部大輔康政（一五四八～一六〇六）家康・秀忠に仕える。室は大須賀康高の女

初代・清長は「広忠卿につかへたてまつり」、二代・長政は「東照宮につかへたてまつり」と記すのみで、具体的な功績は伝わっていない。

長政には二男三女がおり、長男が榊原七郎右衛門清政、次男が榊原式部大輔康政である。

康政ははじめ酒井将監忠尚の小姓でしかなかったが、永禄三（一五六〇）年に一三歳で家康に召し出されて側近となり、永禄六年に三河一向一揆で酒井将監忠尚が籠もる上野上

村城攻めに従った。

翌永禄七年に三人の与力を附けられ、永禄九年頃の「三備」軍制改革で、康政は一九歳で「旗本一手役之衆」に抜擢された。

元亀元（一五七〇）年の姉川の合戦、元亀三年の三方原の合戦、天正三（一五七五）年の長篠の合戦に従った。天正一〇年の本能寺の変で、康政は家康の伊賀越えに従い、三河に帰国すると、甲斐侵攻を命じられ、康政は大須賀五郎左衛門康高とともに大豆生田《まみょうだ》の砦

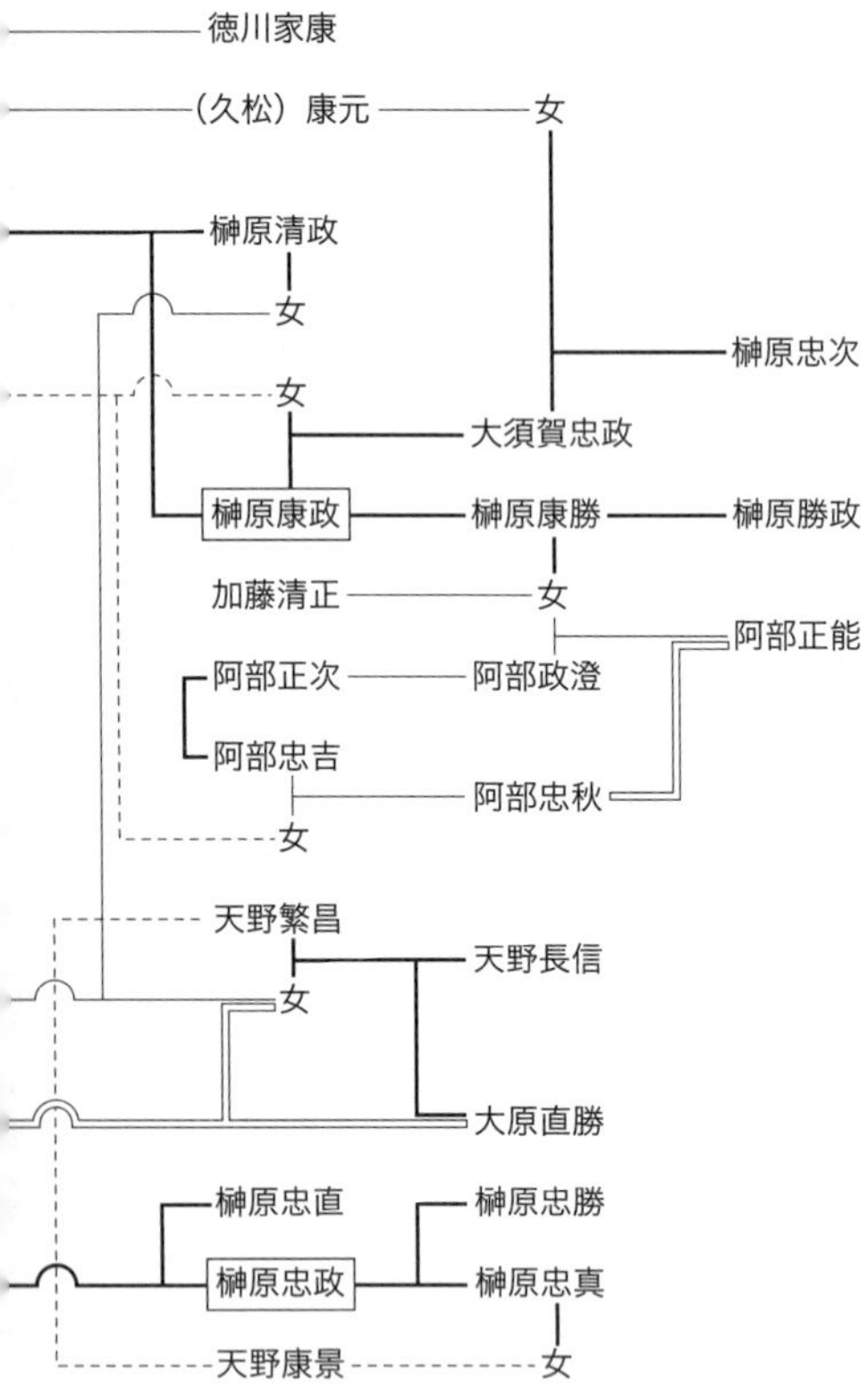

榊原家家系

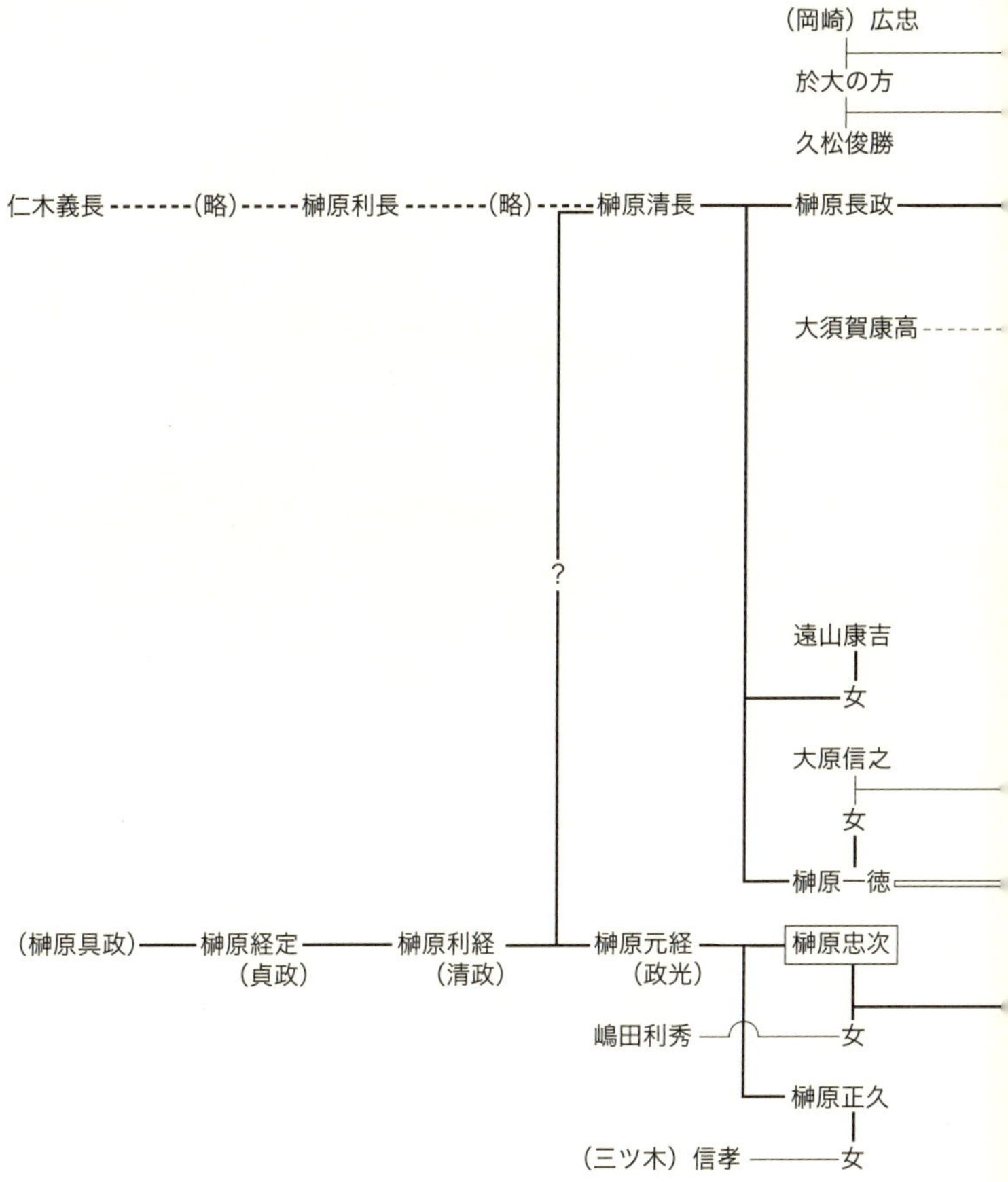
（岡崎）広忠
於大の方
久松俊勝
仁木義長
（略）
榊原利長
（略）
榊原清長
榊原長政
大須賀康高
?
遠山康吉
女
大原信之
女
榊原一徳
（榊原具政）
榊原経定
（貞政）
榊原利経
（清政）
榊原元経
（政光）
榊原忠次
嶋田利秀
女
榊原正久
（三ツ木）信孝
女

榊原康政肖像（東京大学史料編纂所所蔵模写）

を攻めた。ちなみに康政は遠江攻略以来、大須賀康高と行動をともにすることが多く、その娘を娶《めと》っている。

天正一二年、小牧・長久手の合戦では、秀吉軍の戦意をくじくため、「秀吉は信長から受けた君恩を忘れて、信長の子・信雄と兵を構えるなど、その悪逆非道さは甚だしい。秀吉に従う者は、みな義を知らない者だ」と檄文《げきぶん》を触れ回した。

無論、秀吉は激怒して、康政を討った者には望み次第に恩賞を与えると叫んだという。

小牧・長久手の合戦が終結し、天正一四年に康政が家康に従って上京すると、秀吉はわざわざ来訪して「小牧の合戦で檄文を見たときは、怒りに堪えられず、何とか汝《なんじ》の首を取ってやろうと思ったが、今では遺恨が散じ、却《かえ》って主君への忠義心に感服するばかりだ」と語り、康政の労をねぎらった。

康政は天正一八年の関東入国で上野国館林一〇万石を賜り、徳川家臣団でも三本の指に入る高禄に出世したのだ。その後、秀忠に附けられ、関ヶ原の合戦では秀忠とともに東山道《とうさんどう》（中山道《なかせんどう》）をのぼったが、真田昌幸が籠もる信濃上田城攻めに手こずり、決戦に遅れるという大失態を演じた。

慶長一一（一六〇六）年に康政が死去すると、三男・遠江守康勝（一五九〇～一六一五）が家督を継いだ。長男・出羽守忠政（一五八一～一六〇七）は外祖父の大須賀松平康高の養子となり、次男・伊予守忠長（一五八五～一六〇四）も早世していたからである。

ところが、康勝はわずか二六歳で死去してしまう。そこで、家康の命により、忠政の長男・式部大輔忠次が榊原家に戻った。このため、大須賀松平家は跡継ぎがいなくなり、御家断絶となっている。

忠次は陸奥国白河藩を経て、播磨国姫路藩一五万石を領したが、家督を継いだ忠次の孫・式部大輔政倫《まさとも》が幼少であったため、越後国村上藩に転封され、養子・式部大輔政邦《まさくに》の代に播磨国姫路藩に復帰した。政邦の養孫・式部大輔政岑《まさみね》は吉原の花魁《おいらん》・高尾《たかお》太夫《だゆう》を身請けして遊興にふけったと噂され、不行状のため蟄居《ちっきょ》。越後国高田藩一五万石に転封された。

ちなみに、康政の兄・七郎右衛門清政（一五四六～一六〇七）は岡崎三郎信康に附けられ、築山事件の後、弟・康政のもとで閑居した。清政の死後、次男・内記《ないき》照久《てるひさ》が駿河国有渡郡に一八〇〇石を賜った。照久は久能山の城番として家康死去の際、密葬の祭祀《さいし》を執行した。

羽栗村の孫七郎系

『寛政譜』には、康政の家系とは別に藤原姓佐藤氏の流れを汲む榊原家が採録されている。しかし、両家の家紋「源氏車」は佐藤家の代表的な家紋であり、康政もまた佐藤流榊原家の一族である可能性が高い。

榊原家の発祥は、藤原秀郷の後裔《こうえい》・佐藤主計允基重が伊勢国壱志郡榊原村（三重県津市榊原）に住んで、その次男・藤次郎基氏が榊原を名乗ったことだといわれている。

『寛政譜』によれば、歴代当主は以下の通りである。

・榊原主計頭経定（?～一四三四）親氏に仕える。
・榊原主計頭利経（?～一四八三）泰親・信光に仕える。
・榊原摂津守元経《もとつね》（?～一五三七）親忠～信忠に仕える。
・榊原摂津守忠次《ただつぐ》（?～一五四〇）清康・広忠に仕える。室は嶋田利秀の女
・榊原摂津守忠政《ただまさ》（一五四一～一六〇一）家康に仕える。室は小浦正高の女
・榊原隼之助忠勝（一五七九～一六一二）秀忠に仕える。室は小笠原信嶺の女

初代・主計頭経定（貞政《さだまさ》ともいう）ははじめ伊勢国司・北畠《きたばたけ》家に属していたが、三河国額田郡山中郷に来て松平親氏に仕えたという。しかし、佐藤流榊原家の本拠地・額田郡羽

栗村は、清康が攻め落とした山中城に近隣しており、実際は山中譜代だろう。経定は架空の人物であるか、存在していたとしても、その頃にはまだ松平家に臣従していなかったと思われる。

二代・利経（清政ともいう）には三子があり、長男・元経の家系は忠次、忠政と続き、三男・七郎右衛門清長《きよなが》の孫が康政なのだという。

四代・忠次は、『寛政譜』によれば、「清康君につかへ、広忠卿の御とき、植村飛騨守某、酒井左衛門尉某等と丶もに家老となり、御諱字をたまふ」といわれ、重臣クラスだったらしい。

忠次の長男・摂津守忠直は広忠、家康に仕え、三方原の合戦で討ち死にしたため、次男・忠政が家督を継いだ。忠政は家康が織田家、今川家の人質になった時の従者で、父・忠次が岡崎松平家で相応の地位を占めていたから、家康付きの小姓として選ばれたのであろう（それとも山中譜代の特権か）。天正一七（一五四九）年に秀忠に附けられ、翌天正一八年の関東入国で相模国大住郡に二三〇〇石を賜った。

六代・隼之助忠勝は天正一六年に秀忠に附けられたが、孫の隼之助忠豊が子なくして死去したため、無嗣廃絶となった。

5　岡崎譜代とはいえない井伊家

井伊家の数奇な運命

井伊家は一一世紀初頭から代々遠江国引佐《いなさ》郡井伊谷を治める国人領主で、三河松平（徳川）家よりも歴史ある名門家系である。井伊直政は「徳川四天王」の一人に数えられ、譜代筆頭の家系として五人の大老が出ている。

『寛政譜』によれば、井伊家の先祖は藤原良門《よしかど》（藤原北家。摂政・藤原良房の弟で、勧修寺《かじゆうじ》家、上杉家などの祖）の子・藤原兵衛佐《ひようえのすけ》利世《としよ》だという。

ただし、比較的信憑性《しんぴようせい》の高い系図集『尊卑分脈《そんぴぶんみやく》』では、良門に利世という子がいないことから、実際は良門の子孫ではないと考えられている。また、一説には藤原北家ではなく、藤原南家や三国真人《みくにまひと》（継体天皇の子孫）の一族ではないかともいわれている（『湖の雄　井伊氏』）。

その利世の子孫・備中守共資《ともすけ》が正暦（九九〇～九九五）年中に遠江国敷智《ふち》郡村櫛に移住し、遠江国引佐郡井伊谷にある八幡宮の井戸で発見された男児を養子とした。その子が井伊家の家祖・井伊備中大夫共保《ともやす》（一〇一〇～一〇九三）なのだという。

「共保」という名前は「井伊」という字に似ており、想像上の人物であろう。井戸で拾われたという逸話も「井伊」を想起させる。

南北朝時代、井伊家は南朝につき、暦応元（一三三八）年に後醍醐天皇の子・宗良親王を居城に迎えた。しかし、北朝側の今川範国や高師泰《こうのもろやす》らに攻められ、宗良親王は信濃へ敗走。井伊家は逼塞《ひっそく》を余儀なくされた。さらに戦国時代に駿河守護・今川氏親（義元の父）が遠江を侵略すると、井伊家は遠江守護・斯波義達《よしみち》（尾張守護が兼務）を支援して、今川軍を迎え撃つが敗退。再び雌伏《しふく》の時代を迎える。

氏輝の死後、今川家に家督相続争いが起きると、井伊信濃守直平《なおひら》は今川義元について勝ち組に乗ったらしい。以後、義元に臣従して遠江での地歩を固めた。

『寛政譜』などによれば、直平以降の歴代当主は以下の通りである。

・井伊信濃守直平（一四八九〜一五六三）
・井伊宮内少輔直宗《なおむね》（？〜一五四二）
・井伊信濃守直盛（一五二六〜一五六〇）室は新野親矩の妹
・井伊肥後守直親《なおちか》（一五三六〜一五六二）直盛の従兄弟。室は奥山親朝の女
・次郎法師《じろうほうし》（？〜一五八二）直盛の長女。別名・井伊直虎《なおとら》。
・井伊兵部少輔《ひょうぶのしょう》直政（一五六一〜一六〇二）直親の遺児。室は松井松平康親の女

『寛政譜』の記述から逆算すると、直盛は一五二六年生まれになるが、実際は一五〇六年生まれだったらしい。直盛の父・直宗が天文一一（一五四二）年の三河田原城攻めで討ち死にした時、直盛は三〇代後半。しかし、子は娘一人だけで男子に恵まれなかった。

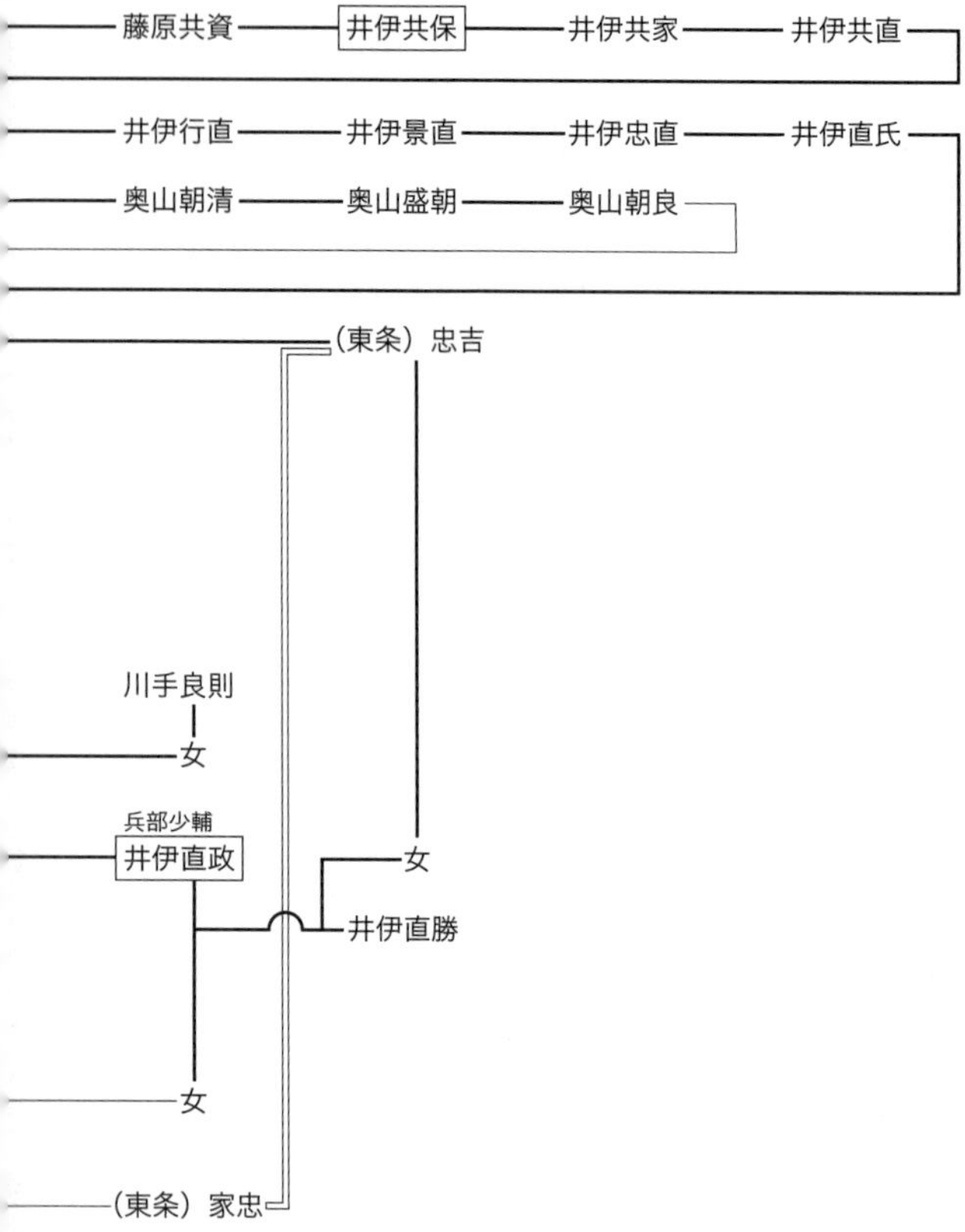
藤原共資
井伊共保
井伊共家
井伊共直
井伊行直
井伊景直
井伊忠直
井伊直氏
奥山朝清
奥山盛朝
奥山朝良
（東条）忠吉
川手良則
女
兵部少輔
井伊直政
女
井伊直勝
女
（東条）家忠

井伊家系図

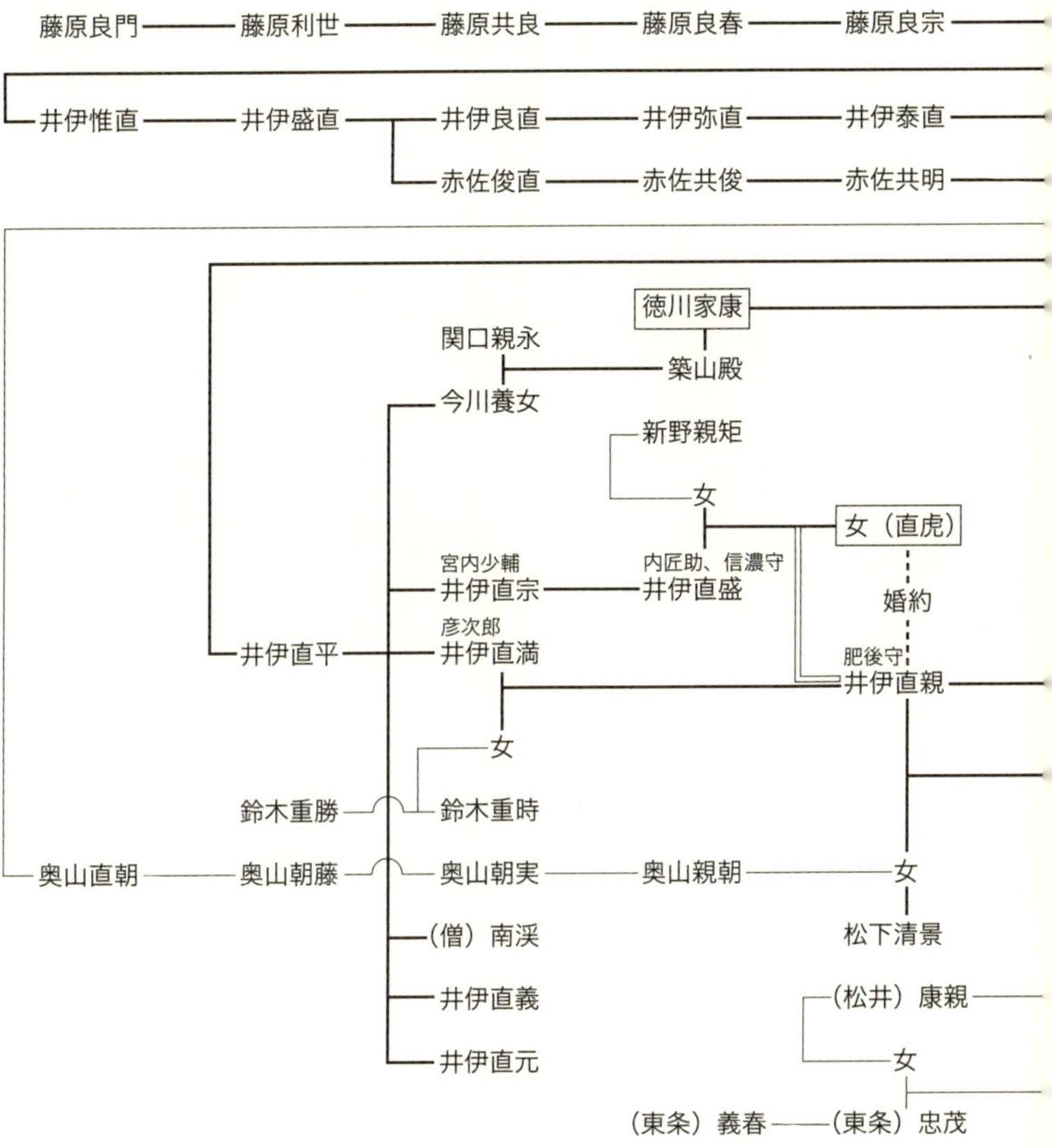
藤原良門
藤原利世
藤原共良
藤原良春
藤原良宗
井伊惟直
井伊盛直
井伊良直
井伊弥直
井伊泰直
赤佐俊直
赤佐共俊
赤佐共明
徳川家康
関口親永
築山殿
今川養女
新野親矩
女
女（直虎）
宮内少輔
井伊直宗
内匠助、信濃守
井伊直盛
婚約
彦次郎
井伊直平
井伊直満
肥後守
井伊直親
女
鈴木重勝
鈴木重時
奥山直朝
奥山朝藤
奥山朝実
奥山親朝
女
（僧）南渓
松下清景
井伊直義
（松井）康親
井伊直元
女
（東条）義春
（東条）忠茂

そこで、井伊家では彦次郎直満（直盛の弟）の子・亀之丞（のち井伊肥後守直親）と直盛の一人娘を婚約させ、将来は家督を継がせるという話が持ち上がった。

ところが、家臣・小野和泉《いずみ》政直（道高ともいう）はこれに不服を唱え、直満とその弟・井伊平次郎直義に今川家への逆心があると今川義元に讒訴《ざんそ》。義元は小野の讒言《ざんげん》を信じて、天文一三年に直満・直義兄弟を駿府に呼んで、両名を殺害してしまう。

亀之丞への連座を恐れ、南渓和尚（直満・直義の兄弟）は井伊家家臣・今村藤七郎正実に命じて、亀之丞を信濃国伊那郡市田郷（長野県下伊那郡高森町）の松源寺に匿《かくま》った。

亀之丞の逃亡により、婚約者である直盛の娘は尼になって次郎法師と称した。

天文二三年、小野和泉が死去したため、井伊家は亀之丞の井伊谷帰還を図った。一族の奥山因幡守親朝《ちかとも》の力を借り、義元に許しを請うて、弘治元（一五五五）年に亀之丞は井伊谷に帰還。再び直盛の養子となり、元服して井伊肥後守直親と名乗った。

婚約者だった次郎法師が尼になってしまったため、直親は奥山親朝の娘を娶り、永禄四（一五六一）年に一子・虎松（のちの井伊直政）が生まれた。

しかし、その前年、桶狭間の合戦で今川義元とともに直盛が討ち死にしてしまう。

井伊家と同様に今川支配下にあった三河松平家の当主・元康（徳川家康）は、早々と今川家から離反し、三河から今川勢力を駆逐していった。そして、遠江の国人領主へも懐柔の手を伸ばす。永禄五年、井伊家家臣・小野但馬《たじま》道好《みちよし》（政次ともいう。小野和泉の子か）は、直親が家康に通じ、逆心していると今川氏真に讒訴。氏真は直親に駿府への召喚を命じた。

一方、直盛の義兄・新野《にいの》左《さ》馬助《まのすけ》親矩《ちかのり》は今川家の親族でもあり、直親に逆心はないと氏真への説得を続け、疑惑の解消に成功する。ところが、直親が懸川城下を通る際、それを知らない懸川城主・朝比奈備中守泰能《やすよし》が直親を襲撃し、直親は討ち死にしてしまう。

井伊家は直親の死後、遺児・虎松（直政）が家康に召し抱えられるまでの一三年間（一五六二～一五七五）、当主不在だったため、直盛の一人娘で直親の婚約者だった次郎法師が「井伊直虎」と称し、「女地頭」として家督を継いだ。

彼女こそ、二〇一七年NHK大河ドラマ「おんな城主　直虎」の主人公である。

直親の死によって遺児・虎松も殺される危機に直面するが、新野親矩の助命によって一命を取りとめ、新野のもとで養育されることになった。

ところが、永禄七年に引間《ひくま》（浜松市）城主・飯尾豊前守致実《むねざね》が今川家に謀反し、これを鎮圧するために向かった新野親矩が討ち死にしてしまう。

新野の死によって、庇護者《ひごしゃ》を失った虎松は再び氏真から命を狙われるが、新野の未亡人が虎松を出家させると答えてその危機から救った。一方、虎松の母は、松下源太郎清景（松下之綱の従兄弟）に再縁して、虎松を清景の養子とした。

天正三（一五七五）年二月、浜松で鷹狩りをしていた家康は、一五歳の虎松を見かけて召し抱えた。そして、虎松が名門・井伊家の遺児であることを知り、井伊万千代と名乗らせ、旧領を復して井伊谷を治めさせた。

翌天正四年、遠江国芝原で家康が武田勝頼と対陣した折、井伊万千代は初陣を飾り、軍功を挙げた。

天正一〇年六月に本能寺の変が起こり、家康が伊賀越えの危機にあった時、井伊万千代は小姓の一人として従った。岡崎に戻った後、家康は甲斐・信濃侵略に動き、同年八月に北条氏直と甲斐国若神子（山梨県北杜市）で対陣。同年一〇月に和議を結ぶが、この時、家康が派遣した使者が万千代だった。

なお、万千代は一〇月に二二歳で元服して井伊万千代直政（のち兵部少輔直政）と名乗っている。家康の寵童《ちようどう》として元服を控えていたが、外交交渉に赴くにあたり、元服せざるを得なかったのであろう。

「赤鬼」井伊直政

しかし、その政治的な手腕は高く評価されていたようで、武田旧臣を徳川家臣団に組み込む際に、直政は奉行人として活躍している。武田旧臣の本領を安堵する安堵状、もしくは宛行《あてがいじよう》状一七七通のうち、直政は四一通（二三・二％）を発給しているのである。

家康は直政に武田旧臣一一七人を与力に附け、自らの近臣・木俣《きまた》清三郎守勝《もりかつ》、西郷藤左衛門正友、椋原《むくはら》次右衛門政直の三人を直政の直臣とした。さらに天正一二年には井伊谷三人衆（菅沼忠久、近藤康用、鈴木重時）が与力として附けられた。

直政軍の主力は武田旧臣で構成されていたが、旧武田軍では飯富兵部大輔虎昌・山県三郎兵衛尉昌景兄弟が率いた「赤備え」が有名だった。家康はこれにあやかって、直政附属の士を全身朱色の甲冑《かっちゅう》とし、「井伊の赤備え」に再編成した。精鋭で知られる武田旧臣の多くが直政軍に組み込まれたため、榊原康政などは不服を漏らしたという。

天正一二年、小牧・長久手の合戦が起こると、勇猛果敢な「井伊の赤備え」は評判となり、直政は「赤鬼」とあだ名されるようになった。

直政は天正一八年の関東入国で徳川家臣団最高の上野国箕輪一二万石を賜った。

慶長五（一六〇〇）年九月の関ヶ原の合戦では、家康の四男・松平薩摩守忠吉（直政の娘婿）に附いて先陣を切ったが、島津軍の敗走を追って鉄砲傷を受けた。関ヶ原の合戦後に直政は近江国佐和山一八万石に転封されたが、前述の鉄砲傷が元で、二年後の慶長七年に死去している。

直政の死後、嫡男・井伊兵部少輔直継（のち直勝と改名、一五九〇〜一六六二）が跡を継ぎ、彦根城を築いたが、病弱ゆえに廃嫡となり、元和元（一六一五）年に次男・井伊掃部《かもんの》頭《かみ》直孝（一五九〇〜一六五九）が家督を継いだ。

直孝は幕閣で重きをなして三〇万石まで加増され、幕府からの預かり分も含めて近江国彦根藩三五万石と称した。幕末時の大老・井伊直弼《なおすけ》は日米修好通商条約を締結して神奈川

（横浜）を開港し、安政の大獄を断行したことでも有名である。

井伊家は江戸開府以来、一度も転封を経験したことがなく、譜代大名としては珍しい家系である。それは、西国大名が蜂起して徳川将軍家に一大事が起こった場合に、譜代の筆頭として先鋒を承るからだといわれている。そのため、他家からの養子を迎えることがタブーとされ、平成の現当主（井伊直岳《なおたけ》氏）が井伊家四〇〇年の歴史で初めての婿養子だという。

あとがき

筆者は財閥関連の新書を多く出版しており、財閥研究家と思われているのだが、実際は企業集団の研究者である（どこが違うのかといえば、戦前の三菱財閥ではなく、戦後の三菱グループの研究者ということだ）。二〇〇五年に出版した『企業集団の形成と解体――社長会の研究』（日本経済評論社）で博士号をとったので、それは間違いない。

博士号の取得には、大学院に通って博士論文を書く「課程博士」と、一定水準の博士論文をいきなり書いて博士号をとる「論文博士」という二通りがある。

筆者は後者の方で、大学院には行っていない。ほぼ独学である。

勉強の仕方を教えてくれたのは、大学時代に所属していた歴史系サークルである。

母校・國學院大學は歴史学で有名な大学で、大学院生の養成ゼミのようなサークルがあった。筆者は経済学部にありながら、それと知らずに入ってしまったのである。

サークルには続日本紀《しょくにほんぎ》研究会、吾妻鏡《あずまかがみ》研究会、信長公記《しんちょうこうき》研究会という部会があり、筆者は信長公記研究会に属し、自由研究では「十四松平家」を勉強していた。

その当時から「能見松平家はどうみたって家臣で、一族じゃないだろう。どうして『松平一門連判状《れんぱんじょう》』に載っているとか、載っていないとかを議論しているんだろう」と不思議に思っていた。

だから、財閥関連書籍を何冊か書いているものの、いつかは戦国時代などの歴史物を著したいと思っていた。

ちょうど、二〇一七年の大河ドラマ「おんな城主　直虎」で井伊直政の養母・直虎が主人公として取り上げられることを知り、これを逃したらチャンスはないと考えた。井伊直政は徳川家康に仕え、「徳川四天王」の一人に数えられたほどの重臣だから、大河ドラマにあやかって徳川家臣団の忠節ぶり、本多忠勝や榊原康政らの武勇を称《たた》える関連書籍が数多く出版されることだろう。正直、それにもうんざりしていたこともあって、それらとはちょっと趣向を変えた方向性で勝負してみたいと思っていたところ、幸運にもKADOKAWA編集部で採用してもらった次第だ。

ちなみに筆者がサークルで教えられたのは「実証史学」という研究手法である。

まず、当該史料が信憑性《しんぴょうせい》のあるものかを検証（史料批判）し、その史料に書かれていることから忠実に史実を読み解いていく。

なので、筆者は実証史学的な手法で企業集団を研究してきた。

しかし、今回の著書では実証主義から外れざるを得なかった。

なぜなら、企業集団研究と違って、戦国史は史料開示が進んでいないからだ。

企業集団研究に使用される基本的な資料は、そこそこ大きな図書館であれば、おおよそ手に入る。

しかし、戦国史研究ではそうはいかない。活字になっていない古書や古文書がある。そういうものを根拠に学説を展開されたら、まずお手上げである。

したがって、今回は「実証主義」からちょっと外れて、「史料には書かれていないけど、常識的に考えたらこうじゃないか?」といった方法で執筆してみた（だから、サークルの先輩・後輩にはちょっと顔向けしづらい）。

ただし、それが吉と出た場合もある。

たとえば、「清康が山中城を攻略する前に一三歳で家督を譲られた? そんなの『三河物語』のウソじゃないか」と思いつくことができたのは、「実証主義」から外れたからだ。

とはいえ、結構な数の書籍を参考にした。以下、主なものを列記しておこう。

【一般書籍】

・桑田忠親・山岡荘八監修［一九六五］『日本の戦史②／三方原・長篠の役』徳間書店
・北島正元［一九六四］『江戸幕府の権力構造』岩波書店
・中村孝也［一九六五］『家康の族葉』講談社
・大類伸監修［一九六六］『日本城郭全集⑦ 愛知・岐阜編』人物往来社
・中村孝也［一九六八］『家康の臣僚 武将篇』人物往来社

・新行紀一［一九七五］『一向一揆の基礎構造――三河一揆と松平氏』吉川弘文館
・煎本増夫［一九九八］『戦国時代の徳川氏』新人物往来社
・平野明夫［二〇〇二］『三河　松平一族』新人物往来社
・小和田哲男［二〇〇四］『ミネルヴァ日本評伝選　今川義元――自分の力量を以て国の法度を申付く』ミネルヴァ書房
・平野明夫［二〇〇六］『徳川権力の形成と発展』岩田書院
・本多隆成［二〇一〇］『定本　徳川家康』吉川弘文館
・小和田哲男［二〇一四］「第二章　湖の雄、井伊氏」『しずおかの文化新書16　湖の雄井伊氏――浜名湖北から近江へ、井伊一族の実像』
・煎本増夫［二〇一五］『徳川家康家臣団の事典』東京堂出版

【県史、市町村史など】

・柴田顕正［一九三四〜一九三五］『岡崎市史別巻　徳川家康と其周囲（上・中・下）』岡崎市役所
・幸田町史編纂委員会編［一九七四］『幸田町史』
・新編岡崎市史編集委員会編［一九八九］『新編　岡崎市史　中世2』
・蒲郡市教育委員会編［一九九〇］『竹谷松平氏――西ノ郡の殿様』

・安城市史編集委員会編［二〇〇七］『新編　安城市史　Ⅰ　通史編　原始・古代・中世』
・石川玄編［一九三五］『浄土真宗と三河石川』愛知石川会

【その他史料など】

・続群書類従完成会編［一九六四］『新訂　寛政重修諸家譜』続群書類従完成会
・続群書類従完成会編『寛永諸家系図伝』続群書類従完成会
・続群書類従完成会編『群書系図部集』続群書類従完成会
・新井白石著［一九七七］『新編藩翰譜』新人物往来社
・黒板勝美　国史大系編集会編［一九七七］『増補新訂国史大系　尊卑分脈』吉川弘文館
・大久保彦左衛門原著、小林賢章訳［一九八〇］『原本現代訳一一・一二　三河物語（上・下）』教育社
・下中邦彦編［一九八一］『日本歴史地名大系二三巻　愛知県の地名』
・「松平記」『三河文献集成』
・「浪合記」『三河文献集成』
・「三河海東記」『三河文献集成』
・渡辺政智編［一九六九］『参河志（上・下）』歴史図書社

・愛知県立図書館蔵「諸士出生記」

最後に、財閥作家がはじめて挑んだ歴史物を積極的に支援してくれたＫＡＤＯＫＡＷＡ文芸・ノンフィクション局第四編集部の竹内祐子さんにこの場を借りて感謝いたします。

菊地浩之（きくち・ひろゆき）
1963年北海道生まれ。國學院大學経済学部を卒業後、ソフトウェア会社に入社。勤務の傍ら、論文・著作を発表。専門は企業集団、企業系列の研究。2005-06年、明治学院大学経済学部非常勤講師を兼務。06年、國學院大學経済学博士号を取得。著書に『企業集団の形成と解体—社長会の研究』（日本経済評論社）、『日本の15大財閥』『日本の長者番付』『図解　合併・再編でわかる日本の金融業界』（平凡社）、『図解　損害保険システムの基礎知識』（保険毎日新聞社）、『図ですぐわかる！日本100大企業の系譜』『図ですぐわかる！日本100大企業の系譜2』（KADOKAWA）など多数。

角川選書 576

徳川《とくがわ》家臣団《かしんだん》の謎《なぞ》

平成28年9月25日　初版発行

著　者　菊地《きくち》浩之《ひろゆき》
発行者　郡司　聡
発　行　株式会社 KADOKAWA
東京都千代田区富士見2-13-3　〒102-8177
電話 0570-002-301（カスタマーサポート・ナビダイヤル）
受付時間 9：00～17：00（土日 祝日 年末年始を除く）
http://www.kadokawa.co.jp/
装　丁　片岡忠彦　帯デザイン　Zapp！ 高橋里佳
印刷所　横山印刷株式会社
製本所　本間製本株式会社
ISBN 978-4-04-703598-0 C0321　

この書物を愛する人たちに

詩人科学者寺田寅彦は、銀座通りに林立する高層建築をたとえて「銀座アルプス」と呼んだ。
戦後日本の経済力は、どの都市にも「銀座アルプス」を造成した。
アルプスのなかに書店を求めて、立ち寄ると、高山植物が美しく花ひらくように、書物が飾られている。

印刷技術の発達もあって、書物は美しく化粧され、通りすがりの人々の眼をひきつけている。
しかし、流行を追っての刊行物は、どれも類型的で、個性がない。
歴史という時間の厚みのなかで、流動する時代のすがたや、不易な生命をみつめてきた先輩たちの発言がある。
また静かに明日を語ろうとする現代人の科白がある。これらも、
銀座アルプスのお花畑のなかでは、雑草のようにまぎれ、人知れず開花するしかないのだろうか。
マス・セールの呼び声で、多量に売り出される書物群のなかにあって、
選ばれた時代の英知の書は、ささやかな「座」を占めることは不可能なのだろうか。
マス・セールの時勢に逆行する少数な刊行物であっても、この書物は耳を傾ける人々には、
飽くことなく語りつづけてくれるだろう。私はそういう書物をつぎつぎと発刊したい。
真に書物を愛する読者や、書店の人々の手で、こうした書物はどのように成育し、開花することだろうか。
私のひそかな祈りである。「一粒の麦もし死なずば」という言葉のように、
こうした書物を、銀座アルプスのお花畑のなかで、一雑草であらしめたくない。

一九六八年九月一日　角川源義